시대를
뒤서 가는
사람

시대를 뒤서 가는 사람

초판 1쇄 발행 2008년 9월 1일

지은이 정병오
펴낸이 송인수
펴낸곳 좋은교사운동 출판부
출판등록번호 제320-2000-34호
주소 서울시 관악구 봉천4동 1568-1 3층
전화 (02) 876-4078
팩스 (02) 879-2496
홈페이지 goodteacher.org
이메일 goodteacher3@paran.com
©정병오, 2008
ISBN 978-89-91617-03-2

시대를 뒤서 가는 사람

정병오 지음

좋은교사

"참 수지맞는 일"

그의 칼럼을 책으로 낼 생각은, 사실 그가 월간 『좋은교사』에 칼럼을 연재하기 시작할 때인 2003년부터 내 머릿속에 들어 있었다. 그래서 통상 6개월, 길어도 1년 정도면 필자를 바꾸는 우리 잡지 관행을 깨고 꽤 오랜 동안 그의 글을 실어왔다. 매달 잡지를 열어볼 때마다 제일 먼저 그의 칼럼을 읽어본다는, 수많은 열혈 팬들의 기대에 맞춰 책을 내야 한다는 생각을 하면서, 나는 그의 책을 낼 때 추천사는 내 몫이라 다짐했다.

그를 안 것은 1993년 10월 1일, 기윤실 교사모임 창립 발기인 모임 때이니까, 벌써 15년이 넘어간다. 도회적인 모습은 전혀 없는 촌티에다. 교만하다 착각할 만큼 자기 인생에 대한 긍정의 마음이 분명하면서도 겸손하고, 책을 좋아하는데도 새벽기도를 놓지 않고, 정 없는 사람이라 말하면서도 마음을 담아 편지를 써 보내는 그의 다면적인 모습. 게다가 그에게는 대부분의 사람들은 잊고 사는 그 시절의 사건과 숫자까지 다 밝혀내는 명철한 기억력이 있다.

정병오 선생님은 가끔씩 기독교사운동가로서의 자기 삶을 돌아보며, 자기 삶의 50%는 내 영향이라고 말한다. 하지만 사정은 나도 다르지 않다. 내가 말하는 것, 생각하는 것, 글 쓰는 것의 상당 부분은, 따지고 보면 그의 삶이 주는 도전 때문에 얻어진 것이다. 나는 고집이 센 편이어서 다른 사람들의 이야기를 잘 들으려 하지 않는다. 하지만 내게 그는 예외적인 존재였다. 교사운동의 책임자로서, 우리가 선택한 이 길이 과연 옳은 것인지, 현실 속에서 살아 작동할지 고민할 때, 나는 정병오 선생님의 생각을 통과해 살아남는 것만 전략으로 선택했다. 그를 공감케 하든 설득하든, 어쨌든 이 모든 과정을 거쳐 그의 최종 동의가 없는 것은 거의 시도한 적이 없다. 내가 그런 입장을 취한 이유는 단 한 가지 때문이다. 그의 논리와 비판은 사심이 없고 또 현실에 대한 깊은 통찰력에 바탕을 둔 것이기에, 내가 고집을 피워 저 말을 무시한다면 결국 현실이 저항할 것임을 알았기 때문이다. 그런 의미에서 그는 나에게 동지요 친구이지만, 동시에 내 부족함을 보완하는 '건전 야당'이었다.

이제, 내게 맡겨진 좋은교사운동의 책임자 몫이 그에게 지워졌다. 내가 빠진 자리를 사람들은 염려하지만, 나는 생각이 다르다. 그가 운동의 책임자가 되었다는 사실은 기독교사운동에는 말할 것도 없고, 기독교 진영 및 일반 교육계에도 큰 축복이 아닐 수 없다. 그가 가진 교육에 대한 애정과 통찰력은 이제부터 빛을 내는 셈이다.

그의 칼럼이 연재되기 시작했을 때, 수많은 교사들이 그의 글에 호응했다. 하지만 유독 나는 그의 글을 제대로 읽지 못했다. 그의 글 대부분이 내가 그와 더불어 살아온 세월 동안 접한 익숙한 내용이고 또 정신없이 바쁜 시간을 보낸 내 삶의 방식 탓이 컸지만, 마음 한편에서는 그 글이 주는 충격과 도전에 새삼 흔들리고 싶지 않았기 때문일지도 모른다.

그의 글은 무엇보다도 쉽다. 그리고 핵심을 찌르고 들어오는 명쾌함이 있다. 뻔히 안다고 생각되는 상식을 뒤집어버리고, 삶의 질서를 재배치할 것을 요구하는 '불편한' 설득력이 있다. "논쟁자가 아니라 논란의 대상이 되세요"라는 이 책에 실린 글 중 하나의 제목처럼……

그나저나, 나로서는 15년간 그를 겪으면서 경험한 사실이요 지혜인데, 독자들은 그런 귀한 것을 이 책 한 권으로 거저 얻게 되었으니, 참 수지맞는 일이 아닐 수 없다.

2008. 8.
송인수(사교육걱정없는세상 공동대표)

부끄러운 삶의 조각들을 맞추며

2003년, 좋은교사운동에서 발행하는 월간 잡지인 『좋은교사』의 편집장을 맡으라는 '명'이 떨어졌다. 아무리 '대안 부재론'이라 하고 '조직의 명'이라고 하지만, 내가 받기 쉽지 않은 '명'이었다. 그동안 나는 어디에 가든 특별한 재능이 필요 없이 오직 성실하기만 하면 되는 일만 맡아왔는데, 편집장의 일은 그런 일이 아니었기 때문이었다.

그리고 나는 글 쓰는 일에 영 재주가 없는 사람이었다. 기본적으로 감성이 풍부한 사람이 아닌데다가 내 생각을 쭉 끌어갈 수 있는 힘도 별로 없는 사람이었다. 더군다나 내 문장은 가장 좋지 않은 글이라고 불리는 만연체여서(대학 시절 친구들은 어디서 끝날지 모르게 끝없이 이어지는 내 특유의 문장을 '병오체'라고 불렀다) 글쓰기의 기본이 안 되어 있었다.

우여곡절 끝에 편집장을 맡고 보니 좋은 필자를 발굴하는 것이 제일 큰 과제였다. 그래서 이 어려운 필자 발굴의 과제를 손쉽게 해결하는 차원에서 '정병오 칼럼'이라는 꼭지를 직접 맡았다. 처음에는 6회 정도 연재를 하려고 지난 삶 가운데 묻어두었던 몇 가지 이야기를 꺼내기 시작했다. 그런데 한 번 풀리기 시작한 삶의 실타래가 끝없이 풀려나오는 바람에 이후 5년 동안 60회 정도 연재를 하게 되었고, 이렇게 한 권의 단행본 분량이 되었다.

물론 그렇다고 해서 한 편 한 편의 글이 쉽게 쓰인 것은 아니다. 기본적으로 글재주가 없어서이기도 하겠지만, 지나온 내 삶의 흔적들과 정직하게 대면한다는 것은 결코 쉬운 일이 아니었다. 하지만 한 편씩 글을 쓰면서, 단지 힘들기만 하고 내가 왜 그 일을 겪어야 하는지 몰라 괴로워했던 일들이 지금의 관점에서 정리가 되고 전체 내 삶 가운데 자기 의미를 찾게 되는 경험은 참 재미있고 신나는 일이었다. 그리고 내가 전혀 축복이라 느끼지 못하고 지냈던 많은 시간들 사이사이에 일상적이지만 너무나 소중한 복들이 많이 주어졌음을 발견하는 것도 참 감사한 경험이었다. 대체로 볼품없고 부끄럽기 짝이 없는 경험들이지만, 하나님이 그것들을 어떻게 만지고 다듬어오셨는가를 생각하면, 하나님이 이끌어 가시는 한 사람의 인생이라는 것이 참으로 오묘하고 신비롭다는 생각이 든다.

한편으로 나의 지나온 삶의 흔적들과 그 속에 담긴 의미들을 기록해가는 과정은 무척 조심스러운 작업이었다. 내 삶이라는 것이 진공 가운데서 이루어진 것이 아니고 수많은 사람들과의 관계 속에서 이루어진 것이기에, 나의 이야기라는 것은 다른 한편으로는 내 주변 사람들에 대한 이야기이기도 했기 때문이다. 그런데 주변 사람들에게 그들의 이야기를 쓰겠다고 허락을 받은 적도 없거니와, 나를 주인공으로 해서 글을 쓰다 보니 주변 사람들의 삶이 주변화되거나 대상화된 부분도 없지 않아 혹 그들에게 누가 되지 않을까 두려웠다. 최대한 진실하게 쓰려고 노력했지만 본의 아니게 그분들의 삶이 왜곡되게 표현된 부분도 있을 것이다. 이 글에 등장한 모든 사람들에게 용서를 구하는 바이다.

하지만 엄밀하게 말하면 내 이야기, 내 생각이라는 것도 사실 순수하게 내 것일 수 없다. 내 삶과 생각의 많은 부분은 이미 다른 사람들로부터 온 것이고, 나라는 존재 자체가 주변의 많은 사람들과의 관계 속에서 형성되었고, 그들과의 관계 속에서만 존재하기 때문이다. 그러므로 내가 썼기에 부득이 내가 경험하고 그 가운데서 느낀 것들을 적었지만, 모든 사람들이 나그네 인생길을 살아가면서 반드시 겪고 느끼고 생각하는 것들을 나의 언어로 적었다는 것이 정확한 표현이 될 것 같다. 그래서 여기에 실린 글들을 나의 이야기가 아닌 자신들의 이야기로 읽고 공감하고 위로받고 희망을 발견할 수 있으면 좋겠다. 특별히 험한 인생길의 언덕을 넘다가 지친 사람들이나 인생의 여러 갈림길 앞에서 어디로 가야 할지 몰라 방황하는 사람들에게 인생의 본질을 꿰뚫을 수 있는 지혜를 줄 수 있다면 더 바랄 것이 없겠다.

글을 묶으면서 여러 사람들이 떠오른다. 먼저 15년 전 하나님의 품에 안기신 아버지, 그리고 지금도 매일 밤을 새워 기도의 단을 쌓고 계신 어머니, 경숙 누님과 경회, 경덕 두 여동생에게 감사를 드린다. 그리고 일평생 성실과 온유의 본을 보이신 장인, 장모님과 춘석 형님, 시화, 선화 두 처제와 호성 처남에게도 감사를 드린다. 내 앞가림 하기에 급급해하며 사느라 제대로 돌아보지 못해 늘 죄송하다.

함께 신앙생활을 했던 창원 세광교회 중고등부, 서울 등촌교회 대학부, 서울 대학교 SFC, 북서울교회 청년회, 서울 두레교회 성도들, 그리고 2년 전부터 함께 개척의 땀을 흘리고 있는 김포 주님의 보배교회 교우들에게 깊은 감사를 드린다. 초중고등학교와 대학 시절의 친구들, 육군 제6031부대 전우들, 그리고 청운중학교, 장충여자중학교, 양화중학교, 문래중학교에서 함께 교직 생활을 했던 선후배 선생님들, 그리고 사랑하는 제자들의 얼굴이 떠오른다.

기독교사로 부름을 확인하고 함께 이 땅의 학교와 아이들을 품고 땀과 눈물을 흘렸던 기윤실 교사모임 선생님들과 좋은교사운동의 동역자들에게 감사를 드린다. 특별히 좋은교사운동의 모든 터를 닦는 데 헌신한 후 지금은 '사교육걱정없는세상'이라는 새로운 터전을 개척하고 있는 송인수 선생님과 함께 일할 수 있었음은 내 인생에서 매우 큰 은혜요 선물이었다.

무엇보다 사랑하는 가족들에게 큰 감사를 드리고 싶다. 결혼 생활 17년, 무엇 하나 제대로 갖추지 못했던 내가 그나마 이 정도라도 사람 노릇 하고 사는 것은 다 아내의 사랑과 지지 덕분이다. 아내는 내 인생의 스승이요, 후견인이었다. 하나님이 주신 선물 단비, 새힘, 열매, 시온 네 아이들, 양적으로나 질적으로 다 제대로 아빠 노릇도 못하고 살아왔건만 그래도 변함없는 사랑과 신뢰로 아빠를 맞아주는 것을 볼 때 내가 참 복이 많은 사람이라는 생각을 한다.

이미 잡지에 발표한 글이긴 하지만 이렇게 단행본을 낸다는 것은 앞으로 어떻게 살아야 할지에 대한 멍에를 내 스스로 메는 기분이다. 자신이 한 말에 대한 책임을 다 지고 사는 사람은 없겠지만, 최소한 내가 한 말에 대해 부끄럽지 않은 삶을 살도록 노력하겠다는 약속을 공개적으로 나누는 것으로 이 책을 통해 만날 독자들과의 인사를 대신하고자 한다.

2008. 8.
정병오

차례

제1부 길 위에서 길을 잃다

남몰래 청소하던 내 친구 현도

아빠 어렸을 적에

"아빠 너무 더워 잠이 안 와요." 연일 이어지는 열대야에 잠이 잘 안 오는 건지, 아니면 모처럼 일찍 집에 들어온 아빠의 이야기를 듣고 싶은 건지 아이들은 더워서 잠이 안 온다고 성화다. 하는 수 없이 비장의 무기를 꺼낸다. '아빠 어렸을 적에……'로 시작되는 나의 어린 시절 이야기는 이제 웬만큼 사소한 이야기까지 다 해서 밑천이 거의 떨어져버렸건만, 그래도 아이들은 이 이야기를 듣고 싶어 한다. 일단 "아빠 어렸을 적에……"로 운을 떼고 '무슨 이야기를 할까' 하고 한참 고민을 하는데, 갑자기 한 친구가 머릿속에 떠오른다. "아빠 초등학교 친구 중에 팽현도라는 친구가 있었어."

코흘리개 친구

그렇다. 팽현도. 정확히 기억나지는 않지만 초등학교 때 같은 반을 몇 번 했던 것 같고, 중학교에 올라와서도 두 번 정도 같은 반을 한 것 같다. 초등학교 1학년 때 우리 반에서 가장 코를 많이 흘렸던 친구, 초등학교 3학년이 되어서도 한글을 깨우치지 못하고 덧셈 뺄셈을 제대로 하지 못해 늘 나머지 공부를 하던 친구. 그래서 늘 친구들과 잘 어울리지 못하고 놀림을 당하던 친구.

그런데 그 친구가 잘하던 것이 딱 하나 있었다. 연필 깎는 솜씨가 친구들은 물론이고 선생님들도 인정할 정도로 예술이었다. 그래서 더럽다고 공부 못한다고 가까이하지 않던 친구들도 연필 깎는 일을 부탁할 때는 현도에게 아양을 떨곤 했다. 이 예술적인 연필 깎기 실력이 중학교에 가서는 볼펜 분해 및 조립 솜씨로 이어졌던 것까지 기억이 난다.

돌이켜보면 그 친구는 내 주변을 참 많이 맴돌았던 것 같다. 아니 그 친구뿐 아니라 내 주변에는 공부를 잘 못하거나 친구들과 잘 어울리지 못하는 아이들이 많았다. 내가 공부만 조금 할 뿐, 나머지 생김새나 옷차림, 대인관계 등에서 자신들과 전혀 다를 것이 없다는 생각 때문인지, 아니면 내가 자신들을 잘 받아줄 것 같은 느낌을 주었기 때문인지 잘 모르겠다. 지금도 학교에서 선생님이나 학생들 사이에서 제일 욕을 많이 먹는 선생님들이 내게 다가와 이야기를 많이 하고 싶어 한다. 내가 그들의 기대에 제대로 부응하지 못해 실망을 많이 주긴 하지만 말이다.

오른손이 하는 일을 왼손이 모르게

하여간 내가 현도를 지금까지 잊지 않고 기억하는 것은 중학교 2학년 때의 사건 때문이다. 사실 사건이라고 할 것도 없는 일상적인 일이긴 했지만 내게는 너무도 큰 충격을 준 일이었다. 하루는 내가 학교에 물건을 놓고 와서 집에 가다가 다시 학교로 와 교실로 들어가려던 참이었다. 막 문을 열려고 하는데 교실에서 누군가가 책걸상을 만지고 있는 모습이 눈에 들어왔다. 현도였다. '혹시 책상을 뒤져 남의 물건을 가져가려는 것 아냐?' 하고 잠시 의심을 하였는데, 그게 아니었다. 그는 청소 당번이 제대로 뒷정리를 하지 않고 간 교실을 정리하고 있었다. 의자를 책상 밑으로 밀어 넣고, 책상 줄을 맞추고, 구석구석에 남아 있는 쓰레기를 줍고, 청소함과 커튼 정돈하는 일까지, 마치 숙련된 솜씨로 연필을 깎듯 교실을 정리하고 있었다.

아, 그때 느낀 부끄러움이란! '아! 현도가 매일 저렇게 남아서 교실을 정리했기에 우리 학급이 이나마 유지되었구나. 나는 학급 임원이랍시고 만날 앞에 나서서 큰소리만 쳤지 사실 우리 학급을 위해 한 일이 없었는데, 저 친구는 아무도 알아주지 않아도 저렇게 묵묵히 궂은일들을 다 감당하고 있었구나.' 나는 현도가 언제부터 교실 뒷정리를 했는지 잘 모른다. 분명한 것은 이후에도 현도가 교실 뒷정리를 하는 것을 몇 번 내 눈으로 확인을 했기에, 현도가 꽤 오랫동안 그 일을 했을 것이라고 짐작할 뿐이다.

양심의 소리에 순종하자

남몰래 매일 교실 뒷정리를 하던 현도의 모습은 내 가슴속 깊숙이 각인이 되었다. 그리고 날마다 내 양심을 때리기 시작했다. '야! 지금 현도가 하고 있는 행동은 그리스도인인 네가 마땅히 해야 될 행동이 아니니? 너는 예수쟁이라고 하면서 말로 전도하는 것 외에 실제로 학급과 다른 친구들을 위해서 하는 일이 뭐 있니?'

그래서 '나도 오늘부터 남아서 현도와 같이 교실 뒷정리를 할까, 아니면 남몰래 할 수 있는 다른 봉사를 해볼까?'라는 생각을 날마다 했지만, 그 어느 하나 쉽지 않았다. 일단 남몰래 봉사하는 일이 내 삶에 체질화가 되어 있지 않았다. 그리고 주변 사람들의 시선 의식, 이기적인 본성 등 그 모든 것이 지금까지 살아왔던 내 삶의 관성을 바꾸도록 허락하지 않았다.

이렇게 갈등만 하다가 중학교 시절을 다 보내고, 고등학교에 진학을 했다. 고등학교에서도 갈등만 하다가 시간은 가고, 드디어 고3이 되었다. 만약 이 고3 시절도 내 삶의 관성과 다른 사람의 시선을 감당하지 못해 내 양심의 소리를 어긴다면 나에게는 도무지 기회가 오지 않을 것 같은 위기감이 들었다.

그래서 고3을 시작하면서 학급 청소에 나를 헌신하기로 결심했다. 당시에는 점심시간에 식사 후 한 분단씩 돌아가면서 청소를 했는데, 이 시간은 그야말로 난장판이었다. 청소 분단인 아이들이 제대로 청소를 하지 않는 것은 물론이고, 어떤 아이는 밥 먹고 있고, 어떤 아이는 공부한다고 자리에 웅크리고 있었다. 그러니 청소라고 해봤자 청소 당번들끼리 고함지르고 서로 욕하면서 밀걸레로 교실 바닥에 물 칠만 하는 것이 전부였다. 나는 점심을 먹는 대로 아무 말 없이 책상과 의자를 뒤로 밀기 시작했다. 이렇게 나 혼자서 교실 한 분단 혹은 두 분단 정도를 밀고 나면 청소 당번 아이들이 술렁이기 시작했다. "야, 병오 청소 시작했다. 야! 너 청소 당번인데 청소 안 해!" "그러는 너는 청소 왜 안 하니!" 하면서 청소가 시작되었고, 모든 청소가 끝나면 뒷정리까지 했다.

처음에는 나의 이런 모습을 바라보는 친구들의 눈길이 곱지 않았다. "야! 너 바보 아냐?" "너 선생님께 잘 보이려고 그러지?" 등 별의별 소리를 다 했다. 하지만 그런 이야기들에 개의치 않고 청소를 계속하자 친구들도 내 진심을 인정했고, 그러자 청소 시간도 제자리를 찾기 시작했다. 이 일은 고3 내내 하루도 빠지지 않고 이어졌다.

그 친구는 지금 무엇을 하고 있을까?

"아빠, 팽현도라는 아빠 친구는 어떻게 됐어요?"

이야기가 한참 이어지는데, 아직 자지 않고 있던 셋째 열매가 묻는다.

"그래, 아빠 친구 이야기하다가 아빠 이야기에 빠졌구나. 현도라는 친구는 대입학력고사를 치른 후 한 번 만났어. 하루는 주일예배를 마치고 나오는데, 교회 집사님이 친구가 교회당 문 앞에서 기다린다고 전해주더구나. 가보니 완전히 성인이 되어버린 현도가 머리는 치렁치렁 장발을 한 채 담배를 피우며 나를 기다리고 있었지. 내 생각이 나서 수소문을 해서 찾아왔다더구나. 그러고 나서 아빠가 서울 올라온 이후로는 한 번도 본 적이 없단다."

"아빠, 그럼 그 아빠 친구는 지금쯤 어떻게 살고 있을 것 같아요?"

"음, 아빠 생각에는 그 친구는 손재주가 좋았으니까 목공소나 자전거방 같은 손 기술이 필요한 일을 하면서, 남몰래 주변 사람들을 섬기는 일을 하며 살고 있을 것 같아."

오늘따라 팽현도 그 친구가 보고 싶다.

재능 갖춘 사람들이 내 주변에는 많다

고등학교 2학년 때 나는 교회 중고등부 회장이 되었다. 중고등부 인원을 다 합해도 20명이 겨우 넘을까 말까 하는 작은 규모였지만, 청년층이 거의 없는 시골 교회의 특성상 중고등부는 교회의 꽤 핵심적인 부서였다. 중고등부에 한두 명의 담당 교사가 배치되긴 했지만, 그들은 설교와 성경 공부를 인도하는 역할을 했고, 그 외 심방에서부터 각종 행사 운영 등은 전통에 따라 회장을 중심으로 학생들이 다 주도했다.

내가 알아야 할 것은 고등학생 때 다 배웠다

생각해보면 그때는 왜 그렇게 중고등부 행사가 많았는지 모르겠다. 매주 2부 순서로 성경퀴즈대회, 성경암송대회, 성가경연대회 등의 행사가 있었고, 오후에는 늘 전도와 심방이 있었다. 매 토요일 저녁에는 임원들 중심의 기도회가 있었고, 그때 주일에 사용할 주보를 온 손에 잉크를 묻혀가며 만들었다. 거기다가 월 1회 지역 노회 주관의 연합 예배가 있었고, 가을이면 문학의 밤 준비, 연말이면 회지 발행 등의 일들이 학생들의 자치로 이루어졌다. 거기다가 교회 차원에서 요구하는 일들도 많았다. 매주 주일 저녁 예배 성가대를 중고등부가 담당했기 때문에 주일 오후에는 성가 연습을 해야 했다. 또 성탄절 교회당 장식 및 성탄 축하 행사 준비, 주일학교 여름성경학교 보조 같은 일도 중고등부가 도맡아했다.

그런데 회장을 맡고 보니 무엇 하나 내가 잘하는 것이 없음이 드러나기 시작했고, 그것이 회장직 수행에 걸림돌이 되는 경우가 많았다. 우선 나는 음악에 재능이 없어 지휘나 반주를 할 수 없는 것은 물론이고, 노래 역시 제대로 하는 옆사람을 따라 맡은 파트를 겨우 부를 정도였기 때문에 성가대에도 전혀 도움이 되지 않았다. 거기다가 미술에 재능이 없다 보니 각종 교회 장식이나 행사 준비 또한 단순 심부름 외에는 별 보탬이 되지 않았다. 그리고 문학에도 소질이 없어

문학의 밤이나 회지 발행을 주도적으로 이끌어갈 수 없었다. 더구나 타고난 성격조차 내성적이어서 대중을 사로잡거나 사람의 마음을 얻어 일을 시키기에도 역부족이었다.

중고등부에 실제로 주어진 일은 많은 반면 중고등부 구성원들의 믿음은 돈독한 편이 아니었기 때문에 여러 가지 사건사고도 많이 일어났다. 누가 누구를 좋아하다가 혹 사귀다가 상처를 받아 교회에 나오지 않는 일은 흔했다. 그 외 인간관계에서 생겨나는 갖가지 크고 작은 문제로 삐치거나 상처받아서 태업을 하는 경우, 자신이 제대로 대접받지 못하는 것 때문에 불평하며 이제는 그 일을 하지 않겠다고 고집을 부리는 경우들이 흔히 발생했다. 그리고 그때마다 그들이 맡고 있는 여러 일들이 펑크 나기 일쑤였다. 그때는 인격적으로 상당히 미숙한 나이여서 '야! 너 아니면 사람이 없는 줄 아니? 다 때려치워! 차라리 내가 하면 되지 뭐!'라고 대응하고 싶은 마음이 불쑥불쑥 치밀곤 했다. 하지만 나는 대부분의 경우 그들을 찾아가 설득하고 달래는 방식으로 다시 일에 참여시켰다. 그것은 그 일들에 재주가 없는 나로서는 어쩔 수 없는 최선의 대안이었다.

다재다능했다면 공동체에 더 유익했을까?

중고등부 회장 시절의 그 경험 패턴은 대학 시절과 청년 시절 그리고 그 이후에도 교회나 기독교 기관의 책임을 맡을 때마다 반복해서 나타났다. 생각해 보면 당연하다. '나'라는 사람이 바뀌지 않고 그대로 있으니 말이다. 하여간 어떤 조직의 일을 감당할 은사를 제대로 갖추지도 못한 사람이, 상황에 밀려 책임을 맡아 주변 사람들을 겨우겨우 설득하여 근근이 일을 이끌어 나가는 그 반복된 경험은 내게는 늘 쓰라리고 힘들었다. 그래서 '하나님! 제게 일을 시키시려면 재능을 좀 많이 주실 것이지, 아니 저보다 재능 많은 사람들이 수두룩한데 그들을 시키지 않고 지지리도 못난 저에게 이런 일을 맡기시면 어떻게 합니까?'라는 원망의 기도를 많이 했다.

그런데 언제부터인지는 모르겠지만 '없는 재능으로 힘겹게 공동체를 이끌었던 그 아픈 경험'들의 이면에 또 다른 무언가가 있었을 수도 있겠다는 생각이

들기 시작했다. 내게 재능이 없기 때문에, 그리고 그로 인해 어쩔 수 없이 공동체 구성원들 사이에서 나를 낮추어 그들과 함께 일하고 그들의 재능을 높이 평가해주고 격려할 수 있지 않았을까? 또 그 덕분에 세워진 사람들도 많이 있었을지도 모르고, 어떤 의미에서는 공동체가 더 견고히 서는 효과를 거두었을지도 모른다. 물론 내게 여러 방면의 재능이 있었다면 공동체에 더 유익했을 수도 있다. 하지만 한편으론 그런 다재다능함이 다른 사람들을 참여하게 만드는 데, 혹은 내가 다른 사람들을 더 세워주는 데 걸림돌이 될 수도 있었으리라는 생각이 드는 것이다.

그래, 늘 내 곁에 사람이 있었지

이러한 생각을 한 이후부터 나는 나의 재능 없음과 부족한 리더십에 대한 부담을 많이 덜어버리고 내가 속한 공동체 가운데서 내게 주어지는 책임과 리더십에 대해 더 적극적으로 임하게 되었다. 하나님은 각 개인이 가진 연약함과 한계를 다 아시는 가운데서 각자에게 일을 맡기시되, 인간의 한계를 넘어, 인간이 생각하는 방식을 초월하여 당신의 일을 진행하실 뿐 아니라 각 사람들을 훈련하고 계신다는, 너무도 분명한 믿음이 생겼기 때문이다.

그런 믿음으로 이전에 내가 스스로의 재능 없음을 원망하며 힘겹게 공동체를 이끌었던 시절들을 돌아보니, 내 주변에는 항상 재능을 갖춘 많은 사람들과 동역자들이 있었다는 사실이 보이기 시작했다. 원래 우리 공동체의 일원이 아니었는데 잠시 나타나 나의 부족함을 채워주고 어느 순간에 떠난 사람도 생각나고, 늘 아웃사이더로 있다가 내가 리더로 있던 그 시기에 핵심적인 활동을 했던 친구도 생각난다. 물론 그들은 재주 없는 나 같은 사람이 혼자 끙끙대는 것이 불쌍해서 내 옆에 있었을 수도 있고, 아니면 다른 동기로 있었을 수도 있다. 그러나 그들의 동기가 무엇이었든 간에 그들을 내 곁에 두신 분은 하나님이셨고, 하나님은 나를 통해 그들을 훈련시키셨고, 그들을 통해 나를 훈련시키셨으며, 이 모든 것을 통해 당신의 나라를 세워가셨음이 분명하다.

나의 이런 믿음이 허상이 아님을 나는 내 믿음의 여정 가운데서 확인할 수 있다. 중고등부 회장 임기를 중간 정도 넘겼을 즈음, 나는 없는 재능으로 맡겨진 일들을 감당하는 데, 또 낙심하거나 삐쳐서 잘 나오지 않거나 태업을 하는 중고등부 구성원들을 격려하는 일에 지쳐버렸다. 인간적 열심이 한계에 도달한 것이다. 그런 어느 날 지친 심령으로 기도를 하는 내 마음에 들리는 음성이 있었다.

'병오야! 네가 무엇을 그렇게 열심히 하고, 무엇 때문에 이렇게 지쳐 있니?'

순간, 하나님에 대해 너무 화가 났다.

'아니, 하나님의 백성이 하나님의 일을 열심히 하는 데 무슨 이유가 필요하죠? 도와주지는 못할망정 이렇게 속을 뒤집어 놓으셔야겠어요?'

'병오야, 정말이니? 정말 네가 나를 사랑하고 교회를 사랑하는 그 열심으로 이렇게 지쳐 있는 거니?'

어린 나이였지만 나는 그 하나님의 음성 앞에서 내 속에 교회를 향한 열심도, 영혼을 향한 사랑도, 하나님을 향한 사랑도 없음을 고백하게 되었다. 내 속에는 단지 내 체면을 위한 열심밖에 없었던 것이다. 그제야 나는 '하나님 나는 죄인입니다' 하는 고백을 하게 되었다.

그때 내 속에서 나의 약점을 집요하게 파고들면서 내게 필요한 음성과 훈련을 주셨던 그 하나님께서, 당시 내 주변의 많은 동료들에게도 동일한 음성과 역사를 주셨으리라 믿는다. 그리고 지금도 이 하나님께서 나와, 좋은교사운동 위에 함께 계시고 역사하고 계심을 믿는다.

소명 없이 신학교 안 가는 길

"아빠, 나는 아직까지 내가 무엇을 해야 할지 모르겠어. 친구들 중에는 자기가 무엇을 전공해서 어떤 직업을 갖고 싶은지 매우 구체적으로 이야기하는 애들도 제법 있는데, 나는 솔직히 문과와 이과 중에 어느 쪽으로 가야 할지조차 모르겠어."

올해 고등학생이 된 큰딸이 하는 이야기다.

꿈이 없던 아이

사실 나도 그랬다. 비록 문화적 자극이 없는 시골이긴 했지만 그래도 친구들 가운데는 명망 있는 권력자나 학자가 되어 세상을 바꾸겠다는 거창한 꿈을 말하는 친구도 있었고, 인기 있는 전문직이 되어 집안을 일으키겠다는 현실적인 꿈을 이야기하는 친구도 있었다. 하지만 나는 분명한 자기 확신을 가지고 미래의 꿈을 이야기하는 친구들을 부러워했을 뿐 내가 무엇을 해야 할지 확신 있게 다가오는 것이 없었다. 심지어 함께 중고등부 활동을 열심히 하던 친구나 선후배 가운데서 목회자나 선교사가 되겠다며 복음 전도의 열정을 토로할 때도 그들 못지않게 교회 활동에 열심이던 내게는 왜 그런 확신이 주어지지 않는가 하는, 한편의 부러움과 다른 한편의 의아함이 들 뿐이었다.

고1 말, 문과와 이과를 선택할 때도 미래의 진로가 아닌 수학이 약하다는 이유 하나만으로 문과를 선택했고, 서울에 있는 명문 대학에 한 명이라도 더 합격을 시키겠다는 고등학교 진학 정책의 결과로 사범대학에 진학을 했다. 그때까지만 해도 내가 진학한 과가 인기 학과가 아니라는 것으로 인한 열등감과 갈등은 있었지만, 명문 대학이라는 간판이 주는 후광에 안주하고 있었다. 고등학생 때까지 그러했듯이 그냥 열심히만 하면 되겠지 하는 정도의 생각만 하고 있을 뿐이었다.

어떻게 살 것인가?

하지만 대학의 상황은 이렇게 아무 생각 없이 사는 삶을 용납하지 않았다. 우선 전두환 군부독재에 저항하기 위해 보장된 삶의 자리를 포기하고 민주화 운동이나 노동자와 농민의 삶 한 가운데로 자신을 던지던 당시 캠퍼스 운동권의 분위기는, 그 핵심에 들어가 있지 않던 나 같은 학생에게도 큰 차원에서 삶의 기준을 제시하고 있었다. 내가 몸담았던 기독 동아리가 주는 메시지도 내용상 차이는 있었지만 더 분명하고 어떤 의미에서는 더 혁신적인 것이었다. 그것은 무엇을 먹을까 입을까를 염려하며 나를 위해서 인생을 구상해서는 안 되고, 하나님의 나라와 그 의를 위해 살아야 한다는 것이었다.

감사하게도 복음 안에서의 헌신은 운동권이 요구하는 헌신과는 그 기반이 달랐다. 운동권이 요구하는 헌신은, 오직 내 속에 있는 의와 당위에 근거한 헌신이었다. 그래서 이 헌신 앞에 선 친구들은 오직 자기의 힘만으로 자기를 넘어서야 하는 그 싸움을 너무 힘들어했다. 그리고 그 과정에서 자신과 주변이 겪는 아픔과 상처를 감당하기 버거워했다. 따라서 그 헌신의 벽을 넘어서지 못할 때 겪는 좌절의 상처도 매우 컸다.

복음 안에서의 헌신

하지만 복음 안에서의 헌신에는 하나님이 주시는 자유와 힘이 있었다. 우선 하나님은 내가 어떤 모습이든 무엇을 하든, 성공하든 실패하든 관계없이 있는 모습 그대로의 나를 사랑하신다고 말씀하셨다. 이 말씀은 내 속에 있는 모든 열등감과 우월감, 다른 사람이 나를 어떻게 볼까 하는 염려를 다 날려버리고 참 자유함을 가져다주었다. 여기에 더하여 하나님은 나의 미래를 보장해주셨다. 하나님이 내 인생과 언제든지 함께 하시며 지키시고 보호하시겠다는 것이었다. 특별히 내 인생이 하나님의 크신 계획 아래 있으며, 내가 살아왔던 모든 과정과 앞으로 살아갈 모든 과정이 하나님의 섭리 가운데 있다는 깨달음은 이전의 내 삶을 새롭게 해석할 수 있는 틀을 제공해주고, 미래에 대한 불안과 실패에 대한 두려움을 넘어서는 데 큰 힘이 되었다.

물론 이 모든 것에도 불구하고 복음 안에서의 헌신에도 버려야 할 것들이 많았고, 나의 욕심과 주변의 기대, 미래에 대한 염려를 넘어서야 했기에 아픔도 있고 싸움도 있었다. 하지만 운동권 친구들의 헌신과는 비교할 수 없을 정도의 자유함과 기쁨이 있었다.

소명의 자리에 있지 않은 것은 다 죄다

하지만 하나님의 나라와 그 의를 위해서 나를 드리는 과정은 내 삶의 문제에 대한 완벽한 해답이 아니라 출발점이었다. 육체를 입고 구체적인 시간과 공간과 관계 속에서 살아야 하는 인간이기에 어디서 무엇을 통해 하나님의 나라를 추구할 것인가 하는 문제가 해결되어야 했기 때문이었다. 이런 고민으로 가득 차 있던 대학교 3학년 겨울 수련회, 당시 강사로 오셨던 정근두 목사님(현 울산교회 시무)에게 당돌한 질문을 던졌다.

"목사님, 젊은이가 한국 교회를 위해서 할 수 있는 일이 무엇입니까?"

"그것은 소명 없이 신학교 안 가는 일입니다."

어쩌면 그동안 살아왔던 내 온 삶과 대학 3년 동안의 고민이 압축된 그 심각한 질문에 대한 대답으로는 너무도 가벼운 답변이었다. 하지만 그 답변은 내 어깨에 지나치게 들어가 있는 힘을 빼고, 너무 추상적인 수준에 있는 내 고민을 현실에 안착시켜주는 일종의 선문답이었다.

어찌 신학교뿐이겠는가? 하나님이 가라는 곳에 가고 하나님이 있으라는 그곳에 있는 것, 그것은 군사로 부름을 받은 그리스도인의 삶의 핵심이 아니겠는가? 믿음으로 하지 않는 모든 것이 죄이듯, 소명의 자리에 서 있지 않는 것은 다도피요 죄라는 것은 의심할 수 없는 명제였다. 이후 '소명'은 내 삶과 고민의 가장 중요한 화두가 되었다.

삶의 모든 영역에서 소명은 계속된다

내 삶을 소명에 초점을 맞추고 나니 하나님이 지금까지 내 삶을 통해 경험하게 하고 고민하게 했던 것의 의미가 더 분명하게 해석이 되었고, 하나님이 내게 주신 것과 주시지 않은 것이 훨씬 쉽게 구분이 되면서 받아들여졌다. 말씀과 기도를 통한 하나님의 인도가 조금씩 분명해지고, 하나님이 내 삶의 문을 닫으실 때 기다리는 법과 하나님이 아주 미세하게 열어주시는 길을 분별하는 법을 배워가게 되었다.

대학 시절 처음 소명을 고민할 때는 내 관심이 '직업' 혹은 '사역'의 영역에 한정되어 있었다. 하지만 소명을 따라 살아가는 몸부림이 진행되면서 소명은 단지 직업이나 사역의 영역에 한정되지 않고 내 전 삶을 포괄하는 개념이 되었다. 하나님은 우리를 어둠으로부터 빛으로, 죄로부터 의로 불러내셔서 당신이 정하신 분량에 이르기까지, 직업과 결혼, 교회는 물론이고 시민으로서의 삶과 모든 일상의 영역에 이르기까지 우리를 부르시고 인도하시며 그 과정 속에서 당신과 긴밀하게 교제하기를 원하신다는 것이다.

그리고 소명은 단회적인 과정이 아니라 지속적인 과정이라는 것이다. 교사로의 부르심도 임용 과정에서만 적용되는 것이 아니라 임용 이후에도 끊임없이 나의 한계와 어려움을 보여주셔서 자신의 소명을 다시 점검하게 하신다. 그리고 이를 통해 안일해지고 불순물로 오염된 나의 소명을 정제하시며, 소명을 더 잘 감당할 수 있는 새 힘을 사모하게 하시며, 이전에 받은 소명을 새로운 시대와 변화에 맞게 한 단계 발전시키신다. 이러한 지속적인 부르심이 직업의 영역 외에도 삶의 모든 영역에서 일어남은 물론이다.

딸아이에게 소명과 관련된 이 모든 것을 다 이야기할 수는 없었다. 하지만 그 과정에서의 차이는 있겠지만 하나님이 내게 허락하셨던 소명의 길을 큰딸에게도 허락하시며 인도하실 것을 믿으며, 나는 그것을 위해 간절히 기도드렸다.

스승 없던 시대의 책 읽기

나도 책을 읽는다

"아니 당신은 책 한 자 안 읽고 어떻게 그렇게 만날 글을 써낼 수 있어요?"

언젠가 아내가 나한테 한 말이다. 물론 아내의 이 말은 내가 단지 책을 잘 읽지 않는다는 것만을 두고 한 것은 아니고, 내가 살아가는 삶 전체를 놓고 한 말이다. 하지만 단지 책 읽는 것 하나만 이야기한다면 내 독서량이 많은 편은 아니지만 그렇다고 책을 아주 안 읽는 것은 아니다.

학교 있을 때보다 훨씬 더 바쁘게 생활하는 최근 2년 휴직 기간만 하더라도 집에서 사무실까지 지하철 타고 가는 시간이 20분이니까 최소한 하루에 40분은 책을 읽는 셈이다. 그런데 집에서 사무실까지만 오가는 것이 아니라 사무실에서 대학원, 교사모임, 취재 등으로 돌아다니기 때문에 이 모든 이동 시간은 나의 독서 시간이다. 어떻게 보면 이러한 이동 시간이 나의 유일한 독서 시간인지도 모르겠다.

지하철이나 버스에서 책을 읽는 습관은 고등학교 3학년 때 생겼다. 고등학교 1학년까지는 공부에 대해 아무런 개념 없이 살다가 고등학교 1학년 겨울 방학이 되자 공부를 해야겠다는 생각이 들었다. 2학년 1년 동안 열심히 공부했지만 3학년이 시작되자 마음이 초조해지기 시작했다. 그래서 결심한 것이 '암기 과목은 차 안에서 해결하자'는 것이었다. 당시 나는 창원에서 마산으로 버스로 50분 정도 거리를 통학하고 있었다. 그래서 버스에 타면 책을 꺼내서 읽고 공부를 시작했다. 희미한 조명에 흔들리기까지 하는 버스 안에서 나름대로 공부하는 법을 터득했고(교과서에 중요하다고 줄쳐놓은 부분을 잠깐 본 후 고개를 들어 그 내용을 외우는 식) 대입 시험에서 좋은 결과를 얻을 수 있었다.

하여간 나는 이 1년 동안 버스에서 공부해서 얻은 시험 결과보다는 차 안에서 책을 읽는 요령과 습관을 터득한 것을 내 인생에서 더 소중한 재산이라고 생각하고 있다.

　대학 생활을 시작했던 80년대는 스승이 없는 시대였다. 당시 캠퍼스 분위기를 이끌었던 운동권은 선배들의 낭만적이고 자유주의적인 운동 방식을 비판하고 스스로 마르크스주의 이론을 공부하면서 그 속에서 이념을 정립하고, 조국이 처한 상황과 나아가야 할 방향을 찾기 위해 무서울 정도로 많은 학습을 했다. 대학의 주류 학문을 죽은 것이라 비판하고, 현실 변혁에 나서지 않는 교수들을 어용이라고 규정하면서, 마르크스에 기초한 비주류 사회과학들을 공부했다. 그래서 당시 운동권의 커리큘럼은 그 어떤 전공 교과의 교육과정보다 더 탄탄해서 일주일에 한 권 이상 책을 읽고, 발제하고, 이에 대해서 심도 깊은 토론을 해나갔다.

　이러한 대학 분위기는 복음주의권에도 영향을 미쳤다. 대부분의 기존 교회는 '교회당 건축'과 '교세 확장'의 틀을 벗어나지 못했고, 한국 교회를 대표한다는 목회자들이 불의한 정권을 축복하고 거기에 기생하는 모습은 생각 있는 기독 청년들의 마음을 붙들지 못했다. 이들은 친구들이 교회에 실망하고 떠나는 모습을 보면서, '과연 하나님은 교회 안에만 갇혀 있는 분이고, 복음은 이 시대 문제에 대해 아무런 답도 주지 못하고, 정말 민중의 아편 노릇밖에 하지 못하는가?'라고 묻기 시작했다.

　그래서 의식 있는 복음주의 대학생들도 기성 교회와 목회자를 의지하지 않고, 스스로 공부하기 시작했다. 현대의 사상적 흐름에 대한 기독교적 안목을 제시해준 프란시스 쉐퍼의 책들, 기독교를 단순한 종교가 아닌 삶의 체계로 접근한 아브라함 카이퍼를 비롯한 신칼빈주의자들의 책, 복음 전도와 사회 정의를 균형 있게 접근한 존 스토트를 비롯한 로잔언약과 관련된 책들, 기독교 세계관으로 세상을 보는 안목을 열어준 제임스 사이어, 왈쉬와 미들튼, 알버트 월트스의 책들을 통해 기독교 세계관이라는 틀로 시대와 세상을 볼 줄 아는 눈을 갖게 되고, 전인적이고 포괄적인 복음으로 무장하게 되었다. 동시에 기성 교회에 대해 근본적인 질문을 하고 새로운 교회의 틀에 대해 고민을 하게 해준 하워드 스나이더, 김홍전 목사님, 살아 있는 말씀의 능력으로 이끌어준 로이드존스나 아

더 핑크의 책들은 말씀의 깊이와 성경적인 교회에 대한 갈망을 이끌어주었다.

당시 대부분의 대학생들이 그러했듯이 나도 학과 공부에는 소홀한 면이 있었지만 시대와 내면의 부름을 따라 정말 제대로 고민하고 책을 읽고 토론을 했다. 이때 읽었던 책들은 내 인생의 가치관과 세계관을 형성해주었고, 이러한 독서가 있었기에 나는 대학 시절을 너무도 소중히 기억하고 있다.

군대에서의 고전 읽기

대학을 졸업하고 선택한 군대, 강원도 첩첩산골 화천에서 나는 정식 보직에도 없는 연대주임상사 당번병으로 들어가게 되었다. 연대장의 절대 신임과 연대에서 제일 높은 짬밥, 불같은 성격으로 인해 모든 병들이 모시기를 기피하는 분이었지만, 감사하게도 나하고는 비교적 잘 맞는 분이었다. 나 역시 많이 혼나기도 했지만, 이분의 보호 덕분에 거의 하루 종일 내 시간을 가질 수 있었다. 이러한 시간이 내게 다시 오지 않을 것을 알았기에 언제라도 읽을 수 있는 가볍고 얇은 책 말고 우선 성경을 충분히 읽고, 다음으로 이전부터 읽고 싶었지만 시간이 없어 읽지 못했던 고전을 읽기로 했다. 첫 휴가를 마치고 부대에 복귀하면서 칼빈의 『기독교 강요』와 로이드 존스의 『로마서 강해』, 헤르만 바빙크의 『하나님의 큰 일』, 도스토예프스키의 『카라마조프가의 형제들』을 가지고 들어갔다.

이러한 고전 읽기는 군에서 날마다 겪는 벌거벗은 인간의 욕망과 죄성에 대한 경험, 높은 산과 맑은 물, 지저귀는 새들과 반짝이는 무수한 별들, 그리고 그 가운데서 하나님께 기도하며 나누었던 대화와 더불어 삶의 깊이를 더해주었다.

책 읽기와 삶 읽기

군 제대 이후 교직 생활과 결혼 생활, 교사모임과 교사운동으로 이어지는 삶 가운데서 독서는 더 이상 내 삶의 중심이 되지 못했다. 아이들을 가르치기 위한 자료를 확보하기 위한 차원에서의 독서, 결혼과 육아에 대한 독서, 교육과 관련된 고민을 해결하기 위한 독서, 그리고 어쭙잖게 시작한 대학원 공부 관련 독서가 이어지긴 했지만, 이 시기 내 삶의 중심은 '책'이 아닌 '현장'이었다. 내가 가르치는 아이들과 교과, 나와 날마다 부대끼며 살아가는 아내, 2년 터울로 줄줄이 태어난 자녀, 모순된 교육 현장, 우리 교육의 희망이지만 아직 잠재된 가능성으로만 남아 있던 기독교사가 나의 컨텍스트이자 텍스트였다.

이제는 책을 통해서 내 고민을 해결하고 세상을 보는 안목을 얻는 것이 아니라, 세상과 그 속에 있는 사람을 붙들고 씨름하고 이것을 가지고 하나님 앞에 나아가는 가운데 내 나름의 원리와 하나님의 뜻을 찾고, 순종해가는 훈련을 하고 있다.

그러나 아직도 책에 대한 미련을 버리지 못하고 마음에 드는 주제나 저자를 만나면 뿌리를 뽑는 못된 성격을 고치지 못해서, 요즘은 지하철로 이동하는 시간 내내 폴 스티븐슨과 로버트 뱅크스의 '교회론'과 '일상생활 가운데서의 믿음의 원리'에 관한 책을 붙들고 있다. 물론 요즘 내 기도 제목과 고민의 주제 역시이 두 가지이다.

흙으로 돌아갈 때를 생각하라

진로 문제로 한참 고민을 하던 대학 4학년 시절, 당시 보통의 친구들이 선택하던 주류의 삶인 학문이나 고시 혹은 기업체 취업이 나의 길이 아니고, 또 기독교인 친구들이 많이 고민하던 목회나 신학 역시 내 길이 아니며, 그렇다고 해서 운동권 친구들이 많이 선택하던 노동자 혹은 노동운동의 길 역시 내 길이 아님이 분명했다.

이렇게 내 길이 아닌 것들을 제하고 나니, 내 삶의 모델로 들어오는 사람이 딱 3명 있었다. 한국성서유니온을 통해 한국 교회에 말씀 묵상 사역을 개척하신 후 '재야 평신도 성경 교사'의 삶을 살고 계셨던 윤종하 총무님, 교사로서 정년 퇴직을 하신 후 버려진 사회 하층 청소년들에게 복음과 기술, 비전을 가르쳐 제3세계에 선교사로 파송하는 '국제기능인선교학교 교장'으로 봉사하시던 김기열 선생님, 청계천 판자촌에서 빈민 사역을 하시다가 남양만으로 이주하여 두레마을을 개척 중에 있었던 김진홍 목사님이 그들이었다.

이 세 분의 사역에서는 시대를 거슬러 십자가를 짐을 통해 영혼과 시대를 바꾸는 힘이 느껴졌고, 내 젊음을 바칠 만한 충분한 가치가 느껴졌다. 문제는 이렇게 헌신적이고 준비된 나 같은 인재(?)를 그분들이 불러주지 않는다는 것이었다. 윤종하 총무님이야 사역 자체가 개인적인 것이고 어떤 세력이 필요치 않은 것인 데다가, 일평생에 걸친 그분만의 독특한 하나님의 인도에 의한 것이었고, 거기다가 '재야 평신도 성경 교사'가 될 수 있는 특별한 길이 있는 것도 아니었다. 그리고 김기열 선생님의 '국제기능인선교학교'의 경우 교사의 손길을 간절히 필요로 했지만, 아무것도 보장되지 않은 사역에 세상 물정 잘 모르고 열정만 가진 젊은이를 오라고 하는 일이 주저되었던지 계속 세상 경험을 더 쌓은 후에 오라고만 하셨다. 그리고 김진홍 목사님은, 나야 책을 통해 잘 알고 있었지만 그분은 나를 알지 못했기에 나를 부를 리 만무했다.

　그래서 무작정 김진홍 목사님의 두레마을을 찾아가보기로 했다. 꼭 그곳에 들어가 사역을 하지 않더라도 거기에 가면 어두운 시대를 살아갈 수 있는 희망의 끄트머리라도 찾을 수 있을 것 같았다. 4학년 1학기 중간고사 후 1주일 수업을 비우고 친구 한 명과 두레마을을 찾아 나섰다. 수원에서 남양만 가는 버스를 타고 가다 버스 기사가 안내해준 곳에 내렸지만 황량한 들판만 보일 뿐 마을이라고는 도무지 보이지 않았다. 한참 주위를 살피는 가운데 두레마을을 안내하는 나무 푯말이 나타났는데, 거기에는 "사람아 너는 흙이니 흙으로 돌아갈 때를 생각하라"는 말이 적혀 있었다.

　그 말을 보는 순간 온몸에 힘이 쫙 빠지면서 전율이 왔고, 하마터면 그 자리에 주저앉을 뻔했다. 왜 하필 이 말씀이었을까? 그가 가족의 해체까지 각오하면서 자신의 모든 것을 바쳐 사역했던 청계천 빈민 사역을 이끌고 와서 이곳 남양만에서 새로운 공동체 마을을 시작하면서 마을 입구에 내건 말씀이라면 분명히 그동안 자신이 해왔던 모든 사역과 그리고 앞으로 자신이 하고자 하는 사역을 관통하는 핵심 중 핵심인 말씀일 텐데, 그는 도대체 어떤 생각으로 이 말씀을 내걸었을까?

　청계천 빈민들을 위해 젊음을 바치며, 이 시대 가난한 자들의 친구이자 그 해결책이 되어주고자 했던 그분의 삶에 비추어볼 때 "여호와의 성령이 내게 임하셨으니 이는 가난한 자에게 복음을 전하게 하시려고 내게 기름을 부으시고 나를 보내사…… 주의 은혜의 해를 전파하게 하려 하심이라"는 이사야의 말씀을 내거는 것이 적절하지 않았을까. 그리고 서슬이 시퍼렇던 유신 독재를 두려워하지 아니하고 민주화와 인권을 이야기하며, 불의한 세상을 향한 하나님의 의를 선포하다가 투옥되었던 그의 삶의 이력을 생각할 때는 "오직 공법을 물같이, 정의를 하수같이 흘릴지로다"라는 아모스의 말씀이 더 그의 삶을 적절하게 표현하는 것처럼 보였다. 그리고 그가 청계천 빈민들을 이끌고 황량한 남양만에서 새롭게 시작하고자 도전했던 두레마을의 정신을 생각할 때는 "믿는 사람이 다 함께 있어 모든 물건을 서로 통용하고 또 재산과 소유를 팔아 각 사람의 필요를 따라 나눠주고……"라는 말도 정말 그의 삶에 어울리는 말씀으로 보였다. 그런데 그는 나의 기대와는 달리 "너는 흙이니 흙으로 돌아갈 것이니라"는 말씀을 기록해놓고 계셨다.

인생의 본질에 직면할 때 느끼는 자유함

물론 그가 인생의 본질이 흙이며, 흙으로 돌아갈 것임을 기억하며 살라는 말씀을 내걸었을 때는 이사야의 희년 선포, 아모스의 정의 실현, 사도행전의 공동체적 삶을 포기한 허무주의를 말한 것이 아니었을 것이다. 오히려 우리가 하나님의 말씀을 따라 희년, 정의, 공동체를 추구하면서 살고, 이 땅에서 그것들이 실현되도록 최선을 다하지만, 그러나 그것을 추구하는 주체인 인간의 본질이 무엇인지를 정직하게 직면하고, 뼈저리게 자각하며 살아야 한다는 표현이었을 것이다.

그렇다. 살아갈수록 느끼고 아프게 고백할 수밖에 없는 것은 인간이 연약하다는 것이다. 시간적으로도 하나님의 영원에 비교할 때 우리의 생은 한 점에 불과하며, 하나님의 거룩하심에 비추어볼 때 우리의 의와 선은 진토에 불과하다. 그럼에도 불구하고 자기의 작은 의를 끊임없이 자랑하려고 하고, 자기를 드러내려 하며, 자신이 영광을 받고 싶어 안달이다. 하나님의 때를 기다리지 못하고 서두르다 일을 그르치며, 선을 명목으로 많은 사람에게 상처와 아픔을 남기기도 한다. 인생의 본질은 흙이고, 이 흙에 하나님이 생기를 불어넣으시는 그 시간만큼 생령으로 활동할 뿐임에도 끊임없이 이 생명의 근원을 부정하려고 몸부림친다. 더도 덜도 말할 필요 없이 이것이 인생의 본질일 따름이다.

사람의 본질이 흙이며, 흙으로 돌아갈 것이라는 이 말씀은 우리를 결코 허무함이나 무력함으로 인도하지 않는다. 오히려 자신의 연약함을 자유함으로 받아들이게 해주고, 힘든 소명의 현장 가운데서도 하나님이 허락하신 제한된 시간 동안만 그 일을 한다는 것을 생각할 때 최선을 다할 수 있는 힘을 준다. 동시에 흙에 불어넣어진 생기를 의지하며, 질그릇에 담긴 보화만 자랑하는 마음으로 하나님의 일을 사심 없이 깨끗하게 하나님의 방법으로 감당할 수 있는 태도가 생긴다. 그래서 나는 인생의 어려운 순간마다 하나님께 기도로 나아갈 때 "사람아! 너는 흙이니, 흙으로 돌아갈 때를 기억하라!"는 말씀을 마치 주문처럼 외우고 그 말씀의 깊이를 묵상한다. 그때마다 기도 가운데 하나님 앞에서 내 인생의 본질과 한계, 그리고 내가 서 있어야 할 자리가 분명히 드러나고 말할 수 없는 평안함과 하늘로부터 오는 새 힘을 공급받는 경험을 한다.

이제는 말할 수 있다

그때 두레마을에 1주일 정도 머물렀다. 아직 제대로 정착되지 못한 농장에서 같이 일도 하고, 함께 먹고, 대화도 나누며 생활을 같이했지만, 목사님께 이 말씀을 통해 받은 영감과 이 말씀을 사역의 모토로 내건 이유, 그리고 이 말씀이 두레 공동체 가운데 어떻게 작용하고 있는지에 대해 물어보지 않았다. 그때 그 말씀은 김진홍 목사님이 주신 말씀이 아니라 하나님이 나에게 주신 말씀이었고, 행여 김 목사님의 설명으로 인해 그때 하나님이 내게 주셨던 메시지와 충격이 희석될까 두려웠기 때문이었다.

다만 20년이 지난 지금, 혹 개인적으로 김 목사님을 만날 기회가 있다면 목사님이 그 말씀을 모토로 내건 이유와 함께, 지금 목사님은 목회와 정치 활동 가운데 이 말씀에 어떻게 응답하고 계신지 이야기를 나누고 싶다.

가장 평범하게, 가장 비범하게

대학 시절 내게 임한 예수 그리스도의 구원의 비밀과 이 땅 역사 한가운데 임한 하나님 나라의 권세를 깨달은 이후, 이 구원과 그 나라를 위해 나를 던져 불살라 드리고 싶었다. 세상에서 일반적으로 추구하는 돈과 명예와 권력 대신 오직 예수 그리스도만을 추구하며, 정말이지 불꽃같이 살고 싶었다.

하지만 어떻게 사는 것이 그렇게 사는 것인가 하는 데 대해서는 쉽게 해답이 나오지 않았다. 다만 분명하게 다가온 것은 적어도 보통 사람들이 걸어가는, 취직해서 돈 벌고, 결혼해서 가족을 부양하고 아이를 키우며, 그러다가 돈도 좀 모으고, 집도 사고, 어느 정도의 사회적 지위를 누리다가 늙어가는 그런 평범한 삶은 아니라는 생각이 들었다. 직장에 얽매여 거기에 거의 모든 시간을 소비하고 그 이상의 것에 관심을 가질 여력이 없는 삶, 가족들을 부양하기 위해서는 직장에 계속 다녀야 하기에 작은 불의들과 타협해야 하는 삶, 집 한 칸 마련하기 위해 십 년, 이십 년을 고생하며 여기에 에너지를 다 쏟아버리는 삶, 아내와 자식들에게 얽매여 젊을 때 가졌던 꿈도 다 버리고 현실에 안주해 살아가는 많은 선배들의 삶처럼 살아서는 안 되겠다고 생각했다. 그때는 분명하지가 않았지만, 가톨릭 '수사'들의 삶이 아마 내가 생각했던 삶의 모습이었던 것 같다.

때와 땀, 피가 묻은 거룩함을 원한다

이런 나의 생각에 대해 한 선배는 냉혹하게 비판했다.

"하나님 앞에서 거룩하게 살겠다는 네 뜻은 참 귀한 것 같다. 하지만 생각해 봐라. 네가 직장에 취업해 돈을 벌지 않는다고 해도 어쨌든 밥은 먹고 살아야 할 것 아니니? 그리고 잠자고 쉴 수 있는 최소한의 공간은 필요한 것 아니겠니? 그 돈은 어디서 나오겠니? 돈을 버는 직업에 종사하지 않는 일이 뭐가 있을지 모르겠지만 쉽게 생각해서 목사나 선교사, 아니면 사회봉사 기관에서 일을 한다고 생각해보자. 그렇더라도 네가 먹고 살기 위해서는 다른 사람들의 후원을 받아야 할 텐데, 그 후원이라는 것이 네가 얽매이기 싫어하는 직장에서 힘들게 번 돈에서 나오는 것 아니니? 결국 이 세상에 무균질의 거룩함은 없는 것이야. 하나님도 우리에게 이런 세상을 떠난 거룩함을 요구하는 것이 아니라, 겉으로 보기에는 완전하지 않을지 몰라도 세상 사람들과 함께 살면서 그들의 때와 먼지가 묻은, 그리고 여러 가치의 갈등 가운데 고민한 땀방울, 그리고 거대한 세속의 흐름 가운데서 자기를 지키기 위해 싸우다 흘린 피가 묻은 그런 거룩함을 요구하는 것이 아닐까?"

그 선배의 말을 들으며 그동안 내가 쌓아왔던 생각의 체계가 일시에 무너지는 아픔을 겪었지만, 하나님 앞에서 생각할 때 그 말이 하나도 틀리지 않았다. 그래서 기도 중에 생각한 것이 "가장 평범하게, 가장 비범하게"였다. 즉 하나님과 그분의 나라를 위해 나를 드려 살겠다는 결심은 여전히 유효하지만 그 방법에서 하나님이 보통의 사람들에게 허락하신 삶의 내용과 여정을 따르겠다는 다짐이었다. 창세기에서 하나님이 타락한 인간에게 하신 말씀대로 나와 가족의 생계를 위해 땀 흘려 일하고 직장이라는 조직에 얽매이며, 여기서 얻은 수입으로 나와 가족의 생계를 유지할 뿐만 아니라 주변에 도움을 주는 삶을 살며, 한 여자를 선택해 사랑하고 그 여자의 남편과 아이들의 아버지로 살아가며, 여기서 파생되는 많은 문제들을 기꺼이 감당하며 살겠다는 것이었다. 하지만 이러한 평범하고 일상적인 삶 속에서 매몰되어 있는 것이 아니라 그 가운데서 하나님이 요구하시는 뜻을 분별하고, 그분이 원하시는 모습을 이루어가며, 삶 가운데 요구하시는 참 거룩함의 의미를 찾아야겠다고 생각했다. 그리고 이 가운데서 만난 하나님과 그분께 들은 말씀, 깨달은 해답을 가지고 주변의 많은 믿음의 선후배들은 물론이고 믿지 않는 사람들에게까지 다가가 그들의 고민과 아픔에 공감하고 도움을 주는 삶을 살아야겠다고 생각했다.

삶의 무게와 구차함 속에서

이러한 생각을 따라 대학 졸업 후 주변의 만류를 무릅쓰고 군 면제나 장교가 아닌 일반 사병 복무를 선택해 병역 의무를 다했으며, 제대 후에는 대학 때 전공을 따라 중학교 교사로서 아이들과 씨름을 하고 있다. 그리고 "형에게는 독신의 은사가 있는 것 같아요"라는 후배들의 저주(?)를 물리치고 한 여자를 만나 결혼해서 네 아이를 낳아 기르며 살고 있다.

교사라는 직업의 안정성 덕분에 많은 일반 직장인들이 경험하는 미래에 대한 불안감을 겪지는 않지만, 매 45분의 수업 시간 동안 아이들 앞에서 긴장감을 경험하며, 가끔씩 인내의 한계에 도전하는 아이들과의 관계 속에서 이러다가 화병에 걸릴지도 모른다는 불안감이 들 정도로 감정을 다스려가는 생활 속에서 땀 흘림의 수고를 하고 있다. 그리고 그 노동의 대가로 받는 생활비로 여섯 식구의 도시 생활을 감당해야 하는 경제적인 빠듯함과 돈의 유혹, 또 절제의 의미를 배우며 살고 있다. 이제는 먹는 것 외에도 아이 한 명 한 명에게 들어가는 돈도 만만치 않고 나이에 걸맞게 지출할 곳도 많아져, 그럴수록 경제적인 압박이 주는 무게가 더 무겁게 느껴지고, 빠듯함이 주는 구차함이 더 불편하게 느껴지지만 주어진 한계를 인정하며 사는 법을 배우고 있다.

결혼 생활 15년차. 아내와의 관계 속에서 인간이 경험할 수 있는 모든 육체적·정신적 희로애락의 극단을 경험하며, 하나됨의 비밀을 때로 기쁨 가운데 때로 아픔 가운데 누리고 있다. 2년 터울 네 아이를 낳아 기르면서 제대로 자지도 못하고 늘 매여 있어야 했던 생활들, 한 아이 한 아이가 주는 기쁨만큼이나 각 아이가 부모에게 주는 숙제가 커서 힘들어했던 시간들이었다. 이제 아이들이 자라서 육체적인 부담은 많이 덜었고, 막무가내로 떼를 쓰며 파악하기도 힘든 문제를 던져주던 시기도 지났지만, 한 명씩 사춘기에 접어들고 있기에 이들의 스파링 파트너가 되기 위해 맷집을 준비하는 중이다. 그리고 치열한 입시 경쟁이라는 한국의 교육 현실에서 아이들을 준비시키고 적응하도록 돕는 학부모 노릇 역시 만만치가 않지만, 대다수의 한국 학부모들이 겪는 고통이기에 감당하려고 한다.

하나님의 손에 붙잡힌 '평범'이길

대학 졸업을 앞두고 내가 활동하던 선교 단체 회보에 '가장 평범하게, 가장 비범하게'라는 제목의 글을 쓴 지 18년이 지났고, 이제 나이도 앞으로 살아갈 시간이 지금까지 살아온 시간보다 더 많지 않은 시점에 와 있다. 돌아보면 이 18년 동안 대부분의 사람들이 삶의 여정 가운데서 경험하는 희로애락의 길을 피하지 않고 적극적으로 '평범함'의 길을 선택하며 살아왔다. 우는 사람과 함께 울고 즐거워하는 사람과 함께 즐거워하며, 해 아래서 먹고 마시며 낙을 누리며, 내게 주신 분복을 감사하게 누리며 살아왔다. 그리고 모든 인간에게 주어진 고통과 아픔을 감당하고, 특별히 내게 주어진 십자가를 지면서 살려고 몸부림쳐 왔다. 비록 대부분의 사람들이 가는 '평범한' 길이라도 나는 처음 가는 길이기에 순간순간 주님께 묻고 그분의 뜻을 발견하기를 원했고, 아주 작은 일이라도 주님께서 주시는 힘을 의지해서 감당하기를 원했으며, 만나는 모든 사람들에게 할 수 있는 대로 친절하고 선을 행하려고 노력해왔다. 하나님 앞에서 철저하게 탄식하고 떼쓰고 불평하지만, 사람들 앞에서는 감사하고 친절하고 더 수고하려고 애써왔다.

하지만 이러한 '평범함' 가운데 살아왔던 삶과 수고들이 과연 주님 안에서 '비범함'을 이루며 살아왔는지에 대해서는 자신이 없다. 다만 테레사 수녀님이 표현한 대로, 비록 내 삶이 평범한 몽당연필에 불과할지라도 하나님의 손에 붙들리기를, 그래서 내가 있는 곳, 부름 받은 일상의 자리 가운데서 하나님의 역사를 쓰는 데 쓰임 받길 간절히 소원할 따름이다.

평생 따라다니며 지켜보겠다

"집사님, 결혼식을 2부로 나누어 1부는 혼인 예배를 드리고, 2부는 친지들과 함께 편하게 둘러 앉아 피로연을 진행하려고 합니다. 이때 몇 분들에게 마이크를 드려 저희 부부에게 주시는 조언을 들으려고 하는데, 집사님도 한 마디 준비를 해주세요."

작년 교회에서 대학 졸업 후 미혼 청년들의 모임인 2청년회 부장을 맡아 지도를 할 때 가까이 지내던 형제의 부탁인지라 기쁘게 수락을 했다. 그런데 차라리 시간을 충분히 주고 길게 이야기를 하라면 더 쉬울 것 같은데, 간단한 몇 마디로 그 복잡다단한 결혼 생활의 핵심을 짚자니 15년 결혼 생활이 한꺼번에 떠오르면서 머리가 아파오기 시작했다. 그러는 와중에 한 분이 떠올랐다.

평생 따라다니며 지켜보겠다

대학교 4학년 1학기를 마치고 선교 단체 종강 모임을 하는 날이었다. 이때 초대받지 않은 손님 한 분이 우리 모임에 왔다. 낡은 양복에 두툼한 가방을 맨 그는 영락없는 시골 할아버지였다. 그분은 대학 1학년 겨울 수련회 때 특강 강사로 우리 모임과 인연을 맺었던 김기열 선생님이었다. 특강 당시에는 제1가나안농군학교가 설립한 정윤고등학교(현 하남고등학교) 교장 선생님으로 계셨는데, 그해 2월 정년퇴임을 하시고 불우 청소년 선교 단체인 그루터기선교회가 설립한 '국제기능인선교학교'의 무보수 교장으로 섬기고 계셨다.

모임 시작 전 잠시 이야기할 기회를 드리자, 그는 가방에서 『개혁신앙』(당시 내가 활동하던 선교 단체에서 매주 발행하던 회보)을 꺼내며 "여기, 정병오가 어디 있어?"라고 말씀하시는 것이었다. 모든 사람들의 시선이 나에게 쏠린 상황에서 그는 얼마 전 내가 회보에 썼던 '집을 사지 않을 이유와 책을 사는 이유'라는 글의 몇 부분을 읽기 시작했다. 대학 졸업 후 오직 '내 집 마련'이라는 목표만을 향해 10년 정도 매진하면서 젊은 날의 꿈과 패기를 잃어버리는 세태에 대한 안타까움과 이러한 흐름을 거슬러 살고 싶다는 생각을 담은 글이었다.

김기열 선생님은 이 글을 칭찬하면서 자신이 평생 나를 따라다니며 내가 정말 이대로 사는지 아닌지를 지켜보겠노라고 말씀하셨다. 그러면서 가방에서 공책을 한 권 꺼내셨다. 그 공책에는 수많은 대학학력고사 수석 합격자 혹은 서울대학교 수석 합격자의 인터뷰 기사들이 스크랩되어 있었다. 지금은 이런 인터뷰 기사가 사라졌지만 당시 대학 입학 발표 시점에는 늘 이런 기사가 실렸고, 그 내용들은 베낀 듯이 똑같았다. '훌륭한 법관이 되어 혹은 의사가 되어 가난한 사람들을 위해 살고 싶다'는 것이었다. 김기열 선생님은 그 인터뷰 기사들을 가리키며, 수십 년 동안 이렇게 가난한 자를 위해 살겠다는 사람들이 사회로 배출되었는데, 이 사회가 왜 이러냐며 탄식하셨다. 그리고 이제는 자신이 그 인터뷰의 주인공들을 다 찾아다니며 실제로 어떻게 살고 있는지를 파악하고, 그 기사의 내용대로 살 것을 촉구하고 싶다 말씀하셨다.

이 사역을 감당하기에는 너무 어리다

그날 이후 김기열 선생님은 내 삶의 스승이자 증인이 되셨다. 대학 졸업 이후 어떻게 살 것인가를 고민하던 나는 곧바로 국제기능인선교학교를 찾았다. 우리 사회에서 버려진 불우 청소년들에게 복음을 전하고 그들에게 기능을 익히게 하여 아시아, 아프리카, 남미 등지의 가난한 나라에 기능인 선교사로 파송하는 교육을 하는 학교. 아직 제대로 체계가 갖추어져 있지 않아 삐걱거리는 것도 많고 문제도 많았지만 가장 낮은 곳에서 복음의 능력만을 의지해서 사역하는 모습은 내가 막연히 머릿속으로만 생각하던 바로 그곳이었다. 내 젊음을 드려서 할 일이라는 생각을 했다.

대학을 졸업하고 교직 발령 후 얼마 있지 않아 나는 군대에 갔다. 2년 3개월 군복무를 하면서 기도 가운데 교직에 복직하는 것을 포기하고 국제기능인선교학교 교사로 헌신하기로 결단을 했다. 그리고 제대와 동시에 국제기능인선교학교를 찾았다. 학교는 그동안 많은 변화를 겪었지만 여전히 체계는 제대로 갖추어져 있지 않았고 얼핏 보기에도 많은 할 일들이 엿보였다. 선생님은 나를 보시더니 한동안 고민을 하시고 나서 조용히 나를 부르셨다. "병오야! 너의 헌신은 귀하지만, 이 사역은 내가 해보니 너무 거친 사역이더구나. 그리고 너는 이 사역을 감당하기에는 너무 여리고 어리다. 일반 학교에 복직해서 경험을 쌓은 후 내가 부르면 그때 와라."

당시로서는 황당하고 섭섭했다. 하지만 당장 사람이 필요하다고 해서 사람을 끌어 쓰고 소진시키는 것이 아니라 한 젊은이의 전체 인생과 생애 주기를 살피고, 또 하나님 나라 차원에서 인생을 인도해주셨던 그분의 혜안과 사랑에 지금도 감사를 한다.

나는 제대로 살고 있는가?

물론 그분은 지금까지도 나를 그 사역으로 부르지 않으셨다. 그리고 내가 집을 샀는지 사지 않았는지에 대해서도 한 번도 물은 적이 없다. 다만 수시로 전화를 해서 기독교사운동의 흐름에 대해 물으시고 지금 진행 중인 기독교사운동이 한국 교육과 교회의 희망이라며 격려를 잊지 않으신다. 그리고 "학교 현장에서 정년퇴임 할 때까지 있겠다는 생각 하지 말고 적절한 나이가 되면 그만두고 나와서 학교와 가정으로부터 버려진 수많은 아이들을 돌보는 사역과 운동을 해야 한다는 것 잊지 마라"에서 시작하여 "밖의 일 한다고 집에 소홀하면 안 된다. 고생하는 아내한테 잘해야 한다. 집에 가면 청소도 하고……"에 이르기까지 내 삶에 대한 확인을 빠짐없이 하신다.

지금도 김기열 선생님을 생각하면 하나님이 내 삶의 증인으로 세우신 분이라는 생각이 들고 그분의 전화를 받을 때마다 청년 시절 하나님이 내게 보여주셨던 뜻과 푯대를 향해 제대로 가고 있는지 혹 궤도를 이탈하지는 않았는지 돌아보게 된다. 동시에 이제는 나도 내가 만나는 많은 후배들과 제자들의 삶에 대해 증인된 삶을 살아야 한다는 당위감이 밀려온다.

그래서 자신의 결혼 생활에 꼭 필요한 조언을 부탁하는 그 형제를 위해 다음과 같은 글을 준비했다.

　본회퍼는 '사랑은 개인적인 일이지만 결혼은 사회적인 일이다'라고 했습니다. 이제 두 사람은 개인적인 사랑의 감정을 넘어 결혼이라는 사회적인 약속의 관계로 들어왔습니다. 그래서 성경은 결혼을 '언약'이라고 부릅니다. 두 사람이 서로를 향해 약속했을 뿐 아니라 하나님을 향해서도 약속을 한 것입니다. 오늘 두 사람이 하나님과 사람 앞에서 행한 이 엄숙한 서약을 후회하는 날이 반드시 올 것입니다. 그때 두 사람은 이 언약의 주인이신 하나님 앞으로 나아가 책임 있는 반응을 해야 할 것입니다.

　저는 이 거룩한 언약의 현장에 증인으로 참여했습니다. 그러므로 저는 이 거룩한 언약의 증인으로서의 사명을 무겁게 느낍니다. 살아가면서 두 사람의 사랑이 깊어지고 이 사랑의 열매들이 흘러넘칠 때 그 기쁨을 저도 함께 누릴 것이며, 혹 두 사람이 하나님 앞에서의 이 언약에 불충하여 이 언약이 손상을 입을 때 두 사람을 향해 엄히 꾸짖고 돌이키도록 권함으로써 증인된 사명을 다하겠습니다. 무엇보다 새벽마다 부르짖는 기도 가운데 두 사람의 이름을 부름으로 증인된 책임을 다하겠습니다.

길 위에서 길을 잃다

길을 찾아서

1988년 2월, 대학 생활을 마감하면서 나는 하나님 앞에서 세 가지 다짐을 했다. 첫째는 우리 시대 모순의 핵심으로 들어가 그곳에서 복음이 하나님의 능력임을 삶으로 드러내 보이는 삶을 살겠다는 것, 둘째 복음의 능력을 잃어버린 교회를 성경의 원리를 따라 바로 세우는 삶을 살겠다는 것, 셋째 하나님 보시기에 아름다운 가정을 세우는 삶을 살겠다는 것이었다. 이것은 암울했던 80년대를 시대와 하나님 앞에서 놓고 고민하고 기도하며 절망했던 모든 과정의 결론이었다.

이러한 다짐은 선언과 당위로 모든 것을 표현하던 캠퍼스 상황 가운데서는 매우 현실적이고 구체적인 내용들이었지만, 대학 밖 '사회' 가운데서는 내 삶의 구체적인 자리나 행동에 대한 아무런 지침이 되지 못했다. 그러다 보니 나의 주체적인 선택이 아닌 내게 주어지는 삶을 살게 되었다. 졸업식 날 집에 가니, 당시 국립 사범대 졸업생에게 바로 주어지던 교직 발령이 나 있었고, 곧이어 군에 가게 되었다. 교회 대학부 졸업과 동시에 무교회자로 남으려는 나를 염려한 한 친구의 권유로 선한 뜻을 가지고 교회를 시작하던 개척 교회에 연결되었고, 군 휴가 중 후배의 소개로 만난 한 여자가 내 삶의 중심에 다가와 있었다.

하지만 내가 선택한 것이 아닌, 내게 주어진 삶의 자리를 내가 어떻게 해석하고 감당해야 할지 감을 잡을 수 없었다. 대학 시절 동안 나와 함께하시고, 그 어려운 시대 가운데서 빛을 비춰주시며 나를 인도해주셨던 그 하나님이 지금도 나와 함께하심이 분명할 텐데, 당시로는 캠퍼스의 하나님과 사회의 하나님을 연결하기가 무척 어려웠다. 마치 동방박사들이 큰 별을 보고 예루살렘까지 왔지만, 거기서 그 별의 인도를 놓쳐버리고 헤롯궁을 찾는 실수를 범했던 것처럼 나는 하나님의 인도를 놓치고 있었다.

길을 잃다

우선 학교라는 곳이 나의 부르심의 현장이라는 확신이 들지 않았다. 내가 하나님 앞에서 서원했던 이 시대 모순의 핵심이 노동 현장인지 농촌 현장인지 아니면 제3세계 어디인지는 몰라도 최소한 학교는 아니라고 생각했다. 학교라는 곳은 내 목숨을 담보로 내놓아야만 할 위험한 곳도 아닐뿐더러, 코흘리개 아이들과 하루 종일 씨름한다고 해서 우리 사회의 그 어떠한 모순도 해결될 것처럼 보이지 않았기 때문이었다. 그래서 늘, 이곳에 내가 잠시 머물지만 주께서 우리 시대 모순의 핵심 현장을 보여주시고 그곳으로 나를 부르실 때는 언제든지 달려가겠다는 결심을 품고 있었다.

그런데 더 큰 문제는, 내가 생각해오던 시대적 모순의 핵심 현장에 비하면 너무도 편하고 작은 이곳에서조차 나는 너무도 무력하고 무능했다는 것이었다. 우선 아이들을 도무지 장악하지 못했다. 내가 담임을 맡은 반은 늘 꼴찌에다가 지각생과 복장 불량이 넘쳐났고 청소도 제대로 못해 지적을 받는 반이었다. 그렇다고 해서 아이들이 나의 인격에 감동해 변화가 일어나는 것도 아니었다. 아이들은 내게 대들기 일쑤였고, 나는 그 아이들을 품기는커녕 용서하지 못하는 나 자신으로 인한 괴로움에서 헤어나지 못했다. 교직 생활 2년 만에 아이들에게 완전히 손을 들고 말았다. 엎친 데 덮친 격으로 학급당 얼마씩 불법 찬조금을 걷어내라는 교장 선생님의 명을 거절했다가 교무실 내에서도 완전히 버린 자식이 되었다. 나는 교장 선생님에 대한 원망과 학교 내 작은 모순도 해결하지 못하는 나의 무능함에 절망하고 있었다. 이곳이 시대 모순의 핵심이 아니기에 떠나는 것이 아니라, 내가 아이들과 학교를 감당하지 못해 손을 들고 나가야 할 상황이었다. 이러한 나에게 시대의 핵심 모순의 과제를 준다 한들 내가 감당할 수 있을까 하는 생각을 하니 나 자신이 참으로 초라하게 여겨졌다.

대학 졸업과 동시에 참여한 개척 교회는 내게 꿈만 같은 교회였다. 목사님 댁에서 10여 명의 교인들이 함께 시작한 이 교회는 은사에 따라 역할을 분담하며, 성도가 말씀으로 교제하는 가운데 자라가며, 복음 전파와 이웃 사랑에 힘쓴다는 교회 본래의 이상을 마음껏 실험하고 실현할 수 있는 좋은 장이었다. 하지만 교회가 커가면서 강단이 사유화되고, 평신도를 소외시키고 목회자 중심이 되며, 재정이 불투명해지는 것을 보면서 목회자와 많이 부딪히게 되었다. 특별히 믿었던 목회자가 초심을 버리고 사심을 추구해가는 것을 보면서 그에 대한 분노가 나를 지배하기 시작했다. 하지만 목사님에 대한 배신감보다 더 절망적이었던 것은 이러한 목사님을 대하는 나의 태도였다. 목사님의 잘잘못을 떠나 이렇게 분노와 미움으로 가득 찬 나의 마음은 하나님의 교회와는 완전히 거리가 먼 태도였기 때문이다. 여러 가지 신학 용어를 사용할 수 있겠지만 결국 교회의 본질이 사랑이라고 할 때 '나'라는 사람은 교회의 본질에서 정말 멀리 떨어진 사람이었다.

20대 중반에 처음 해보는 연애 역시 쉽지는 않았다. 분명히 나는 이 여자한테 잘한다고 했는데, 나도 모르는 사이에 이 여자는 나 때문에 화가 나 있고, 성경이나 그 어떤 결혼 관련 교재에도 나와 있지 않은 일들이 많이 발생했다. 연애라고 하면 애틋하고 스멀스멀한 그 무엇이 있을 줄 알았는데, 이렇게 서로로 인해 힘들고 괴로워해야 하다니…… '차라리 무를 수 있으면 물렀으면 좋겠다'는 생각이 들 때가 한두 번이 아니었지만, 그렇다고 해서 관계를 끊기도 쉽지 않은 것이, 정말 연애는 정치 못지않은 생물이었다.

길은 여기에

이렇게 한꺼번에 닥친 삶의 위기 가운데서 주저앉게 되었을 때, 대학 졸업 시절 내가 하나님 앞에서 했던 다짐이 생각났다. 그때 내가 했던 다짐은 단지 내 의지로 선언한 것들이 아니라 하나님 앞에서 내가 받았던 약속이었다. '그래! 하나님께서 약속하신 그것을 붙들고 다시 그분께 나아가자. 그분이 내게 답을 주실 때까지 매달리는 것이다.' 마치 얍복강 가에서 천사와 씨름하던 야곱과 같이 나의 무능함과 내 속의 어찌할 수 없는 미움과 분노, 한 여자와 어떻게 사랑하고 어떻게 관계를 맺어가야 할지 모르는 막막함을 가지고 정직하게 그분께 나아가기 시작했다.

'하나님 아무래도 교사는 제게 주어진 일이 아닌 모양입니다. 하나님 그렇다면 주께서 제게 약속하셨던 우리 시대 모순의 핵심인 그 현장을 제게 보여주시고 길을 열어주십시오. 하지만 하나님, 어린아이 한 명도 제대로 감당하지 못하는 제가 무슨 일을 감당하겠습니까? 제게 능력을 주십시오.'

'하나님, 많은 사람들이 저 보고 교회를 떠나라고 합니다. 하지만 하나님! 제가 목사님을 온전히 용서하고 그분을 완전히 받아들일 수 있기 전까지는 저는 교회를 떠나지 않겠습니다. 제게 용서의 기쁨을 회복시켜주십시오. 그러지 않다면 저는 한 발짝도 떼지 않겠습니다.'

'하나님 저로서는 이 여자가 주께서 제게 주신 사람이라는 확신을 가지고 연애를 시작했습니다. 저와 말이 통하고 뜻이 통하고 감정도 움직였는데, 연애의 과정이 왜 이리 힘들지요? 저는 그렇다 치고 이 여자가 저로 인해 이렇게 힘들어하는 것은 또 어떻게 받아들여야 합니까?'

감사하게도 하나님은 내 기도에 응답해주셨다. 내가 학교에서 만나는 그 아이들이 바로 우리 시대 모순의 핵심임을, 그리고 나를 통해 변화되는 아이들도 있음을 보여주셨다. 그리고 정말 기적적으로 목사님을 진심으로 용서할 수 있었고, 자연스럽게 그 교회를 떠날 수 있도록 해주셨다. 힘든 연애의 기간을 거쳐 그 여자와 결혼해서 지금까지 잘살게 해주셨다.

물론 이러한 매듭은 끝이 아니고 중간 과정이며, 이후에도 계속해서 주어지는 숙제를 감당하고 있지만, 나는 이 매듭의 끈을 따라 더 큰 원을 그리며 살고 있다. 그분의 약속을 따라서.

우정을 건 모험

대한민국 국적을 가진 남자들이 20대 초, 한창 인생을 고민할 즈음이 되면 반드시 넘어야 할 큰 산을 하나 만나게 되는데 그것이 바로 군대다. 물론 이 군대라는 피할 수 없는 운명이 현실의 문제를 회피하기 위한 도피처가 되기도 하지만 대부분의 경우 어떻게 해서라도 피할 수 있다면 피하고 싶어 한다. 그래서 정부에서 어떤 특정한 분야로 사람들을 끌어야 할 때 이 병역의 문제를 많이 활용하고, 때로 이것을 가지고 장난을 치기도 한다.

내가 대학 생활을 했던 1980년대 일정 기간 존재했던 '석사장교 제도'도 그중의 하나였던 것 같다. 이 제도는 석사 학위 수여자(예정자) 가운데 일정한 시험에 합격한 사람들에 대해서 6개월간의 장교 훈련만으로 병역 의무를 끝내게 해주는, 그래서 어차피 군대에서 보내야 하는 30개월의 시간 동안 석사 학위와 병역 의무를 동시에 할 수 있게 해주는, 군 입대를 앞둔 남자들의 눈을 번쩍 뜨게 해주는 매우 큰 특혜였다. 이 제도는 아마 좋은 인력들이 더 많은 공부를 하게끔 유도하는 국가 정책의 일환이었겠지만, 당시 5공 실세들의 자녀들의 병역 문제를 해결하기 위한 제도였다는 소문도 파다했다.

모순의 핵심에 서서

그래서 최소한 내가 다녔던 대학에서는 대부분의 사람들이 이 제도를 통해 병역을 해결했고, 대학 재학 중에 군 문제로 고민하는 사람은 거의 없었다. 물론 나도 그랬다. 그런데 대학 3, 4학년을 거치면서, 내 힘으로는 도무지 풀리지 않는 시대의 모순 앞에서, '우리 시대 모순의 핵심으로 들어가 복음이 이 모순을 풀 수 있는 능력임을 삶으로 입증하겠다'는 어찌 보면 황당하지만 나로서는 매우 절박한 결심을 하면서(붙들면서), 군 문제는 내가 넘어야 할 첫 번째 과제로 다가왔다. 그 당시 시대의 모순이 무엇인지, 어디에 있는지 알지 못했지만 일단 대학원에 진학하는 것은 상아탑 속으로 한 발을 더 내딛는 것이고 또 하나의 기득권을 쌓는 일로 보였다(지금 생각하면 꼭 그렇지도 않지만 당시로서는 그랬다). 그리고 시대 모순의 핵심으로 들어가겠다는 사람이 당장 내 눈앞에 있는, 대한민국 남자들의 대부분이 경험하는 이 모순된 제도를 피한다는 것은 말이 되지 않아 보였다. 그래서 많은 주변 사람들의 만류에도 불구하고 대학원 진학을 포기하고 대학 졸업과 동시에 군 입대를 선택했다.

돌아보면 이때 대학원이 아닌 군 입대를 선택한 것은 잘한 선택이었다. 물론 대학원에 진학했어도 하나님의 또 다른 훈련이 기다리고 있었겠지만 하나님은 군이라는 특별한 환경을 통해 극단적 상황에서 드러나는 벌거벗은 인간의 본성과 죄된 구조 속에서 그 나름의 적응력을 발휘하며 살아가는 다양한 인간의 모습을 보게 하셨다. 그리고 이렇게 죄된 구조와 최대한 자신의 이익과 편리를 위해 발버둥치는 사람들 속에서 그리스도인으로서 어떻게 정의와 사랑을 실천하며 살 수 있을 것인지에 대한 고민 등, 군대가 아니면 받을 수 없는 소중한 훈련을 시키셨다. 뿐만 아니라 이러한 본 훈련 프로그램이 너무 퍽퍽할까봐 말랑하고 따뜻한 보너스 프로그램(하나님 입장에서는 이것이 본 프로그램이었는지 모르겠지만)도 준비해주셨는데, 그것은 한 영혼을 구원하는 일에 나를 참여시킴으로써 하나님의 복음이 한 영혼 가운데서 어떻게 역사해 가는지 그 과정을 생생하게 보여주신 일이었다.

소망의 이유를 묻는 이에게

그는 군에서 하늘보다 더 무섭다는 한 달 고참이었다. 물론 같은 소대 소속은 아니었기에 직접적인 부대낌은 많지 않았지만 같은 부대 내에 있었기에 모든 생활을 같이하는 사이였다. 자대 배치 후 맞은 첫 주일, 지금은 많이 나아졌겠지만 당시 많은 기독교인들이 교회에 나가기 위해서는 호된 신고식을 치르던 때였다. 주일날 교회에 나가겠다고 손을 들던 순간 한 고참의 눈에 불이 켜졌고, 그날 교회에 못 간 것은 물론이고 하루 종일 매질과 온갖 종류의 모독을 당했다. 다행히 그날의 호된 신고식 덕분에 예수쟁이로 낙인이 찍혔고, 그 다음 주부터 최소한 주일예배에 참석할 자유는 얻게 되었다. 그리고 고참들에게 호된 신고식을 당할 것을 뻔히 예상하면서도 교회에 나가겠다는 고집을 꺾지 않던 나의 모습에 대해 그가 관심을 가지기 시작했다. 이후 그와 절친한 친구가 되었다.

그는 자신이 원하던 대학에 번번이 떨어지자 공부를 접고 군에 입대했다. 그런데 자신이 원하던 바로 그 대학을 나와서 일반적으로 사람들이 걸어가는 그 길을 걸어가지 않고, 나이 먹고 군대에 와서 어떻게 하면 그 대학이 주는 기득권들을 버리며 살 수 있을까를 고민하는 나를 이상하게 생각하면서 이러한 생각의 근원에 대해 궁금해 했다. 하지만 그는 내 삶과 고민의 근원에 있는 예수와 복음에 대해서는 한사코 받아들이지 않으려 했다.

마지막 승부

그렇게 1년여의 시간이 지나고 상병이 되면서부터, 나의 계속되는 권유에 지쳤는지 지겨운 군대 생활의 새로운 활력을 얻고 싶었는지 교회에 같이 나가기 시작했다. 그러면서 그는 확인하듯 늘 이야기했다. "내가 당신의 교회 가자는 권유에 못 이겨 교회는 나가지만 예수는 절대로 믿지 않을 거야. 그리고 내가 교회에 나가는 것은 군대에서가 끝이야. 사회에 나가서는 절대로 나가지 않을 거야." 이렇게 말하면서도, 아니 이 말대로 그는 나와 같이 군대 생활을 하는 동안 특별한 사정이 없는 한 빠지지 않고 교회에 나갔다. 심지어 마지막 휴가 때는 나와 휴가 일정을 맞추어 나가서 서울에서 내가 다니던 교회의 청년회 수련회까지 같이 갔다.

그가 나보다 한 달 고참이긴 했지만 나는 대학 시절 교련 훈련을 받은 터라 3개월 단축을 받아 그보다 2개월 먼저 제대를 했다. 제대를 하면서 그에게 내가 없더라도 교회는 계속 나가라고 신신당부를 했건만 그는 내가 제대한 후 교회에 나가지 않는다는 소식이 들렸다. 그리고 2개월 후 제대를 한 그를 만났을 때 그의 태도는 단호했다. 지금 이 시기를 놓치면 안 되겠다는 절박함이 밀려왔다. 나는 잠시 마음속으로 기도를 한 후 그동안 오랫동안 기도하면서 생각했던 마지막 선언을 했다. "더 이상 말하지 않겠어요. 다음 주일 오전 10시까지 어느 역 앞으로 나오세요. 만약 그때 나오지 않으면 더 이상 나를 볼 생각을 하지 마세요." 마치 연인이 자신의 사랑을 걸고 마지막 선언을 하듯, 나는 지난 2년 동안 군에서 동고동락하면서 쌓은 우정을 걸고 승부를 걸었지만 돌아가는 발걸음은 불안하고 무겁기만 했다.

생명은 자란다

다음 주일 오전 10시, 긴장감 속에서 약속 장소에 나갔다. 그는 나보다 먼저 나와 있었다. 우정을 건 나의 말 때문에 마지못해 나온 사람처럼 불평을 늘어놓긴 했지만 그동안 그도 자신의 삶과 신앙을 놓고 고민을 많이 한 것처럼 보였다. 그리고 몇 주가 지나지 않아 특별한 계기가 있었던 것은 아니었지만 그가 새 생명으로 다시 태어났음을 그뿐 아니라 주변의 모두가 느낄 수 있었다. 그는 한 주가 다르게 변해갔고 매우 분명한 신앙고백과 하나님과 동행함으로 오는 고백들을 쏟아내기 시작했다. 심지어 얼마 지나지 않는 명절날 조상님께 절을 하지 않겠다고 집안에 선언을 하고 집에서 쫓겨나 며칠 동안 우리 집에 머물렀고, 나는 그의 형으로부터 항의 전화를 받아야 했다.

그가 본격적인 신앙생활을 시작한 지 6개월 정도 지났을 때, 그는 나와 함께 출석하는 교회가 멀기 때문에 동네에 있는 조그만 개척 교회를 섬기겠다고 이야기했다. 나는 아쉬웠지만 그 속에 착한 일을 시작하신 분이 그와 함께 계시다는 증거가 너무도 분명했기에 허락할 수밖에 없었다. 나는 그의 믿음을 주장하는 자가 아니라, 그의 기쁨을 돕는 자로 부름 받았음을 인정하라는 것 같았다.

이후 지금까지 세상적인 면에서 그의 삶은 잘 풀리지가 않았다. 오랫동안 전념했던 사법고시 시험에 계속 떨어지면서 취업 시기를 놓쳐버렸고, 이후 시작한 장사에서도 실패를 해 경제적인 어려움을 많이 겪었다. 그리고 결혼도 늦어져 최근에야 했다. 하지만 이러한 어려움 가운데서도 그는 신앙인으로 기본적인 품위를 잃지 않고 하나님 안에서 진실하게 살려고 노력하고 있다. 그 속에서 착한 일을 시작하신 분이 끝날 때까지 붙드시길 간절히 소원해본다.

일주일 천하로 끝난 반란

막내 시온이 초등학교에 들어가는 바람에 서재에 있던 책과 컴퓨터를 마루로 꺼내고 시온이 책상과 책꽂이를 마련해주는 대공사를 했다. 서재에 있던 책과 자료들을 옮기던 중 결혼 전에 다녔던 교회에서 펴낸 얇은 회보, 그리고 거기에 내가 썼던 글 한 편이 눈에 들어온다. '용서에 대하여'라는 제목의 그 글이 나를 18년 전 내 인생에서 가장 힘들었던 그 시기로 끌고 간다.

더 이상 아름다운 교회 생활은 없다

대학 시절을 생각하면 '절망'이라는 단어가 떠오른다. 물론 이 절망은 군부 독재의 강압 통치와 이 가운데서 복음을 가진 젊은이들이 어떻게 반응을 해야 할지를 모르는 데서 온 것이긴 했지만, 더 큰 원인은 복음의 능력을 상실하고 자기만의 종교 집단으로 전락한 제도권 교회에 있었다. 이러한 절망은 교회 내에서 크고 작은 충돌로 이어지다가 대학 4학년을 졸업할 즈음에 폭발하여 4학년말 교회 대학부 회장을 그만두는 그 시점으로부터 교회에 다니지 않겠다는 선언을 하기에 이르렀다. 태어나서 그때까지 그 어떠한 이유로도 주일에 교회에 나가지 않은 일이 단 한 번도 없었던 것을 생각할 때 그때 그 선언은 최소한 나에게는 엄청난 사건이었다. 물론 그렇다고 신앙을 버린 것은 아니고 무교회주의자가 되기로 한 것이다.

그러나 이 반란은 단 1주일 천하로 끝나고 말았다. 내가 교회에 나가지 않고 혼자 예배를 드렸다는 소문을 듣고 친구가 찾아왔다. 아는 목사님이 자신의 가정에서 개척 교회를 시작했는데 그 교회에 함께 나가자는 제안을 했고, 다음 주부터 그 교회에 나가기 시작했다. 총교인 9명에 주일예배는 목사님의 반지하 단칸방에서 드리고, 수요예배는 교회 청년이 간호사로 근무하던 병원의 로비나 그 청년의 옥탑방에서 드렸다. 주일예배 후에는 각자 준비해 온 도시락을 풀어 함께 먹은 후 성경 공부를 했다. 때때로 토요일 오후에 인근 기도원에 가서 1박으로 수련회도 하고 날이 좋을 때면 인근 공원에서 모임을 갖기도 했다. 속도가 느리긴 했지만 새로운 교인들도 한두 명씩 오기 시작했다. 마치 우치무라 간조가 『나는 어떻게 기독교인이 되었는가』라는 책에서 묘사한 삿포로 교회 같은 모임이었다. 돌아보면 내 인생에서 가장 아름다운 교회 생활이었다.

배신이다

그렇게 6개월 정도 교회 생활을 하다가 군에 입대했다. 이후 교회는 새롭게 개발되기 시작한 신시가지 쪽에 공간을 얻어 이사를 했고, 한 주가 다르게 새로운 교인들이 모여 들어 성장하기 시작했다. 군대에 있으면서 교회에 관한 여러 이야기를 들으면서 교회의 성장이 기쁘기도 했지만, 또 한편으로 교회의 본질에 대해 충분히 다질 여유가 없이 성장하면서 처음 교회가 개척 당시 추구하고자 했던 정신들을 다 잃어버리고 기성 교회의 전철을 밟는 것이 아닌가 하는 염려를 했다. 제대를 해서 확인한 교회의 모습은 목회자 1인의 주도로 개척해서 빠르게 성장한 교회들이 갖는 지나친 목회자 중심의 폐단들이 많이 드러나고 있었다. 지금 생각해보면 어느 정도 안정된 규모에 그 나름의 카리스마를 가진 보통 한국 교회의 권위주의적인 목회 스타일의 모습이었고, 목사님 역시 지극히 인간적인 한 평범한 목회자에 불과했다. 다만 내가 사람을 잘못 봤을 뿐이었다. 하지만 개척 초기 목사님과 공유했던 교회에 대한 비전이 참 아름다운 것이었고 목사님에게서 새로운 목회자상을 기대했기에 이러한 이상이 무너지는 아픔이 너무 컸다. 그리고 목사님에게서 느낀 배신감이란 이루 말할 수 없었다. 그의 모든 설교는 거짓으로 들렸고, 그의 모든 표정과 행위는 다 위선으로 보였다.

누군가를 강하게 미워한다는 것은 너무도 힘든 일이었다. 내 속에 미움이 넘치면 넘칠수록 내 속에는 평안이 사라지기 시작했고 내 영혼이 황폐해감을 나는 물론이고 내 주변의 사람들이 느끼기 시작했다. 무엇보다 힘든 것은 말씀이 나를 참소하는 것이었다. 하나님께 기도하러 나아가면 "보이는 형제를 사랑하지 않는 자가 어떻게 보이지 않는 하나님을 사랑할 수 있느냐?"는 말씀이 나를 찔렀고, 예배하러 나아가면 "예물을 드리기 전 먼저 형제와 화해한 후 예배를 드려라"는 말씀이 앞을 가로막았다.

용서, 그 이후

이 문제를 해결하지 않으면 숨이 막혀 살 수가 없을 것 같았다. 교회를 옮겨볼까 하는 생각도 했지만 그것은 답이 아니라 도피라는 생각이 들었다. 주변 여러 형제들의 도움을 받아 이 문제만 가지고 하나님께 집중적으로 매달리기 시작했다. 새벽으로 저녁으로 기도하는 가운데 하나님은 나를 불쌍히 여기시고 나를 돌아보셨다. 여전히 목사님의 허물들이 보이고, 목사님의 행동에 대한 옳고 그름이 더 선명하게 판단이 되었고, 그로 인해 내 마음이 여전히 아팠지만, 이제 미움의 영이 더 이상 나를 사로잡지 못했다. 목사님에 대한 판단은 이제 더 이상 나의 몫이 아니고 하나님의 몫임이 분명하게 다가왔다. 목사님을 찾아가 그동안 내가 목사님을 미워했던 것에 대해 진정으로 용서를 빌었다.

몇 달 후 결혼을 계기로 교회를 옮겼다. 용서를 했다면 계속 거기에 남아 완전한 사랑의 관계에 이르기까지 나아가야 하지 않겠느냐고 말하는 사람도 있었지만 그것은 '교만'이라고 생각했다. 교회를 옮긴 직후에도 그랬고, 15년이 지난 지금도 그때 그 시절을 생각하면 마음이 아프다. 그때 주의 은혜가 나를 사로잡아 참된 용서의 본질을 맛보고 누렸지만 그것이 용서의 전부는 아닐 것이다. 그러기에 나는 오늘도 완성될 그 나라에서 누릴 완전한 용서의 비밀을 소망하며 살고 있다.

나는 소망한다

구약의 선지자들이나 일반 백성들은 물론이고 심지어 여자가 낳은 자 중에 가장 큰 자라는 칭호를 들었던 세례 요한까지도 메시아가 가져올 하나님의 왕국이 단회적인 사건인 줄 알았다. 그래서 그들의 예언에는 예수님의 초림과 재림이 혼재되어 있었고, 초림하신 예수님에게도 마지막 심판을 기대했다. 하지만 예수님은 하나님 나라의 도래가 초림과 재림이라는 두 차례의 임재로 되실 것임을 말하며 이 사이에 마지막 때가 있을 것임을 말한다.

2000년 전 예수님이 인간의 몸을 입고 이 땅에 오셔서 십자가와 부활을 통해 하나님 나라를 선포하심으로 이미 그의 통치는 이 땅에 임했다. 하지만 그의 나라는 이 임함으로부터 그의 재림을 통해 완성될 때까지 종말론적인 간격을 두고 있다. 이것이 말세를 살아가는 우리가 분명하게 인식해야 할 하나님 나라의 비밀이다.

그의 나라 가운데서 우리가 누리는 구원의 영광과 하나님 나라의 윤리는 질적으로 완벽한 형태로 우리에게 임하여 우리가 맛보아 알지만, 육의 한계 가운데 살아가는 동안은 그것의 완전한 실현을 소망으로 바라며 인내하는 법을 배워야 한다. 그 맛을 알지만 완전히 누리지 못하는 이 답답함과 긴장을 믿음으로 바라며 즐거워하는 법을 배워야 한다.

먼 훗날일지 아니면 가까운 미래일지 알지 못하지만 주님께서 재림하셔서 이 땅을 심판하시고, 우리가 주님과 얼굴을 맞대어 보는 그때에야 우리는 비로소 당신의 나라에 '이미(already)'와 '아직(yet)'의 긴장을 주신 그 비밀을 손으로 만지듯 알 것이다. 그리고 이 비밀의 신비함으로 인해 그 앞에 무릎을 꿇을 것이다.

제2부 시대를 뒤서 가는 사람

시대를 뒤서 가는 사람

왜 나로 인해 외로워할까요

송인수 스타일... 정병오 스타일

이 땅에서 서울대 출신으로 살아간다는 것

가지 못한 길의 아쉬움, 사라지다

공부하기를 쉬는 죄

어느 통일교 강사의 도전

당신은 저분처럼 살 수 없어

아내와의 주식 이야기

나는 아직도 세상이 낯설다

교직, 내겐 1998년 이미 죽었다

시대를 뒤서 가는 사람

지난주에 운전면허 필기시험에 합격을 했다. 운전면허증이 신분증을 대신할 정도로 필수품이 된 이 시대에 운전면허 시험, 그것도 필기시험에 합격했다는 것이 무슨 대단한 일은 아니지만 최소한 나에게는 상징적인 의미를 가진 일이었다.

대학 시절이 내게 준 선물

나는 84학번, 그러니까 소위 말하는 386세대다. 하지만 대학 시절 그 수많은 데모의 물결 가운데 한 번도 앞서 돌을 든 적이 없고, 시위대의 주변을 맴돌기만 했던 회색분자, 분명한 종교적인 명분이 없는 일에 나를 드리는 것에 확신을 가질 수 없었던 나약한 복음주의자에 불과했던 나는 명목상의 386세대일 뿐이다.

너무도 혼돈스럽고 괴로웠던 그 시절은 군 생활 못지않게 다시 돌아가고 싶지 않은 시절이다. 하지만 80년대에 대학 생활을 했다는 것은 하나님이 내게 주신 놀라운 은혜 중의 하나였다. 혼돈의 80년대가 내게 준 것은 그리스도인은 개인의 죄와 악의 문제뿐 아니라 이 시대의 문제와 구조 악에도 관심을 가지고 그 문제에 대해 응답해야 한다는 것이었다. 그리고 이러한 응답은 단지 이론이 아니라 내 삶의 양식으로 체화되어야 한다는 것이었다. 비슷하지만 또 다른 한 가지는 나에게 주어진 기득권을 버리고 가난하고 낮은 자의 삶의 자리로 내려가 그들을 섬기는 삶을 살아야 한다는 것이었다.

이런 생각들은 단지 이론적인 정리나 겉멋이 아니고, 많은 학우들이 시대의 문제로 자기 몸을 불사르고 소외된 이들의 삶 한가운데로 들어가던 80년대 시대 상황 가운데서 내가 보일 수 있는 최소한의 반응이었다. 이 정도의 결심이라도 해야만 마르크스보다 더 위대한 하나님을 믿는 백성으로서의 내 정체성이 어느 정도 채워질 것 같았기 때문이었다.

하지만 이런 생각들을 다 감당하기에 나의 신앙은 너무 어리고 미숙했다. 비록 대학 3, 4학년으로서 후배들을 지도하고 돌보는 입장이었지만 시대와 인생 전체에 대한 온전한 통찰력을 가지고 삶을 설계하기에는 역부족이었다. 이런 상황에서 나를 가장 온전히 지킬 수 있는 방안은, 다수의 사람들이 살아가는 방식과 반대의 길을 걸어가는 삶, 몇 가지 일에 과도하게 의미를 부여하고 집착하고 고집을 부리는 삶(이런 것을 가리켜 주변 사람들은 똥고집이라고 표현했다), 인생을 멀리 바라보고 지혜롭게 준비하는 일을 약게 사는 것이라고 거부하고 현재 섬김의 필요에 따라 사는 삶 등을 선택하는 것이었다.

이러한 나의 생각과 선택은 구체적인 생활의 영역에서 나타나기 시작했다. 친구들이 3, 4학년이 되면서 기독 동아리(당시 나는 SFC 활동을 했다)에 대한 헌신과 미래를 위한 준비 양쪽에 시간을 배분할 때, 나는 더욱 고집스럽게 기독 동아리를 세우고 후배들을 돌보는 일에 헌신했다.

친구들이 당장 필요하지는 않지만 나중에 필요할 것이라면서 영어 공부에 매달릴 때 나는 당장의 필요가 없는 것은 하지 않겠다고 선언했다. 많은 친구들이 대학원을 통해 더 높은 학문을 추구할 때 나는 학문보다는 세상에 나가야겠다는 생각을 했고, 친구들이 대학원 진학을 통한 단기 장교(당시에 대학원 졸업생들에게는 6개월 단기 장교의 길이 주어졌다)의 길을 모색할 때 나는 대학 졸업생이라는 비교적 늦은 나이에 일반 사병의 길을 선택했다. 동아리 회보에 '앞으로 평생 집을 사지 않겠다'는 내용의 글을 써서 화제가 되기도 했고, 농촌 목회 현장, 공동체 생활, 불우 청소년 교육 시설, 도시 저변 선교 현장, 소규모 개척 교회 등을 방황했다. 87년 대통령 선거 시절 공정선거 감시단 활동에 미쳐 4학년 2학기 리포트를 내지 않아 손봉호 교수님께 혼나기도 했다. 그때도 재리에 약간의 안목이라도 있는 사람들은 아내를 선택할 때 맞벌이를 조건으로 거는 경우가 있었지만, 나는 그런 조건에 대해 전혀 생각을 해본 적이 없었다.

돌아보면 나를 조금이라도 지도해주는 사람이 있었다면 훨씬 더 지혜로운 선택을 할 수 있었으리라는 생각이 들기도 하지만, 하여간 그 당시 나로서는 최선의 선택이었다. 나도 나의 선택이 온전한 것이 아니고 많이 치우친 것임을 알고 있었지만 이런 치우침이 없으면 나를 지킬 수 없을 것이라는 두려움이 있었던 것 같다.

청년 시절 나와 많이 부딪히고 싸웠던 개척 교회 목사님은 나를 향해 "병오 형제가 지금은 그런 소리를 해도 나중에 절대 가난하게 살지 않을 것이다. 현재 병오 형제가 가진 기득권이 얼마나 많은 것인지 아느냐?"라는 이야기를 했다. 아마 그런 이야기들이 나를 더욱 고집스럽게 만들었는지 모르겠다.

불편함을 붙들고

대학을 졸업하고 직장을 갖고 결혼 생활을 하면서, 인생과 세상을 바라보는 눈도 넓어지기 시작했다. 무엇보다 사회의 민주화와 사회 전반의 경제적인 여건 향상은 그동안 나를 억누르고 있던 많은 부분에서 나를 자유롭게 해주었다. 이제는 정당한 부가 존재할 수 있고 이것이 선한 유익을 줄 수 있음을, 그리고 미래를 바라보고 준비하는 지혜가 더 많은 사람을 유익케 할 수 있음을 인정할 수 있게 되었다. 투기의 목적이 아닌 주거를 위한 집의 소유가 필요하고, 제3세계에 대한 관심 못지않게 제1세계에 대한 안목도 필요함을, 한계가 많지만 중산층의 선한 의지들을 조직화하는 일도 필요함을 알게 되었다.

이러한 가운데 나 역시 집을 샀고, 내가 몸담고 있는 교사라는 직업 또한 IMF를 거치면서 경제적인 면에서 선호하는 쪽에 속하게 되었다. 하지만 이러한 생각과 삶의 변화 가운데서도 나를 깨우는 한 가지 불편함은 지키고 싶었다. 그래야 어느 정도 선에서나마 나를 지킬 수 있을 것 같아 보였다. 그것이 바로 차를 사지 않는 것이었다. 90년대를 거치면서 우리 사회에서 자동차는 삶의 필수품이 되었고, 나 역시 어린 자녀들을 키우며 자동차의 필요성이 커졌지만 그냥 넘기고 또 넘겼다. 차를 살 만한 경제적인 여건이 잘 허락되지 않았고, 또 환경을 생각해도 차를 몰지 않는 것이 좋겠다는 생각도 했지만, 무엇보다 이 정도의 불편함은 견디고 살아야만 할 것 같은 부담감을 떨치기가 힘들었다.

작년 말과 올해를 거치며 많은 생각의 변화가 있었다. 새로운 20년의 삶을 준비해야겠다는 다짐이다. 지금까지 내가 꼭 해야 할 일이라고 생각했지만 여러 주변 여건과 사람들의 눈을 의식해서 하지 못하던 것을 이제는 하고 살아야겠다는 생각이 들었다. 다른 모든 것으로부터 자유해서 오직 하나님의 인도의 끈만 붙들고 가는 데까지 끝까지 가보자는 생각이다.

비슷하게 그동안 나를 억누르던 많은 사회적 부담과 안티적이고 불필요한 고집으로부터 벗어나, 더 자유롭고 적극적인 선택을 하고 싶다. 이런 차원에서 필요하다면 운전도 배워 가족생활이나 필요한 곳에 쓰임 받고 싶고, 필요하다면 영어도 배워 세계인들과 마음껏 소통하고 싶기도 하다.

이제는 주께서 주시는 참 자유함 가운데 40대를 맞고 싶다.

왜 나로 인해 외로워할까요

나는 운동을 잘 못한다

나는 운동을 잘 못한다. 선천적으로 운동 신경이 둔한 탓도 있고, 어려서부터 심약한 탓에 주로 집 안에서만 놀았던 것도 한 원인일 것이다. 하여간 운동을 못한다고 크게 불편한 것은 아니지만, 가끔 학교나 교회에서 축구 등 단체 시합을 할 때 나로 인해 내가 속한 팀이 지는 경우가 생기면 동료들에게 미안하다.

이렇게 말하면 다른 것은 다 잘하고 운동만 못하는 것 같지만 사실은 음악, 미술을 포함해서 예능 계통에는 완전 빵점이다. 공부도 외우는 것을 조금 하는 것 외에는 영 소질이 없다. 국제화 시대지만 영어는 전혀 듣지도 말하지도 못한다. 또 하나 각종 잡기에 능하지 못하고 관심도 별로 없다. 언젠가 우리 교회 형제 한 명이 어떤 취미를 갖고 있으며, 여가 시간을 어떻게 보내느냐고 물었을 때 아무런 대답도 하지 못했다. 아무 취미도 없고, 여가 시간은 거의 갖지 못하기 때문이다.

그러나 이 모든 것은 하나도 중요하지 않다. 이미 그리스도 안에서 다 해결을 보았기 때문이다. 나의 존재는 내가 잘하는 어떤 분야에 의해서가 아니라 그리스도의 사랑을 받았다는 이 한 가지 사실에 의해 결정된다는 것을 너무 잘 알기 때문이다. 각종 잡기에 능하지 않고 여가에 관심이 없기 때문에 교회 생활이나 주어진 봉사의 삶에 충실할 수 있었고, 재능이 없기 때문에 어떤 일을 해도 혼자서 하지 않고 다른 재능 있는 사람들과 함께하는 것을 연습할 수 있었기 때문이다.

가장 가까이 있는 사람들을 외롭게 하는 사람

그런데 아직 인간적으로는 물론이고 그리스도 안에서도 해결하지 못한 문제가 하나 있다. 그것은 내가 다른 사람의 삶에 깊이 관심을 가지고 공감하며 함께 지어져가는 데 약하다는 것이다. 기질적으로 나는 무심하고 정이 없는 편이다. 그리고 사람들과 어울리며 함께 즐거워하는 시간들을 어색해하고 잘 이끌지 못한다. 돌아보면 내 주변에 있었던 좋은 친구들은 다 내가 노력해서가 아니라 그들이 노력해서 애써 내 주변에 있어주었던 사람들이다.

아내는 가끔 나에게 "당신은 가장 가까이에 있는 사람들로 하여금 외로움을 느끼게 할 사람이에요"라는 말을 한다. 처음 이 말을 들었을 때는 너무 듣기 싫고 인정하기 싫었지만 가만히 생각해보면 사실이다. 무엇보다 아내가 이에 대해 뼈저리게 느꼈기 때문에 그런 말을 했을 것이다. 그리고 나에게 그런 이야기를 직접 한 사람은 없지만 다른 친구나 동료들, 교인들, 학생들 역시 이런 느낌을 많이 가졌을 것이라는 생각이 충분히 든다. 처음에는 편해 보이고 따뜻할 것 같아서 접근을 했는데, 딱딱한 돌부처럼 정도 없고 무심하고 자기의 아픔을 진정으로 함께 아파하지 않는 사람이라는 것을 발견했을 때, 그들이 느꼈을 실망감이나 고통은 참 컸을 것이다.

약함은 곧 악함이다

이 문제가 다른 인간적인 연약함과 다른 이유는, 이것이 그리스도인 됨의 본질이라는 데 있다. 보이는 형제를 사랑하지 않는 자가 보이지 않는 하나님을 사랑할 수 없다는 말씀과 같이, 하나님에 대한 사랑은 곧 형제들에 대한 사랑으로 나타나야 한다. 그리고 그리스도인 됨이라는 것은 곧 교회를 이루어가는 과정이고, 교회를 이루어간다는 것은 곧 즐거워하는 자와 함께 즐거워하고 우는 자와 같이 우는 것을 의미한다고 할 때, 나는 여기에서 너무 거리가 멀다.

그래서 나는 그리스도 안에서 괴로워할 때가 많다. "하나님, 나는 특별히 다른 사람들에게 나쁘게 할 의도가 없고, 나로서는 최선을 다해 다른 사람들의 마음을 상하지 않게 하고 잘 대하려고 노력한다고 하는데, 왜 다른 사람들은 나로 인해 외로워하고 목말라할까요? 왜 그들은 나와 마음을 같이할 수 없어서 힘들어할까요? 왜 나는 다른 사람들의 겉만 맴돌고 그 안으로 깊숙이 들어가지 못할까요? 하나님, 나의 다른 재능적인 약점뿐 아니라 바로 이 연약한 모습마저도 하나님이 창조하신 모습 아닙니까? 주님! 이렇게 연약한 자를 통해 어디에 쓰시려고 이렇게 초라한 모습으로 만들어놓았습니까?"

이럴 때마다 하나님은 다른 인간적인 약점을 가지고 기도할 때와는 달리 "괜찮다. 내가 너를 그렇게 지었다"라고 말씀하지 않으신다. 오히려 하나님은 "약함은 곧 악함이다. 네 속을 잘 봐라. 도대체 네가 사랑하는 것이 무엇이냐? 네 속에 다른 사람을 사랑하는 사랑이 없지 않느냐? 아니 나를 사랑하는 사랑도 사실은 없는 것 아니냐? 오직 네 속에는 너 자신을 사랑하는 것만 가득하지 않느냐?"

"맞습니다, 주님. 나는 죄인입니다. 나를 불쌍히 여기소서."

연약함은 주의 인도다

인생은 참 이상하다. 하나님은 그 사람이 잘하는 은사를 따라 사역을 주기도 하지만 또 많은 경우 그 사람의 연약함을 따라 그 사람이 가장 잘하지 못하는 쪽의 일을 사모하게 하고 그 일을 맡기기도 한다.

나의 경우 사람들과 사귀고 부대끼는 것을 별로 즐기지 않고, 다른 사람들과 약점이 부딪힐 때의 아픔을 잘 견디지 못하면서, 입만 열만 공동체를 이야기하고 작은 교회를 이야기한다. 육체노동을 좋아하지도 즐기지도 않고 자연적인 삶을 잘 모르면서도, 농촌과 생태를 이야기하고 언젠가 농촌이나 제3세계로 가야겠다는 생각을 하고 있다. 누구보다 보수적이어서 현상을 유지하기 원하고 새로운 것을 잘 받아들이지 않으려는 성향임에도, 늘 모험으로 사는 인생이 그리스도인의 본질임을 이야기한다. 누구보다 겁이 많고 비겁한 성향을 가진 내가 사회 개혁과 불의에 대해서는 분노하고 핏대를 세운다.

내 삶은 더 모순적이다. 대학 시절 연애 한 번 제대로 하지 못한 내가 다른 친구들보다 더 빨리 결혼을 하고, 아이를 별로 좋아하지 않는 내가 아이를 4명이나 낳아서 기르고 있다. 도대체 리더십이라고는 '리' 자도 없는 사람이 여러 모임에서 리더를 하고 있다. 스스로는 내가 '권력욕' '감투욕'이 많아서 그렇다고 농담을 하면서 현실을 받아들이지만 참 나에게 안 맞는 옷들이다. 영적으로 둔감하기 짝이 없는 사람이 영적으로 특출한 민감성을 가진 여자에게 매력을 느끼고 결혼을 해서 살고 있다. 아이들을 별로 좋아하지도 않고 사람들의 아픔에 잘 공감해주지도 못하는 사람이, 그리고 불분명한 발음과 빠른 말투 탓에 다른 사람들에게 말을 잘 전달하는 재능도 없는 내가 교사라는 일을 하고 있고, 또 동료들과 후배들에게 교사의 소명을 역설하며 다니고 있으니, 이 역시 인생의 아이러니다.

그래도 인생은 유한하다

오늘도 내 인생의 연약함 문제를 제대로 해결하지 못하고, 아니 해결은 고사하고 제대로 해석도 못한 채, 이 연약함을 안고 주변 사람들에게 죄를 지으면서 살아가고 있다. 나의 연약함에 많은 사람들이 힘들어한다는 사실이 견디기 힘들고, 나의 연약함을 해결해 달라는 기도에 잘 응답하지 않으시는 하나님을 원망해보기도 하지만, 다만 이 세상의 삶이 무한하지 않고 유한하다는 사실에 감사하며 살아갈 뿐이다.

송인수 스타일... 정병오 스타일

정병오 스타일

    한 10년쯤 된 것 같다. 당시 담임 목사님이던 장희종 목사님이(지금은 대구 명덕교회에서 목회를 하고 계신다) 우리 집에 심방을 오신 적이 있다. 이때 목사님이 나에게 준 말씀을 나는 지금도 잊지 않고 되새기곤 하는데, 그 말씀은 "누구든지 네 연소함을 업신여기지 못하게 하며"이다. 목사님이 내게 이 말씀을 주신 이유는 나에게서 하나님 나라의 일꾼으로 일하기에는 너무도 분명하게 드러나는 '연소함'을 보았기 때문일 것이고, 동시에 겉으로 잘 드러나지 않지만 하나님이 내게(만) 주신 너무도 귀한 것들을 보았기 때문일 것이다.

    나는 내게 있는 '연소함'에 대해서 그 누구보다 잘 알고 있다. 이 연소함은 여러 모임에서 리더의 역할을 하기에는 너무 어린 나이, 거기다가 나이에 비해 10년은 더 어려 보이는 얼굴, 도무지 자세가 나오지 않는 왜소한 풍채, 없이 자란 영향인지 남에게 베풀고 챙겨주는 후덕함보다는 대접받는 것에 더 익숙한 성향 등이 기본적으로 포함될 것이다. 더군다나 나는 내가 옳다고 믿는 바에 대해 다른 사람을 설득하고 이끄는 부분에서 치명적인 '연소함'을 가지고 있다. 여기에 대해서 한병선 간사는 이렇게 표현하고 있다.

    "세상에 다른 사람과 관계를 맺는 방식에는 3가지 유형이 있다. 첫째는 자신이 옳다고 믿는 바를 자신도 열심히 하면서 이를 다른 사람에게도 강요하고 함께 끌어가는 유형인데, 이를 송인수 스타일이라고 부른다. 둘째 자신이 옳다고 생각하는 일에 대해 다른 사람을 끌어들여 부리고 시키는 유형인데, 놀랍게도 이 사람이 일을 부릴 때 다른 사람들이 미안해하면서 일을 한다는 것이다. 이를 한병선 스타일이라고 부른다. 셋째는 분명히 옳은 일을 하고 있음에도 다른 사람에게 부탁을 하지 못하고 혼자 일을 다 끌어안고 하거나 심지어 다른 사람의 일까지 떠맡아 끙끙거리는 유형인데, 이를 말할 필요도 없이 정병오 스타일이라고 부른다."

내게 있는 것

이처럼 많은 사람들이 업신여길 수밖에 없을 정도로 너무도 분명하게 드러나는 많은 연소함에도 불구하고, 내가 지금껏 주 앞에 쓰임을 받고, 하나님 나라 가운데 한 영역의 일꾼으로 설 수 있었던 나의 강점은 무엇일까? 사실 냉정하게 말하면 딱히 없다. 다만 억지로 끼워 맞춰본다면 '하나님에 대한 충성된 자세', '덜 약게 사는 태도', '약간 무식할 정도로 강한 공동체에 대한 책임감' 등이 아닌가 생각된다.

어릴 때부터의 교회 생활을 통해 내게 밴 태도 중 한 가지는 '모든 교회 모임에 절대로 빠지지 않는 것'이었다. 이는 그 모임이 잘될 때는 물론이거니와 어렵고 힘들 때도 마찬가지였다. 많은 친구들이 그 공동체의 문제를 지적하면서 떠날 때도 나는 하나님의 분명한 사인이 보일 때까지 고집스러울 만큼 그 공동체를 붙들고 있었던 기억이 많다. 때로 그 고집스러움이 나를 파괴하는 면도 있었지만 동시에 하나님의 분명한 사인을 따라 움직이는 훈련이 되었다. 아울러 인생의 선택 앞에서 '이 상황이 얼마나 내게 유익한가' 혹은 '이 상황이 내게 얼마나 힘든가' 하는 것이 아니라 '지금 상황에서 하나님께서는 무엇을 말하며 내가 어떤 자리에 있기를 원하는가' 하는 것을 끈질기게 묻고 붙드는 자세를 길러주었다.

광야에서의 훈련

또 한 가지 교회나 기독 공동체에 필요한 일이라면 온갖 궂은일들에 대해 피해본 적이 없다. 내게 어떤 일이 주어질 때 내게 약간 무리가 있더라도 공동체 가운데서 냉정히 따져봐서 내가 해야 될 상황이면 어떤 일이라도 피하지 않았다. 물론 이러한 과정은 갈등 없이 이루어진 것은 아니었다. 당연히 내 속에서도 여러 잡다한 일보다는 더 고상하고 다른 사람들에게 인정받는 일을 해보고 싶은 마음이 들 때가 있었다. 그럴 때면 나는 하나님께 나아갔고, 하나님으로부터 '단순 노동에 능한 사람이 결국 훌륭한 리더가 될 수 있다'는 응답을 받았다. 공동체의 필요와 개인적인 진로 준비 문제로 갈등할 때도 주께서 주시는 큰 위로를 체험했기에 공동체를 우선순위에 두고 살 수 있었다.

특별히 나는 규모가 크거나 조직이 잘 갖추어진 공동체에 속한 적이 한 번도 없었다. 다 합해도 30명이 채 되지 않는 시골 교회 중고등부, 제대로 된 교육과정이나 인도해줄 수 있는 간사 없이 학생들이 모든 것을 다 해야 되는 상황인 선교 단체, 거의 믿음이 파산 상태에 있는 교회 대학부, 교인이랬자 10여 명이 채 되지 않는 개척 교회, 이상은 크지만 현실적인 조직이 잘 뒷받침이 안 된 교회, 새롭게 개척하는 교사모임 등이 내가 몸담아온 공동체였다. 이러한 과정을 거치면서 이른바 체계적인 '훈련'을 받은 적은 없지만, 연약한 공동체와 그 가운데 무능한 나의 모습을 놓고 하나님께 매달리며, 무언가 만들기 위해 여기저기서 좋은 것들을 끌어 모으며 애쓰는 일들을 통해 '광야에서의 훈련'들을 받았던 것 같다.

무엇보다 이 모든 과정을 통해 하나님 앞에 홀로 서는 훈련을 많이 받았다. 공동체의 필요와 하나님 나라의 과제들이 분명하게 보임에도 불구하고 나의 연약함으로 인해 제대로 감당할 수 없음을 많이 괴로워했고, '하나님 저는 저의 연약함으로 인해 하나님께 더 나아가고 하나님 당신을 소유할 수 있어서 좋지만, 저의 연약함이 하나님 나라의 일에 걸림돌이 됨이 너무 마음이 아픕니다. 하나님, 이 세상 가운데 저의 연약함을 드러내시사 저로 수치를 당케 하시되, 오직 당신의 나라는 흥왕케 하옵소서. 당신이 친히 이 공동체 가운데 역사 하옵소서'라는 기도를 많이 했다. 그리고 이러한 기도 가운데 내가 안겼던 따뜻한 아버지의 품은, 내가 속한 혹은 내가 맡은 여러 일의 성공과 실패, 흥왕과 쇠퇴에 관계없이 나로 당당하게 살아가도록 하고, 지속적으로 중심을 잡고 살아가게 하는 힘이 되었다.

나는 이제 더 이상 연소하지 않다

나는 나의 연소함을 잘 알지만, 그러나 이 연소함 이면에 주께서 내게 주신 고유한 강점이 있다는 것을 잘 알기에 겸손하지만 당당하게 살아올 수 있었다. 그리고 내게 주어지는 일들에 대해, 그것이 주께서 내게 주신 일이라는 생각이

들 때는 나의 능력 없음을 크게 생각하지 않고 '주님을 의뢰함으로' 감당하려고 애써왔다. 그것이 지금의 나이고, 나의 리더십이기도 하다.

하지만 이제는 이러한 '연약함 가운데서의 주님을 의지함으로 강함을 드러내는' 본질적인 리더십 위에, 나의 연소함을 극복하기 위한 더 적극적인 간구와 노력이 있어야 함을 느낀다. 그것은 이제 내가 더 이상 연소한 자가 아님을 느끼기 때문이다. 이는 단지 내 나이가 40을 바라보는 위치에 있기 때문만은 아니다. 대학 시절 3학년이 되면서 어느 날 기독 동아리를 보니 이제 더 이상 선배들이 몇 보이지 않고 수많은 후배들이 나를 바라보고 있음을 느꼈을 때와 비슷한 느낌을 받기 때문이다.

이제는 그 누구도 나의 연소함을 업신여기지 못하도록, 나의 연소함이 하나님 나라의 일에 방해가 되지 않도록, 실제적으로 이 연소함을 극복하는 노력을 해야 함을 느낀다. 이제는 하나님이 장년으로서의 책임감과 리더십을 요구하심을 느낀다.

지금이야말로 하나님이 10년 전에 내게 주셨던 '누구든지 네 연소함을 업신여기지 못하게 하라'는 음성에 정직하게 응답해야 될 때이리라.

이 땅에서 서울대 출신으로 살아간다는 것

"함께 생활하다 보면 선생님이 어떻게 서울대를 나왔는지 이해가 안 돼요."

10년 정도 함께 생활해온 홍인기 선생님의 말이다. 그러고 보면 고등학교 2학년 때까지만 해도 내가 서울대에 들어갈 것이라고는 한 번도 생각해본 적이 없었다. 고등학교 1학년 때 평준화된 지방 인문계 고등학교에서 전교 100등 가까운 등수에 있었고, 학교 수업 듣고 선생님들이 내주는 과제를 충실히 하는 것 외에 그 어떤 공부법도 모르는 시골 학생에 불과했기 때문이다. 다행히 고1 겨울방학부터 철이 들어 공부를 해야겠다 생각하고 공부를 하기 시작했는데, 깊이 있는 공부가 아닌 대략 훑고 여러 번 반복하는 스타일이 당시 객관식 학력고사에 맞았는지 고3부터 모의고사 성적이 잘 나오기 시작했다. 학력고사 후 가난한 집안 형편을 고려하여 장학금을 받을 수 있는 대학을 선택하려고 했으나 서울대에 한 명이라도 더 합격시켜야 하는 사립 고등학교의 정책적 권유에 따라 서울대 사범대학 국민윤리교육과에 진학을 했다.

하나님은 나를 사랑하신다

대학 입학 후 나를 찾아온 것은 자부심과 긍지가 아니라 열등감과 허무감이었다. 열등감은 내가 속한 과가 대학 내에서 소위 인기 학과가 아닌 비인기 학과라는 것과 주변에 똑똑한 사람들이 너무 많다는 것에서 온 것이었다. 허무감은 고등학생 시절 그렇게 갈망하던 대학에 왔지만, 대학에서 내게 주어지는 삶은 고등학생 때 내가 살았던 삶의 일상과 형태만 다르지 본질적으로 같다는 것 때문이었다. 이때 내가 생각한 것은 '그렇다면 내가 앞으로 열심히 살아서 돈이나 권력이나 명예를 차지한다고 해도 그것이 인생의 만족을 주는 것이 아니겠구나' 하는 것이었다.

이러한 대학 신입생 시절의 고민 가운데 들려온 하나님의 음성이 있었다. 그것은 "내가 너를 사랑한다"는 말씀이었다. 이 하나님의 음성을 믿음으로 받아들이자마자 내 속에 있던 모든 열등감과 허무감이 사라지고 참 자유가 주어졌다. 천지를 지으시고 모든 세상과 인생을 주관하고 다스리는 분이 나의 하나님이 되시며, 내가 어떠하든 관계없이 나를 사랑하시며 내 인생을 책임지시겠다는데 그 이상 무엇이 필요하겠는가?

이 확신이 주어지자 비로소 주변의 다른 사람들이 보이기 시작했다. 겉으로는 당당하고 똑똑해 보이지만 안으로는 나와 비슷하게 열등감과 허무감을 안고 살아가며, 부모님과 주변의 과도한 기대라는 짐을 지고 있고, 또 기본적인 인격의 미성숙과 안정되지 못한 정서, 상처 등을 안고 살아가는 불쌍한 서울대생의 모습이 눈에 들어오기 시작했다. 우리 사회가 만든 '서울대'라는 허울이 서울대에 들어오지 못한 많은 사람들의 가슴에 못을 박을 뿐 아니라, 천신만고 끝에 서울대에 들어온 사람들에게도 말할 수 없는 짐과 이중적 삶을 요구하고 인생의 실체를 붙드는 데 장애를 줌을 알 수 있었다. 그리하여 가장 편하게 이들의 연약함을 받아들이고 영적으로 돌아볼 수 있게 되었다.

조금만 더 일찍 하나님 사랑을 알았다면

그 후 다시 눈을 돌려보니 우리 또래의 많은 대학생과 청년들이 대학 진학 혹은 학벌이라는 벽 앞에서 말할 수 없는 열등감에 시달리고 있음이 드러나기 시작했다. 매우 우수한 대학에 다니는 이들도 자신이 서울대생이 아니라는 것 때문에 힘들어하고, 또 어떤 사람들은 자신이 다니는 대학이 명문 대학이 아니라는 것 때문에, 4년제 대학이 아니라는 것 때문에 힘들어하며, 또 고등학교를 졸업하고 열심히 직장 생활을 잘하는 사람들도 자신이 대학을 나오지 않았다는 것 때문에 힘들어하는 모습이 눈에 들어오기 시작했다. 이러한 상황 가운데에서 내가 예수 그리스도로 인한 만족과 평안을 이야기하면, '너야 서울대 다니니까 무슨 걱정이 있겠어'라는 반응이 돌아올 때 마음이 아팠다. 그래서 한 번은 이런 기도를 한 적이 있다. '하나님, 제가 조금만 일찍 하나님의 사랑을 알았다면, 그리고 우리 시대 젊은이들이 안고 있는 대학으로 인한 아픔에 대해 알았다면, 제가 대학에 진학하지 않고 실업계 고등학교를 졸업하고 일반 생산 현장에서 근무하면서 하나님 한 분만으로 만족하고 감사하는 삶을 더욱 능력 있게 증거할 수 있었을 텐데, 지금은 이 '서울대'라는 간판이 이를 방해합니다.'

기득권에 얽매이지 않는 삶

그래서 결심한 것이 지금까지 주어진 이 간판은 어쩔 수 없는 것이고, 이제 더 이상의 간판을 얻으려고 하지 말자는 것이었다. 그리고 이 '서울대'라는 간판을 통해 어떠한 이익을 얻으려 하지 말고, 이것이 내 삶의 기득권으로 작용할 수 있는 상황을 피하자는 것이었다. 그래서 선택한 것이 교직과 군대였다. 하지만 이것이 쉽지만은 않았다. 대학 졸업 후 일반 병으로 입대해서 훈련을 받고 자대 배치를 받는 과정에서 함께 훈련받던 동기들이 백이 있어서, 특기가 있어서 한 명씩 비교적 편한 부대나 보직으로 배치 받는 것을 보자, 내 속에서 나의 좋은 학벌을 활용해 편한 보직을 받고자 하는 욕망이 일어나는 것을 느끼고는 혼자 화장실에 가서 회개의 눈물을 흘렸던 기억이 난다.

교직에 나와 아이들을 가르쳐보니 너무도 다른 아이들 한 사람 한 사람의 인생이 눈에 들어오기 시작했다. 공부에 대한 재능 외에 다양한 재능을 가졌지만 이러한 재능이 수용될 수 있는 시스템이 아니기 때문에 사장되는 아이들도 많았고, 공부에 탁월한 재능을 가지고 있지만 사춘기 시절 인생에 대한 고민이 많아 공부를 놓치는 아이들도 있었고, 공부에 전혀 관심은 없지만 착하고 낙천적인 아이들도 많았다. 아이들의 다양한 재능들이 있는 그대로 인정받을 수 없게 만들고, 사춘기 시절에 충분히 방황할 기회가 주어져야 하는데 한 번 방황해서 삐끗하면 좀처럼 헤어 나오기 힘들게 만드는 우리 사회와 교육 시스템이 안타깝게 다가왔다. 하나님이 모든 사람을 다 같이 사랑하지만 동시에 모든 사람에게 다른 재능을 주셨다는 것을 인정하고 믿는다면, 모든 이들에게 하나의 목표를 주고 그 목표에 도달했느냐 여부로 딱지를 붙이고 줄을 세우는 것이 아니라, 각자 인생에서 자기에게 주신 뜻을 발견하고 다른 사람과 비교하지 않는 자신의 삶을 살도록 해야 한다는 것이다. 이런 차원에서 학벌 의식 철폐를 위한 노력은, 우리가 힘써야 할 정말 중요한 일이라고 생각한다.

가끔 서울대 후배들(SFC)에게 강의할 기회가 있을 때 내가 빠뜨리지 않고 하는 이야기로 글을 마무리하려고 한다.

내 경험으로 볼 때 '서울대생'이라는 것이 의미하는 바는 '중·고등학교 시절의 제한된 지식을 잘 익힌 사람'이라는 것 이외에 아무것도 말해주지 않는다. '서울대'라는 간판이 너희의 인격에 대해 아무것도 말해주지 않는 것은 물론이고 너희의 재능에 대해서도 지극히 제한된 부분에 대해서만 말해줄 뿐이다. 그렇기 때문에 너희가 '서울대'라는 간판을 달았다고 해서 너희가 이것을 달지 못한 사람들에 비해 더 뛰어난 사람이라거나 혹 이것으로 인해 더 나은 사회적 대우를 받아야 한다는 생각은 절대로 해서는 안 된다. 오히려 너희는 이 땅의 수많은 또래들을 열등감과 절망의 나락으로 빠뜨리는 모순된 제도의 결과로 주어진 간판을 달고 있기 때문에 이 간판이 저지르는 죄를 조금이라도 씻고 해결하는 자리로 갈 수 있어야 한다.

이를 위해 먼저 너희 어깨에 있는 부모님의 기대나 너희를 향한 모든 부담으로부터 자유로워지는 훈련을 해라. 서울대 들어왔기 때문에 반드시 사회적으로 안정된 자격이나 직장을 얻어야 한다는 생각을 내려놓아라. 너희가 서울대에 들어와서 여기서 공부를 했다는 자체에 만족해라.

가지 못한 길의 아쉬움, 사라지다

가지 못한 길

대학 시절을 돌아보면 참 하고 싶은 것이 많았다. 내가 속해 있던 선교 단체의 간사로 헌신해 후배들의 든든한 버팀목이 되어주고 싶기도 했고, 헌신된 그리스도인이라면 누구나 고민을 하는 것처럼 신학을 공부해서 목회자가 되고 싶기도 했다. 공부에 대한 재능이 별로 없는 줄 잘 알면서도 대학 졸업할 즈음에 약간 맛본 학문에 대한 미련이 있어 계속 공부를 하고 대학 강단에 서고 싶은 욕심도 있었다. 한편으로 고향에 계신 부모님을 생각하면 고시를 준비해야 될 것 같아 짧은 시간이지만 고시 과목을 알아보고, 법대 강좌를 기웃거린 적도 있었다. 여름방학 때 농촌 봉사를 간 것이 계기가 되어 농촌운동을 해야겠다는 생각으로 시골 교회 전도사님과 밤새 상담을 하기도 했고, 장애인의 현실에 대해 강의를 들을 때는 장애인 사역을 해야겠다는 생각이 들어, 짧은 시간이지만 봉사를 하기도 했다. 많은 운동권 선배들이 노동운동과 빈민운동, 민주화운동에 자신의 삶을 던지는 것을 보면서 나도 그들에 상응하는 삶을 살아야 한다는 부담 때문에 괴로워하기도 했다.

졸업 즈음에 '우리 시대 모순의 핵심으로 들어가, 그곳에서 복음이 능력임을 삶으로 드러내 보이자'는 큰 삶의 방향은 정리했지만, 이것이 내 삶의 구체적인 자리를 지정해주지는 못했다. 졸업과 동시에 교직 발령을 받았지만, 여기는 잠시 거쳐 가는 곳이라는 생각을 했다. 하지만 하나님은 내 눈을 열어 '아이들'의 모습을 보여주셨고, 이 시대 '아이들'이야말로 우리 시대 모순의 핵심이라는 생각으로 교직에 대한 소명을 확인해주셨다. 그때가 교직 생활 2년을 보낸 시점이었다. 그 이후 나는 학교 현장과 아이들, 그리고 그 연장선에서의 기독교사운동에 내 삶의 모든 것을 쏟았고, 다른 곳에 눈을 돌린 적이 없었다. 하지만 마음 한 구석 '가지 못한 길'에 대한 아쉬움은 늘 애잔함으로 남아 있었다.

부럽지 않다

그런데 최근 몇 년 사이에 대학 시절 친하게 지냈던 친구들을 만날 기회가 자주 있었다. 특별히 교육학 혹은 신학을 공부하기 위해 외국으로 나가서 10년 정도 공부를 하고 한국으로 돌아와 대학에서 가르치고 있는 친구들을 많이 만나게 되었다. 그런데 내가 한때 가고 싶었던 길이지만 주께서 허락하지 않아 가지 못했던 길을 걷고 있는 친구들을 만났음에도 열등감이나 부러움 같은 감정을 전혀 느낄 수 없었다. 너무도 편안한 마음으로 비록 다른 영역에서 일을 하지만 같은 하나님 나라를 세워가는 동역자로서의 마음을 느끼며 인생과 시대와 교회에 대해 아주 깊이 있는 교제를 나눌 수 있음에 감사를 했다. 동시에 내 속에 희미하게나마 남아 있던 '가지 못한 길'에 대한 아쉬움이 완전히 사라졌음을 느낄 수 있었다. 그러면서 지난 '10여 년 내게 어떤 일이 있었기에 이러한 마음의 변화들이 가능했을까' 하는 생각을 하게 되었다.

내가 붙들고 씨름했던 주제들

지난 10여 년 동안 내가 가장 많이 붙들고 씨름했던 주제는 '하나님의 인도'였다. 하나님이 자기 백성을 아주 구체적이고 섬세한 음성으로 인도하신다는 분명한 확신 아래 그분의 인도하심을 구체적으로 느끼며 생활하길 소원했다. 연애와 결혼, 부부생활과 자녀를 낳고 양육하는 과정에서, 교회를 옮기고 새로운 교회에서 섬기는 과정에서, 무엇보다 교직에로의 부르심과 그 가운데서 맡겨진 일을 감당해가는 과정에서 하나님의 인도에 민감하려고 했다. 그 과정에서 깨달은 것은 '하나님은 각자 인생에게 다른 숙제를 내고, 인생은 자기 숙제를 하고 살아야 한다'는 것이었다.

이런 의미에서 내가 만나는 아이들과 학교, 동료 교사들과 우리 시대의 교육 문제는 내게 주어진 숙제였다. 다른 사람에게 주어진 다른 영역의 일들도 소중하고 귀한 일이지만 나로서는 내게 주어진 일을 소중하게 여기고 최선을 다하려고 했다. 그것이 곧 주님을 섬기는 일이었기 때문이다. 그리고 그 일 가운데 어려움에 처할 때마다 다시 하나님의 인도를 받으려고 하였고, 그때마다 하나님은 내가 그곳에 있어야 할 이유에 대해 구체적으로 말씀해주셨다.

다음으로 많이 붙든 주제는 '내가 속한 삶의 현장 가운데서 하나님을 만나고 믿음으로 사는' 문제였다. 하나님의 백성으로서 살아간다는 것은 교회에 열심히 출석하고 교회에서 열심히 봉사하는 것만을 의미하지 않는다는 것이었다. 교회에서의 생활은 그 자체로 귀한 것이지만, 더 중요한 것은 가정과 직장과 사회에서 주어지고 부딪히는 구체적인 문제 하나하나를 가지고 하나님께 나아가고 그분에게 의뢰하며, 그분이 주시는 힘을 받아 살아가야 한다는 것이었다. 하찮게 보이고 일상적으로 보이는 가정과 직장의 구체적인 일을 통해 하나님의 음성을 듣고, 그분의 영광을 보며, 그분의 임재를 느껴야 한다는 것이었다. 내게 주어진 일을 통해 이 시대를 통찰하고, 하나님께서 운행하시는 역사와 섭리의 방향을 깨달으며, 하나님 나라의 소망을 보아야 한다는 것이었다.

이런 부분이 말처럼 쉽거나 명쾌하게 드러나는 것은 아니었지만, 최소한 가정과 직장과 사회생활에서 부딪히는 문제를 가지고 하나님께 나아가기를 부단히 연습했다. 그리고 사소한 문제라 할지라도 대충 판단하거나 단념하지 않고 하나님이 주시는 응답을 받기까지 끝까지 나아가는 자세를 견지했다. 특별히 나의 연약함이란 문제를 가지고 하나님께 많이 나아갔다. 하나님은 어떤 부분에서는 나를 강하게 하시고 나를 갖추어감으로 응답하셨지만, 또 많은 부분에서는 나의 연약함에도 불구하고 그분이 함께하시고 그분의 방식으로 일하고 계심을 내 눈을 열어 보게 하는 응답하심을 경험하기도 했다.

셋째, '현장'의 중요성에 대해서 많은 생각을 했다. 교육에서 '교육학'이나 '교육행정'의 영역도 중요하긴 하지만 역시 교육의 꽃은 학생들을 직접 만나고 그들의 인격과 접촉하면서 가르치는 일이라는 것이다. 물론 '교육학'도 학문 영역으로서 하나의 현장이고, '교육행정'도 행정직으로서 하나의 현장임에 틀림없다. 하지만 교육의 본질을 생각할 때 아이들을 직접 만나는 이 일이 소중하기 때문에, 부족하고 힘이 들더라도 할 수 있다면, 주께서 허락하시기만 한다면 이 본질의 영역에 있어야겠다는 것이다. 그것이 복이라는 것이다.

그래서 학교에 있는 이상 조금이라도 아이들을 더 직접 만나는 위치에 있으려고 노력했다. 가급적 담임을 맡으려 했고, 수업을 많이 하는 것을 두려워하지 않았고, 학교 업무에서도 할 수 있다면 아이들의 생활지도와 직접 관련이 있는 일을 하려고 했다.

세상을 보는 안목

10여 년 유학을 하고 돌아온 친구들과 대화를 하면서 느낀 것 중의 하나는 내가 학교 현장 가운데서 아이들을 붙들고 우리 시대 교육 문제와 씨름하면서 가진 교육에 대한 나의 안목이, 그들이 10여 년 이상 교육학이라는 학문을 붙들고 씨름하면서 가진 교육에 대한 안목에 비해 결코 뒤지지 않는다는 것이었다. 그리고 내가 개인적으로 하나님의 인도를 받기 위해 몸부림치고 교회를 바로 세워가기 위해 쏟았던 수고를 통해 가진 안목이, 그들이 신학이라는 학문을 통해 만나고 붙든 하나님과 교회에 대한 안목에 비해 결코 뒤지지 않는다는 것이었다.

결국 인생에서 중요한 것은 어떤 자리에서 어떤 일을 하고 있느냐 하는 것이 아니라, 하나님이 부르신 현장 가운데서, 그 부르심의 소망을 따라 얼마나 깊게 철저하게 나아가느냐 하는 것이리라.

공부하기를 쉬는 죄

지난 2006년 5.31 지방선거 결과는 내게 많은 혼란을 안겨주었다. 물론 당시 정권이나 여당, 혹은 진보 세력의 무능함에 대한 많은 국민들의 분노에 가까운 실망을 알고 있었고 나 역시 일정 부분 공감하고 있었기에 집권 여당의 패배는 예상하고 있었다. 하지만 그렇다고 해서 제1야당 혹은 보수 세력이 제대로 된 건강한 비판이나 대안 능력을 드러낸 것 없이 이렇게까지 큰 격차로 표를 쓸어간 선거 결과가 도무지 이해가 되지 않았다.

이 시대를 어떻게 볼 것인가?

내가 처음 정치에 관심을 가진 것은 대학 1학년 겨울방학인 1985년 2월 제12대 국회의원 선거 때였다. 그때는 전두환 군부 정권의 2중대 혹은 3중대 역할을 하던 야당의 무능함을 비판하면서 군부독재에 저항하는 선명 야당의 기치를 들고 등장한 신민당이 선거 돌풍을 일으켰다. 비록 신민당이 여당인 민정당보다 더 많은 의석을 차지하지는 못했지만 여당을 견제할 수 있을 만한 의석은 차지해 이후 군부 정권을 견제하는 역할을 했다. 이후 여러 번의 대통령 선거와 국회의원 선거, 그리고 지방선거들에서 정당은 이합집산을 거듭했고, 정치 지도자들의 지도력과 한계 혹은 추태가 드러나기도 했지만, 한 번도 정치적 균형이 깨지는 것을 본 적이 없다. 모든 선거에서 우리 국민들은 특정한 정파나 세력에게 힘을 몰아주지 않고 나름대로의 균형을 유지하는 모습을 보여왔다. 이러한 정치적 균형과 안정을 이루어내는 국민적 힘이 있었기에 민주화와 평화적 정권교체라는 매우 힘든 과정도 큰 무리 없이 이뤄냈다.

비록 5.31 선거가 지방선거라는 특수성이 있었다 하더라도 지금까지 우리 국민들이 가지고 있던 선거에서의 균형력을 잃어버렸다는 면에서 이후 한국 사회 변화의 분수령이 되리라는 생각이 들었다. 지금까지 격변의 한국 현대사 속에서 선거로써 균형을 잡으려는 국민들의 의식을 통해 한국 사회의 안정적 변화를 허락하셨던 하나님이, 이 선거에서는 이 균형을 상실하게 하시고 한쪽으로 급격한 치우침을 허락하신 이유는 무엇일까 하는 생각이 떠나지 않았다. 진보 세력이 그 한계를 드러내고, 사회 분위기가 보수 세력 쪽으로 급선회하는 이 시대 상황을 어떻게 읽어야 하고, 어디에 서야 하며, 무엇을 해야 하는지 알고 싶었다.

이러한 문제의식을 안고 서점으로 향했다. 그리고 한국 정치와 정당의 발전, 민주화의 문제를 가지고 오랫동안 씨름해온 최장집 교수의 『민주화 이후의 민주주의』, 한국 사회가 현재 처해 있는 상황을 '분단체제'라는 개념으로 보고, 이 분단체제의 틀 속에서 한국 사회가 풀어야 할 과제를 일관되게 설명하고 운동을 해온 백낙청 교수의 『한반도식 통일, 현재진행형』, 서구 역사에 대한 프란시스 쉐퍼의 명쾌한 분석을 바탕으로 어떻게 그리스도인이 이원론에서 벗어나 우리 삶의 전 영역을 기독교 세계관의 관점에서 보고 분석하며 변혁적인 삶을 살 것인지를 제시한 낸시 피어스의 『완전한 진리』, 이 3권의 책을 구입했다. 이후 이 책들을 읽으면서 한편으로 저자에게 또 한편으로 하나님에게 질문을 던지며 생각을 정리해가고 있다.

책 속에 파묻히다

시대 가운데서 스스로 해결하기 힘든 한계에 부딪힐 때 서점으로 아니 책 속으로 들어가는 습관은 대학 1학년 겨울방학 때부터 시작되었다. 1980년대 캠퍼스의 상황은 대학생에게 모든 시대적 모순을 다 감당하라는 분위기였고, 나는 여기에 제대로 적응하지 못한 상황에서 개인적인 고민까지 함께 안고 1년을 아무것도 하지 않고 그냥 어영부영 보내버렸다. 이렇게 아무 한 일이 없음에도 나는 너무 지쳐 있었다. 1학년 말 이렇게 살면 안 되겠다는 생각이 번쩍 들었다. 그래서 기말고사가 끝나자마자 바로 낙향을 하면서 30여 권의 책을 샀다. 그동안 선배들이 그렇게 권해도 읽지 않던 사회과학 서적들, 기독교 세계관이나 경건 서적, 문학 서적에 이르기까지 대학 1년을 보내면서 들었던 책을 닥치는 대로 샀다. 그리고는 겨울 수련회 1주 참석한 것 외에 두 달 반 정도 되는 시간을 집에만 있으면서 밥 먹고 책만 읽었다.

다음해 2학년이 되었을 때 나는 내가 생각하기에도, 다른 친구들이나 선배들이 보기에도 완전히 달라져 있었다. 물론 여전히 이 시대를 어떻게 읽어야 하며, 이 가운데서 기독교인으로서 어떻게 살아야 하는지 제대로 감을 잡지 못했지만, 이제는 아무 향방 없이 방황하는 것이 아니라 나름대로 중심과 방향을 잡고 구체적인 학습과 작은 행동들을 하며, 다른 친구들이나 후배들의 손을 붙들어주고 있는 나를 발견했다. 지난 겨울방학 동안 쌓았던 독서의 내공이 나타나기 시작한 것이다.

이러한 내적 자신감은 수강 신청을 할 때도 다른 생각 없이 내 관심이 가고 내 삶을 정립하는 데 필요해 보이는 과목이나 교수님을 따라 가게 했고, 공부할 때도 학점에 얽매이지 않고 참고 서적들을 훑게 했다. 그리고 기독 동아리 내에서도 같은 관심을 가진 친구나 선후배들과 함께 기독 학생들이 처한 고민들을 풀어가기 위해 기본이 되는 구원의 도리와 경건, 개혁주의 신학, 기독교 세계관, 하나님 나라와 성경 신학, 교회론과 한국 교회사, 기독교 고전, 한국 사회나 경제 문제 등의 주제를 놓고 같이 책을 읽고 토론을 하면서 생각을 키우고 분별하는 훈련을 했다.

닥치는 대로 읽고, 소화할 만큼 하고

대학을 졸업할 즈음, 고민에 고민을 더해야 하는 캠퍼스를 벗어나 구체적인 현장과 부딪힌다는 것이 홀가분하고 한편으로 기대가 되기도 했지만, 다만 한 가지 그동안 학과 공부와 기독 동아리를 통해 조금 맛보기 시작한 공부하는 방법을 좀 더 심화시킬 기회를 놓친다는 것은 아쉬웠다. 하지만 감사하게도 하나님은 군 생활 동안 개인적인 독서를 통해 공부의 기회를, 그리고 군 제대 후 참여한 기독교사모임에서 함께 책을 읽고 나눔을 통해 삶의 방향을 잡아가는 공부의 기회를 허락해주셨다.

당시 기독교사모임에서는 격주 모임 때마다 책 1권을 정해 읽고 나누었고, 방학 때는 주제나 저자 별로 몇 권의 책을 정해서 읽고, 그 읽은 내용을 가지고 수련회를 진행했다. 책 읽기 방법은 정독이 아닌 다독이었다. 그것은 교사가 아이들을 가르치는 일이 삶의 전 영역과 관련된 종합예술이라는 관점에서, 우리에게 필요하다고 생각되는 책은 교육 관련 책이든 일반 책이든 기독교 책이든 관계없이 닥치는 대로 읽고 소화할 수 있는 만큼 소화해가자는 방법이었는데, 나름대로 한계도 있었지만 꽤 유익했다. 그리고 이때 쌓았던 안목과 내공이 이후 삭막한 기독교사운동에 헌신하는 자양분이 되고 있다.

기독교인라고 무식할 권리는 없다

대부분의 사람들이 제도화된 학교 체제에 너무 익숙해 있어서 지금도 공부라고 하면 대학원을 떠올리지만 사실 학교에서의 공부는 한 방법에 불과하다. 평생학습 체제를 이야기하는 현대 사회에서는 자신이 배우려는 마음만 갖고 있다면 좋은 강의와 책들을 얼마든지 만날 수 있다.

나날이 변하는 복잡한 현대 사회, 이 가운데서 기독인으로 제대로 살기 위해서는 시대를 읽는 공부가 필요하다. 혼자서 혹은 함께, 때를 얻든지 못 얻든지 성경을 읽고 기도하는 것과 동시에 시대를 읽고, 이 시대 가운데서 기독인들이 어떻게 살아야 하는지를 고민하고, 이를 주변 기독교인들과 나누며 자극하고 이끌 수 있어야 한다. 손봉호 교수님이 늘 이야기하듯, 기독교인이라고 해서 무식할 권리는 없다. 기도하지 않는 것이, 전도하지 않는 것이 죄이듯, 공부할 수 있는 훈련을 받았고 또 제대로 가르쳐야 할 위치에 있는 사람이 공부하지 않는 것 역시 죄다.

어느 통일교 강사의 도전

천국은 가는 곳인가? 오는 것인가? 만드는 것인가?

고등학생 시절, 난 이단에 관심이 많았다. 막연한 호기심인지 아니면 주어진 것을 그대로 수용하기보다는 나름의 딴죽을 걸고자 하는 사춘기적 반항인지 몰라도, 정통 교회에서 '이단'이라고 정죄하는 집단들이 믿고 있는 것이 내가 믿는 신앙과 무엇이 비슷하고 무엇이 다른지 직접 확인해보고 싶은 마음이 많이 들었다. 당시 나는, 빡빡머리에 검은 교복, 꼼짝달싹 못하고 공부만 해야 하는 학교생활, 주일에는 절대 공부를 해서는 안 되며, 쾌락을 즐기거나 돈을 써서는 안 된다는 엄격한 주일성수로 대표되는 율법주의적인 교회 문화, 부모님은 내 생활에 전혀 간섭하지 않았지만 스스로를 일정한 틀 내로 묶어놓는 가난한 집안 형편에 둘러싸인 상황이었다. 이러한 갑갑한 현실 가운데서 그래도 잘 적응하고 모범생으로 생활했지만, 10대 후반 무언가 튀고 싶고, 반항하고 싶고, 거부하고 싶은 흘러넘치는 욕구가 이단에 대한 관심으로 이어졌는지도 모르겠다.

마침 우리 학교 근처에 있는 통일 교회에서 특별 초청 집회를 한다는 팸플릿을 보고 떨리는 마음으로 찾아갔다. 그때 그 강사가 했던 이야기가 다 기억나지는 않지만, 처음 강의를 시작하면서 던졌던 화두는 지금까지 내 기억 속에 잊히지 않고 남아 있다. 그것은 "천국은 가는 곳인가? 오는 것인가? 만드는 것인가?"였다.

'아니! 천국은 당연히 죽은 이후에 가는 곳인데, 이 기본적인 사실을 인정하지 않다니, 그러니까 이단이지'라는 생각을 했지만 이후 그가 던진 질문, "천국이 죽어서 가는 곳이라면 이 땅에서의 삶의 의미는 무엇인가?"라는 질문에 대해 대답이 막히기 시작했다. 이후 그는 천국은 우리가 죽어야만 가는, 그래서 이 땅에서는 수동적으로 기다려야 하는 그 어떤 곳이 아니고, 이 땅 가운데서, 매일의 삶에서 날마다 만들어가야 하는 그 무엇이라고 설명을 하면서 결국 통일교 핵심 교리 중의 하나인 '聖가정' 사상까지 끌어갔다.

물론 당시 나는 극도의 방어적인 자세를 가지고 그 강의를 들었기 때문에 이후 내 신앙이 흔들리거나 통일교에 마음이 끌리거나 하지는 않았지만, 그가 제기했던 '천국은 무엇인가' 하는 고민은 나를 떠나지 않았다.

'이미'와 '아직'의 긴장 속에서

대학교 2학년 겨울, 내가 활동하던 기독 동아리에서는 당시 성서유니온에 계시던 윤종하 총무님을 모시고 '하나님의 나라'라는 주제를 가지고 수련회를 열었다. "때가 찼고. 하나님의 나라가 가까웠으니 회개하고 복음을 믿어라"(막 1:15)는 예수님의 첫 선포에서 시작하여 구약과 신약을 관통하여 드러난 하나님의 나라는 놀랍게도 '가는 곳'도 아니고 '만드는 것'도 아닌, '오는 것'이었다. 하나님의 나라는 우리가 죽어야만 갈 수 있는 우주의 어느 한 공간을 말하는 것도 아니고, 그렇다고 이 땅 가운데서 인간이 열심히 사랑하고 노력해서 만들어가야 하는 그 무엇도 아닌, '하나님의 통치'라는 것이다. 그리고 하나님이 정한 역사의 시점에서 은혜로 임한 하나님의 나라는 세상 한가운데, 모든 사람들 곁에 이미 와 있으며, 사람들에게 이 나라로 들어오라고 초청하고 있다는 것이다. 이제 사람들은 이미 임한 그의 나라 속으로 들어가 회개하고, 그의 통치에 복종하며, 그의 인도를 받는 그의 백성된 삶을 살라는 요청 앞에 있다는 것이었다.

하나님이 이 세상을 처음 만드셨을 때. 이 세상은 하나님의 나라였다. 하지만 아담이 하나님께 불순종하고 사탄의 권세 아래 들어감으로 하나님의 나라는 큰 손상을 받게 되었다. 하나님은 아담, 노아, 아브라함, 모세, 다윗으로 이어지는 언약을 통해 메시아를 통한 하나님 나라의 회복을 소망하게 하셨고, 때가 차자 예수 그리스도가 왕권을 가지고 역사 속에 오신 것이다. 예수는 십자가와 부활을 통해 하나님의 나라가 정치적인 나라가 아닌 영적인 나라임을 선포하셨다.

하지만 하나님의 나라는 많은 구약의 성도들이(심지어 세례 요한까지도) 기대했던 것처럼 예수님이 오심으로 모든 악의 세력과 사탄의 권세를 멸하고 불순종하는 사람들에 대해 심판을 단행하는 단회적인 사건으로 이루어지지 않았다. 예수님은 하나님 나라를 멀리서 바라보며 간절히 소망했던 구약의 선지자들의 예언 속에 담겨 있던 십자가와 부활을 통한 구원 사건의 완성(초림)과 완전한 심판(재림)을 구분하시고, 이 둘 사이에 종말의 때가 있을 것임을 말씀하셨다. 그리하여 이미(already) 임했지만 아직(yet) 완성되지 않은 하나님 나라의 비밀에 대해 거듭 말씀하셨다. 이 '이미'와 '아직'의 긴장 관계에 대한 정확한 이해는 신약의 하나님 나라를 이해하는 핵심 열쇠로서, 이 땅에 임한 하나님 나라의 불완전성을 어떻게 받아들이고 어떤 노력을 해야 하는지를 알게 해주며, 종말을 살아가는 성도로서 무엇을 소망하고 살아야 하는지를 보여준다.

'이미'와 '아직'의 긴장 관계와 함께 생각해야 할 것이 하나님의 나라가 이 세상에 임했다는 것이다. 하나님의 나라는 이 세상을 벗어난 그 어떤 곳에 존재하지 않으며, 구체적인 인간의 역사 가운데서 진행되고 확장된다. 동시에 하나님 나라를 이루어가는 주역은 천사가 아니라 거듭난 죄인들이라는 것이다. 하나님의 통치에 들어왔으나 아직 완전히 변화되지 못한 옛사람의 인격과 습관의 한계를 안고 날마다 하나님의 통치를 사모하며 그 통치를 자기 삶과 교회와 부르신 사역의 현장 가운데서 실현시키기를 간절히 소원하는 그 백성을 통해 이루어진다는 것이다. 그리고 이러한 수고와 애씀이 완성될 하나님 나라의 중요한 부분이 된다.

지금, 여기에서

2005년, 불혹의 나이를 맞으며 하나님의 나라에 대해 눈을 떴던 1986년 1월의 겨울 수련회를 생각한다. 서울영동교회당 지하실에서 윤종하 총무님의 강의를 듣고 질문에 질문을 거듭하며 말씀에 대한 이해와 하나님과 역사에 대한 이해를 새롭게 했던 그 시간들을. 그리고 이후 하나님 나라에 대한 이해를 넓혀가며, 지금 내가 서 있는 삶의 터(here and now) 가운데서 하나님의 통치에 순종하며, 그 하나님의 나라를 내가 속한 가정과 직장과 시대 가운데서 이루고자 몸부림쳤던 시간들과, 그 가운데 내게 임했던 하나님의 놀라운 은혜의 비밀들을 되새겨본다.

마찬가지로 이 땅 가운데서 하나님의 나라를 실현하기 위해 애써 수고하며,

후배들에게 그 바통을 물려주기 위해 노력했던 분들을 떠올려본다. 윤종하, 손봉호, 이만열, 김기열, 웨슬리 웬트워스를. 내가 직접 뵙지는 못했지만 김용기, 장기려, 김교신, 손양원, 주기철을. 우치무라 간조, 마틴 루터 킹, 윌리엄 윌버포스, 요한 웨슬레, 칼빈, 루터, 프란체스코, 어거스틴을. 예수님을 따라 교회의 기초가 된 열두 사도와 바울, 예수님의 오심을 예비했던 세례 요한과 시므온, 안나, 그리고 예수님과 함께 임할 하나님 나라를 멀리서 보며 기쁨으로 기다렸던 구약의 선지자들과 믿음의 족장들에 이르기까지.

그러면서 힘써 달려왔던 발걸음을 잠시 멈추고, 지금까지 나를 인도해왔던 하나님의 손길들을 헤아려본다. 동일한 관점에서 가정과 교회, 기독교사운동 가운데 임했던 하나님의 인도와 역사의 손길을 헤아려본다. 나아가 우리나라가 처한 상황과 세계 역사의 흐름에 대해 짧은 지식으로 정리해보며, 이것이 하나님의 나라 가운데 어떤 의미를 가지고, 한국의 한 기독교사에게 무엇을 요청하는지 겸손하게 묻는다.

"주님! 나로 하나님 나라의 흐름을 잘 분별하게 하시고, 내가 서 있어야 할 자리가 어디며, 힘써 감당해야 할 일이 무엇인지 잘 분별하게 하소서. 우리 믿음의 선배들이 그러했듯이, 짧은 시간과 유한한 수고가 하나님 나라의 핵심을 찌르게 하시고, 이 믿음의 바통을 후배들에게 잘 전수하게 하소서."

당신은 저분처럼 살 수 없어

대학교 2학년이 되면서 나는 내가 속한 선교 단체의 2학년 기장 역할을 맡게 되었다. 당시 선교 단체의 임원은 3학년이 맡고, 조장(리더)은 4학년 중심으로 맡는 체계에서 2학년 기장이라는 직책은 같은 학년 친구들을 잘 엮어주고, 친교와 동원의 역할을 맡는 자리에 불과했다. 그런데 2학년 기장을 맡으면서 그동안 내가 속한 선교 단체는 물론이고, 복음주의권 선교 단체들에 대해 아쉽게 생각했던 부분들, 즉 당시 군부독재에 저항하는 민주화 운동이 캠퍼스의 주류 문화를 형성하고 있는 가운데, 복음주의 선교 단체들은 성경 공부와 경건 훈련, 전도와 선교에만 머물고 민주화와 사회정의에 관심을 갖지 않는 분위기를 개선하고 싶은 마음이 강하게 들었다. 복음주의권이 당시 지나치게 이념 지향적인 민주화운동에 적극적으로 뛰어드는 것은 힘들다 하더라도 최소한 우리 사회의 약자를 돌아보는 일에는 앞장서야 할 것이 아닌가 하는 생각이 들었고, 이를 선배들이 추진해주기를 기다릴 것이 아니라 우리 학년 차원에서 추진해보기로 했다. 그래서 이를 기별 모임 때 제안했고, 우리는 학교 주변에 있던 한 고아원을 주기적으로 방문해 그 아이들의 학습을 지도해주고 형과 언니가 되어주는 일을 하기로 했다.

우리의 훈련은 무엇을 위한 것인가?

일사천리로 진행되던 이 일은 봉사 시간표를 짜는 과정에서 선배들의 반대에 부딪혔다. 고아원 학습 봉사에서, 나와 몇몇 핵심 멤버들은 이 일이 시작되는 과정까지만 일을 하고 구체적인 봉사 과정에서는 빠졌으면 좋겠다는 것이었다. 봉사 활동이 시작되면 일주일에 한두 번 정도는 참여해야 하는데, 그렇게 되면 선교 단체의 일정과 충돌이 있을 수밖에 없고, 특히 내년도에 임원을 맡아야 할 사람들이 봉사 일정에 매여 있으면 선교 단체의 일에 집중할 수가 없다는 것이었다. 사실 선배들의 말이 틀린 것은 아니었다. 물론 당시 학교 분위기가 학점에 크게 신경을 쓰는 분위기는 아니었지만, 그래도 최소한의 학과 공부와 선교 단체에서 주어진 훈련 과정과 각종 모임, 믿음이 연약한 동기들과 후배들을 돌아보는 일, 거기다가 교회 대학부와 주일학교에서 맡은 일 등을 생각하면 이미 나는 포화 상태에 있었다. 특히 내년에 선교 단체 임원 역할을 제대로 수행하려면 그나마 하고 있던 일도 내려놓아야 되는 상황에서 선한 일이라고 해서 뛰어드는 내가 선배들이 보기에는 많이 우려스러웠을 것이다.

결국 처음에 봉사 활동을 추진했던 핵심 멤버들은 거의 다 빠지고, 선교 단체에 덜 헌신된 멤버들과 신앙이 어린 멤버들이 중심이 되어 처음 생각보다 상당히 축소된 규모로 이 일이 진행되었다. 이 과정에서 나는 그동안 함께 일을 논의했던 고아원 관계자들은 물론이고 친구들에게도 너무 미안했고, 이후 상당히 깊은 죄책감에 시달렸다. 그리고 우리 대신 이 봉사 활동을 맡아서 이름 없이 빛도 없이 꾸준히 고아원 아이들의 선생님이자 친구가 되어준 친구들을 보면서 도대체 믿음이 좋다는 것은 무엇을 말하는 것이며, 우리가 경건 훈련을 받는다는 것은 무엇이며, 선교 단체의 존재 목적은 무엇인지와 같은 근본적인 고민에 빠지기도 했다.

사랑은 친구를 위해 죽는 것

얼마 전 여명학교 교감으로 계신 조명숙 선생님의 『꿈꾸는 땅끝』을 읽었다. 나는 조명숙 선생님이 1990년대 초중반 '외국인 노동자들의 피난처' 사역을 할 때부터 이들의 사역에 관심을 가지고 가끔 후원도 하면서 응원을 하고 있었다. 이들은 처음에는 국내에 와 있는 외국인 노동자들의 인권 문제를 가지고 싸우다가, 이후 한국에서 산업재해를 당하고 자국으로 추방되어 절망과 원망의 삶을 살고 있는 이들을 찾아가 보상해주는 일을 했다. 이어서 1990년 대 후반 북한에서 식량난 때문에 굶어죽는 사람들이 속출할 때 이 사실을 국내에 알리고 식량 난민들을 돕는 사역을 하는 등, 한 사역에 머물지 않고 더 어렵고 개척되지 않은 곳을 향해 뛰어드는 모습을 보면서, 이들이야말로 이 시대 모순의 핵심에 서 있다는 생각을 했다. 물론 나는 개인적이고 영적인 차원에서 한국 교육과 그 속에서 고통 받는 아이들이 나에게 주어진 모순의 핵심이라는 믿음으로 학교 현장에 서 있었지만, 객관적이고 역사적인 차원에서는 '외국인 노동자들의 피난처' 형제자매들이 정말 이 시대 모순의 핵심을 붙들고 있는 사람들임이 분명했고, 그래서 마음으로나마 그들을 존경하고 성원하고 있었다.

그런데 이번에 조명숙 선생님의 글을 읽으며 놀랐던 것은 선생님이 외국인 노동자 사역에 발을 딛게 된 때가 그가 예수를 갓 믿기 시작한 때였다는 것이다. 그는 선교 단체나 교회에서 제자 훈련을 받은 사람도 아니었고, 기독 학술 단체에서 기독교 세계관 세미나에 참여해본 적도 없는 사람이었다. 세계 선교을 꿈꾸거나 이를 위한 훈련을 받은 적도 없고, 직업과 학문 영역에서 하나님의 영광을 드러내겠다는 의식도 없는 사람이었다. 그는 다만 "사람이 친구를 위하여 목숨을 버리면 이에서 더 큰 사랑이 없나니"라는 말씀에 붙들려서 외국인 노동자들의 고통과 탈북 난민들의 고통 속으로 들어갔던 것이다.

이 글을 읽으며 생각했다. 만약 조명숙 선생님이 처음 산업재해를 당한 외국인 노동자들의 도움 요청을 받았을 때 그가 선교 단체나 교회에서 제자 훈련을 받고 있거나 리더를 하고 있었다면, 혹은 기독교 세계관에 입각해 기독 전문가가 되기 위해 공부를 하고 있었다면, 그가 과연 그들의 요청에 응할 수 있었을까? 다른 사람 이야기할 것 없이 나는 그렇게 할 자신이 없었다. 내 삶에 불쑥 개입해 온 산업재해 외국인 노동자의 삶을 보살피기 위해 내 삶을 쏟기에는 나는 이미 선교 단체나 교회의 활동과 훈련의 짐을 너무 많이 지고 있기 때문이다.

당신은 저분처럼 살 수 없어

3년 전 유정옥 사모님이 쓴 『울고 있는 사람과 함께 울 수 있어서 행복하다』를 아내와 함께 읽었다. 구체적인 일상 가운데서 고통 받는 이웃을 위해 자신의 모든 것을 너무 쉽게 내주고, 그 가운데 성령의 역사가 일어난 것을 보면서 그 감동을 아내와 나누는데, 아내가 대뜸 "그런데 당신은 저분처럼 살 수 없어"라고 이야기했다. 뜨끔했다. 아내의 지적은 내 속에 하나님에 대한 사랑과 이웃의 고통에 나를 드리고자 하는 마음이 있다 할지라도, 실제로 도움을 필요로 하는 이웃이 나에게 도움을 요청할 때 시간과 정성을 내어 주기에는 너무 바쁘다는 것이다. 그러기에 나 같은 사람에게는 고통 받는 이웃에게 나를 드림으로 인한 성령의 역사가 나타날 수가 없는 것이다.

물론 나도 안다. 모든 사람에게 각자의 부르심이 있다는 것을. 다른 사람의 자리를 부러워할 것 없이 각자 부름 받은 자리에 충실한 것이 하나님을 제대로 섬기는 일이다. 그리고 다른 데 눈 돌릴 틈도 없이 조직에 충실한 삶을 사는 나의 삶 역시 귀한 일이다.

하지만 한편으로 이런 의심이 드는 것도 어쩔 수 없다. 교회나 선교 단체, 혹은 기독교 기관이 헌신의 이름으로 지나치게 사람의 시간을 붙들어 매는 조직 이기주의에 빠져 있지는 않은지? 모든 교회나 선교 단체의 인력을 훈련과 재생산의 테두리에 가두고 돌리면서, 실제로 이들이 세상 가운데서 고통당하는 자들의 신음에 귀 기울이거나 응답할 여유까지 다 뺏어버리는 것은 아닌지? 그리고 나도 이 속에서 체제를 유지해야 한다는 종교적 사명을 가지고 하나님의 긴박한 부르심을 거부하는 수단으로 사용하고 있지는 않은지? 그리고 나뿐 아니라 다른 사람들까지 막고 있지는 않은지?

일평생 충실한 '조직맨'으로 살아온 내 삶의 근본을 의심해보며, 도대체 내가 현재 그렇게 열심히 하고 있는 일의 본질은 무엇이며, 나는 과연 "와서 우리를 도우라"는 세밀하고 낮은 목소리를 듣고 응답할 준비를 하며 살아가고 있는지를 생각할 때, 마음이 뒤숭숭하기만 하다.

아내와의 주식 이야기

"여보! '주식'을 하는 것이 옳은 일일까?"

"주식이라는 것이 원래 전망 있는 기업에 자본을 투자하는 행위니까 그 자체로는 나쁘다고 할 수는 없겠지. 다만 우리가 이러한 태도가 아닌 단지 투기 목적, 합법적인 도박으로 하는 것이 문제가 아닐까? 무엇보다 그리스도인이 이것을 하다 보면 여기에 너무 많은 마음을 빼앗기는 것이 또한 문제가 아닐까 하는 생각이야."

"아니, 그렇게 복잡하게 이야기하지 말고 우리가 하나님 앞에서 온전한 양심으로 선다고 할 때 땀 흘려 일해서 돈을 버는 것만이 정당하고 그 외에는 다 잘못된 것 아냐?"

"당신 말이 맞아. 하지만 노동의 대가라는 말도 참 모호한 말이야! 과연 우리가 노동의 대가만큼 정확하게 월급을 받고 사는 것일까? 변호사의 수임료가 청소부의 월급보다 몇 배, 몇 십 배 많은 것은 어떻게 설명하지? 요즘 보면 똑같은 노동을 해도 정규직이 비정규직보다 2배 정도 더 많은 월급을 받잖아? 교사로서 나는 '과연 나는 내가 받는 월급만큼 일을 하고 있는가' 하는 의심을 갖기도 하거든."

"그러니까 말인데, 나는 전에부터 농사를 짓는 것이 가장 정직하게 사는 것이라고 생각해왔어. 농사는 하나님이 직접 보상해주는 것을 받는 것이잖아."

"맞아! 나도 할 수 있다면 농사를 짓는 것이 그리스도 안에서 가장 정직하게 사는 것이라고 생각해. 하지만 우리가 지금 자본주의의 중심 도시에서 살고 있는 이상, 특정한 몇 가지 삶의 양식을 거부하는 것으로 스스로를 의롭다고 생각해서는 안 되고, 철저하게 죄인된 우리의 실존을 정직하게 인정하고 그 가운데서 최선의 삶의 방식을 모색해야 한다고 생각해.

앞에서 주식 이야기를 했지만, 우리가 주식을 하지 않는다고 해도 어차피 자신이 가진 돈을 어떻게 관리할지를 고민하고 살잖아. 하다못해 어느 은행의 어느 저축이 더 금리가 높은지를 계산하고, 투자신탁에 맡길 것인지, 아니면 증권 회사의 간접 투자 저축을 택할 것인지도 고민하잖아. 우리가 부동산 투기를 할 마음이 전혀 없이 단지 안정된 생활을 위해 살기 위한 집을 사더라도 전체 부동산 시장의 영향으로 그 집값이 오르면, 그 이익을 누리게 되잖아."

불의할 수밖에 없는 삶

"그러니까 당신은 자본주의적인 도시를 떠나 농촌의 자급 공동체를 추구하는 것이 최선이겠지만 여러 이유로 그러지 못할 경우, 어차피 주어진 돈들을 어떻게든 관리하면서 살아야 하기 때문에 어떤 특정한 방법이 옳으냐 그렇지 않으냐는 식의 접근보다는 그러한 방법들을 어떤 자세로 활용하느냐 하는 것이 중요하다는 말이지?"

"맞아. 나는 자본주의 사회 속에서 살아가는 그리스도인들은 어차피 죄인됨을 벗어날 수 없다고 생각해. 물론 최선을 다해야 한다고 생각해. 일단 땀 흘려 돈을 벌도록 해야겠지만 그 땀 흘려 일하는 것에도 절제가 필요한 것이지. 그리고 주어진 재물을 잘 관리하되, 가급적 투기성이 강한 방법은 사용하지 않도록 해야 하고, 투기성이 약한 방법이라도 거기에 너무 집착하지 않도록 자기를 쳐 복종시키는 훈련이 필요하다는 것이지. 하나님이 주시는 재물은 감사히 받고 잘 관리하도록 노력하겠지만, 거기에 매달리거나 그것만 추구하지 않도록 노력해야 하는 것이지.

하지만 이렇게 한다 하더라도 자본주의 제도 가운데에서 우리는 어쩔 수 없이 죄인일 수밖에 없음을 늘 고백하면서 살아야겠지. 그리고 이러한 고백을 하는 사람은 구체적인 삶 속에서, 자신과 가족에 대해서는 최대한 검소한 삶을, 가난한 이웃에 대해서는 최대한 나누는 삶을 사는 모습으로 자신에게 주어진 재물을 활용하겠지."

"당신 이야기를 들으니 누가복음 16장에 나오는 '불의한 청지기' 비유가 생각이 나네."

"맞아! 나는 이 '불의한 청지기'가 오늘날 자본주의 시대를 살아가는 그리스 도인의 가장 적절한 비유라고 생각해. 나는 우리가 이 자본주의 가운데에서 아무리 괴로워하고 주의하며 산다고 하더라도 어쩔 수 없이 '불의한'이라는 딱지를 붙이고 살 수밖에 없는 것 같아. 그렇다면 이제 '불의한' 우리가 취할 수 있는 최선의 방책은, 내게 주어진 소유를 나를 위해서는 최대한 절제해서 사용하고, 가난한 이웃들에게는 최대한 베풀면서 살아가는 것이라고 생각해. 이러한 선행이 우리 구원의 조건은 아닐지라도, 이 시대 속에서 괴로워하고 진정으로 죄인된 삶을 아파하며 살아가는 자의 표징이 아닐까 생각해. 그리고 이 물질의 문제는 단지 물질에만 한정되지 않고 건강, 지식 등 우리의 모든 소유에 확대해서 생각할 수 있겠지."

죄인된 물질생활

돈에 관해서 나는 지금도 감이 별로 없는 편이지만 12년 전 결혼할 당시에는 더더욱 감이 없었다. 결혼을 하겠다고 했을 때도 '그냥 단칸 월세방에서 시작하면 되지'라는 생각만 하고 있었으니, 참 현실 감각이 없었던 모양이었다.

결국 양가 부모님들이 전세금을 마련해주어서 신혼살림을 시작했고, 이후 다니던 교회당이 이전을 하면서 옮겨 간 교회당 근처에 있는 낡은 아파트를 전세금과 추후 별도의 도움을 더 받아 사게 되었다. 이 아파트 가격이 재건축 지연과 IMF와 맞물려 추락하는 것을 경험하기도 하고, 재건축 시작으로 오르는 것을 경험하기도 했다. 결국 그때 산 아파트가 재건축이 되고 오른 가격에 팔 수 있었기에 그 차액이 오늘날 나의 휴직 생활을 버티게 해주는 밑거름이 되고 있다.

하여간 가난하고 힘들더라도 스스로 벌어서 생활의 기반을 마련한 것이 아니라 양가 부모님의 도움을 받아 시작한 것은, 그 액수의 크고 작음에 관계없이 부모님의 도움을 전혀 받을 수 없고, 모든 것을 스스로 해결해야 하는 많은 사람들에게는 좌절을 안겨주는 행위임에 틀림없다. 그리고 집에 대한 투기의 목적이 전혀 없었고, 교회를 잘 섬기기 위한 목적과 안정적인 주거의 목적으로 산 집이 가격이 올라 이익을 본 것이라고 백 번 변명하더라도, 내가 얻은 이익은 많은 집 없는 서민들의 눈물과 한숨의 대가라는 것 역시 부인할 수 없다. 그리고 교사라는 신분도, 80년대 말 교직을 처음 선택할 때와는 비교가 안 될 정도로 사회적 안정성이 높아졌다는 것도 나에게는 부담이다.

주님의 영원한 처소로 인도하소서

이 모든 것이 내가 특별히 '불의한' 의도로 한 것이 아니라 할지라도, 이 시대와 사회 가운데서 나를 '불의한' 자로 만들고 있다. 그리고 나는 나에게 주어진 이 '불의한' 신분에 대해 부인하거나 변명하고 싶지 않다. 앞에서 말한 것처럼 지금 당장 모든 재산을 정리하고 농촌으로 들어가 하늘이 주는 햇빛과 비만 바라고 살 것이 아닌 이상, 많지 않지만 이미 주어진 재물에 대해 '최소한'의 그리고 최대한 '정직한' 관리를 하고 살며, 이 가운데서 불가피하게 '불의한' 흐름 속에 함께 있을 수밖에 없을 것이다. 다만 이처럼 '불의한' 시대와 '죄인된' 나의 신분에도 불구하고, 나를 위해서 최대한 검소와 절제를 실천함으로써, 또 이웃을 향해 최대한 베푸는 삶으로 나를 시험하고 싶다. 그리하여 주님으로부터 '지혜로운 자'라는 칭찬을 듣고 싶다. 그리고 이 세상의 모든 재물이 없어질 때 '주님의 영원한 처소'에 들어가고 싶다.

나는 아직도 세상이 낯설다

초등학교 저학년 때였던 것으로 기억한다. 음악 시간에 '우리의 소원은 통일'이라는 노래를 배우게 되었다. 당시는 학교에서 배우는 내용이나 선생님 말씀이라면 무조건 진리로 받아들이는 때였지만, 이상하게도 그 노래 가사가 내마음에 걸려서 그 노래를 부를 수가 없었다. 나의 소원은 '통일'이 아니라 '천국가는 것'이었기 때문이다. 물론 소원이라는 것이 꼭 한 가지일 이유는 없어서여러 개의 소원이 가능한 것이고, 아니면 영적인 차원에서의 소원과 국가적 차원에서의 소원을 구분해서 생각하는 것도 가능했을 것이다. 하지만 당시 순수했던 나로서는 그 모든 것을 통틀어서 내 마음의 가장 깊은 곳에서 원하고, 그것을 위해 내 목숨을 걸 수 있는 한 가지를 선택해야만 할 것 같은 마음이 들었다. 그런데 그 노래는 음악 시간에 한 번만 부르는 것이 아니라 학교 차원에서 자주불렀기 때문에(아마 유신 시대에는 반공 혹은 통일을 이데올로기적으로 강조하던 차원에서 국가에서 지정한 노래를 많이 불렀던 것 같다), 그때마다 누군가가 '정말 너의 소원은 무엇인가?'라고 묻는 것 같아 양심에 찔려서 고통을 많이느꼈다.

초등학교 고학년 이후에는 매일 아침 전교생 조회(당시에는 애국조회라고불렀다)에서 실시하던 '국기에 대한 경례'와 매일 저녁 6시에 실시하던 국기 하강식 때의 '국기에 대한 주목'(지금은 잘 이해를 못하겠지만 당시 매일 오후 6시 국기 하강식을 알리는 애국가가 울려 퍼질 때면 전 국민이 하던 일을 멈추고 국기를 바라보는 진풍경이 연출되었고, 이때 하던 일을 멈추지 않는 사람은 거의 매국노 취급을 받았다)을 할 때, '내가 우상숭배를 하고 있는 것은 아닌가?' 하는 두려움을 늘 가지고 있었다. 물론 일부 주변 어른들의 조언을 따라 '국기에 대한 경례'를 할 때는 오른손 끝을 왼쪽 심장(심장은 우리의 양심을 상징하므로)에 올리지 않고 약간 아래쪽을 향하도록 하는 것으로, 그리고 국기 하강식 때는 하던 일을 멈추고 국기를 향해 주목은 하되 애국가가 울려 퍼지는 동안 나라를 위해 기도하는 것으로 우상숭배 죄를 아슬아슬하게 피해가곤 했지만, 영 개운하지는 않았다.

그때 그 어린 나이의 내가 그런 생각을 하고, 그런 고민에 휩싸였던 것은 당시 내가 다녔던 교회의 영향이 컸던 것 같다. 당시 나는 예장 고신 교단에 속한 교회에 다녔는데, 고신 교단은 일제강점기에 신사참배를 반대하다가 투옥되었던 성도들이 중심이 되어 해방 후 결성한 교단이었다. 그러기에 어려서부터 신사참배를 거부하다 순교했던 주기철, 최봉석(권능) 목사님 등 순교자들의 이야기와 모진 고통 속에서도 신사참배를 거부했던 손양원, 주남선, 한상동 목사님, 안이숙 여사님 등 출옥 성도들의 이야기를 많이 듣고 자랐다. 특별히 그들이 천국을 바라보고 일제의 우상숭배 유혹을 이긴 이야기는 어린 영혼에 깊이 각인되었던 것 같다.

주류 문화에 편승하지 못하고

어찌 되었든 아주 어릴 적부터 나는 나름의 신앙 양심과 세상의 일반적인 가치관이나 생활 사이에서 많이 갈등했다. 어릴 적 동네 친구들과도 나는 그렇게 원만하게 어울리지 못했다. 거기에는 여러 원인이 있지만 가장 중요한 것은, 당시 시골 동네에는 동네 아이들이 다 모이면 고학년 형들이 어린 동생들 몇을 불러 싸움을 시키고 이를 즐기는 풍습이 있었기 때문이었다. 나는 몸이 약해 싸움을 잘하지 못했을 뿐 아니라 싸움을 해서는 안 된다는 종교적 규율로 인해 가급적 그 자리를 피하게 되었다. 동시에 동네 아이들의 놀이 가운데 각종 따먹기 종류(유사 도박)의 놀이가 많아 그 놀이를 즐기지 않던 나는 아이들의 중심에 서기가 힘들었다. 중고등학생 시절에는 소위 공부를 좀 하면서 잘 나가는 친구들은 여학생들과 사귀거나 술, 담배를 하는 등 어른 흉내를 내는 쪽으로 많이 나갔고, 그러한 문화와 어울리길 원치 않았던 나는 공부를 좀 했으면서도 소위 잘 못나가는 아이들과 주로 어울렸다.

그래도 중고등학생 시절에는 술, 담배, 여자를 금하는 교회의 가치관이 학교의 규율과 일치했기 때문에 갈등이 덜한 편이었다. 하지만 대학에 들어가니 양상이 완전히 달라졌다. 특별히 술 문화는 한순간에 인간관계를 좌우하는 핵심이 되어 있었다. 이와 아울러 대학의 공식 문화였던 '운동권 문화'나 바닥 문화였던 '음란 문화' 역시 적응하기가 쉽지 않았다. 그러다 보니 자연스럽게 동문회와 과모임에서 멀어지게 되었고 선교 단체를 중심으로 대학 생활을 하게 되었다.

네가 술을 안 하니 참 어렵다

대학 시절 선교 단체를 통해 기독교 세계관이나 문화관을 공부하면서 그동안 내가 가지고 있던 한계를 많이 깨기 시작했다. 내가 세상에 대해 가지고 있던 가치관이나 세계관 중 어떤 부분은 성경적이라기보다는 문화적인 것이고, 나의 세계관이 현재 임한 하나님의 나라를 반영하지 못하고 지나치게 내세 중심적인 것이라는 것, 그리고 내가 세상에 물들면 안 된다는 생각에 지나치게 치우쳐 세상 속에 들어가 세상을 사랑하며 세상을 구원하는 삶을 살아야 한다는 사실을 간과하고 있다는 것을 깨닫기 시작했다. 현 시대에는 "문화에 대립하는 그리스도(Christ against Culture)"보다는 "문화의 변혁자 그리스도(Christ the Transformer of Culture)"가 더 성경적임을 인정하게 되었다. 그리고 세상의 문화가 다 나쁜 것은 아니며, 물론 지나친 면은 있지만, 상당히 많은 부분은 복음이 없는 가운데서 그 나름대로 소통하며 더불어 살아가는 방식인 측면도 많이 있다는 것을 깨닫기 시작했다.

실제로 대학 생활을 하면서 혹은 교직 생활을 하면서 분명한 신앙의 원칙을 가지고 있으면서도 세상 사람들과 적극적으로 어울리고 그들의 문화를 주도하는, 동시에 어느 분명한 선에서 절제하면서 전체 분위기를 조절하고, 그들이 가진 문제와 아픔에 공감하면서 나중에 복음으로 이끄는 사람들을 간혹 보며, 그들이 나보다 훨씬 복음적이고 옳다는 생각을 많이 했다. 또 초임 시절 나보다 4~5년 선배 교사 한 명이 "야! 정병오, 나는 네가 참 좋아. 너는 무언가 답을 가지고 사는 것 같아! 그래서 너에게 내 고민을 다 말하고 싶은데 네가 술을 안 하니 참 어렵다!"라는 말을 했을 때, 나는 그 말이 하나님께서 내 삶의 방식에 대해 '지나친 순결주의를 벗어버리고 적극적으로 세상을 향해 나아가라'고 명령하는 것으로 들렸다.

이 어정쩡함을 어찌할 것인가!

그래서 할 수 있는 대로 세상 가운데로 적극적으로 들어가 그들과 어울리며 공감하면서 세상을 바꾸는 삶을 살려고 노력하지만 참 쉽지가 않음을 많이 느낀다. 일단 술이 전혀 당기지 않고 술에 대한 죄책감이 가시지 않는다. 술 취한 이후의 사람들의 반응 가운데 일부분은 인간적으로 받아들여지지만, 어느 수준 이상 죄성이 과다하게 노출되면 용납하기가 쉽지 않다. 노래방에서 부르는 노래가 전혀 흥겹지가 않다. 그리고 이렇게 즐기지 않으면서 함께 보내는 시간들이 너무 아깝게 느껴진다. 그러다 보니 늘 마음은 세상의 한가운데 서서 세상을 이끌고 이들을 변화시키는 것인데, 실상은 세상의 변두리에 서서 그냥 어정쩡하게 있을 뿐이다.

이러한 어정쩡함이 어찌 술 문화나 사람들과 어울리는 문제뿐이랴! 주식과 부동산으로 대표되는 재테크 문제가 그렇고, 좋은 학원과 학군을 좇는 사교육의 문제가 그렇고, 젊어서부터 열심히 점수 관리를 하는 승진의 문제가 그렇다. 나 역시 이 흐름 가운데 한 발을 딛고 살아가고 있지만, 이 흐름이 낯설기만 하니 이를 어찌할 것인가?

교직, 내겐 1998년 이미 죽었다

나는 도대체 무엇을 하고 있는가?

1998년 8월 12일부터 15일까지 있었던 역사적인 제1회 기독교사대회를 무사히 마치고, 모든 뒷마무리를 하고 짐까지 다 서울로 보낸 후 송인수 선생님과 함께 그동안 본부처럼 사용했던 춘천 IVF 회관으로 돌아왔다. 저녁도 먹지 않은 채 잠시 누웠는데 그길로 잠이 들어 눈을 떠보니 다음 날 점심을 훨씬 넘긴 시간이었다. 대회 기간 중 하루 2~3시간밖에 자지 못하면서도 전혀 피곤함을 느끼지 못하게 했던 그 긴장감, 아니 1996년 1월 기독교사대회를 개최하기로 결정한 이후 2년 반 동안 하나님을 의지하지 않으면 안 되었던 그 모든 긴장이 다 풀렸기 때문이었으리라.

큰일을 치른 이후에 오는 약간의 허탈함이 있긴 했지만, 그래도 대회 기간 동안 하나님이 부어주셨던 은혜와 성령의 역사, 대회 기간 동안 보여주셨던 기독교사들을 향한 하나님의 기대와 계획을 되새기면서 서울로 오는 기차에 몸을 실었다. 그런데 우리가 앉은 옆자리에 아이들의 웃음소리가 들렸다. 이제 갓 발령을 받은 신규 교사처럼 보이는 젊은 여교사와 중학교 1학년쯤 되어 보이는 남학생 몇 명이 캠핑을 마치고 돌아가는 중이었다. 그 모습을 보는 순간 무엇엔가 얻어맞은 것 같은 강한 충격이 왔고 온몸에 힘이 쫙 빠지는 것을 느꼈다. 그 신규 여교사의 모습은 교직 발령 후 지금까지 바로 나의 모습이었고, 이번 대회만 아니었다면 나도 아이들과 함께 저 자리에 있어야 할 것이었기 때문이다. 그 순간 우리 반 아이들이 떠올랐다. 여름방학 시작과 함께 대회 준비를 하느라고 까마득히 잊고 있었던 우리 반 아이들의 얼굴과 이름이 그때서야 떠오르기 시작했다.

순간 '나는 무엇을 하고 있는가?' 하는 생각이 떠올랐다. 1995년 기독교사운동에 대한 비전을 품은 후 그동안 수없이 많은 어려움과 주변의 의심의 눈길 가운데서도 한 번도 내가 하고 있는 일에 의심을 품은 적이 없었다. 그리고 하나님은 1998년 제1회 기독교사대회에 은혜를 부어주심을 통해 우리가 품은 비전이 몇몇 인간의 공상이 아니라 이 땅 교육과 다음 세대를 향한 하나님의 마음임을 분명히 보여주셨다. 그런데 아이들이라는 의외의 복병 앞에서 완전히 무너지고 말았다. 내가 지금 하고 있는 일이 우리 아이들과 관계없는 일이 아니고, 이 땅 10만 기독교사들을 깨우고 구비시키는 이 일의 궁극적인 목적도 다음 세대 아이들을 책임지기 위한 것임에 분명했다. 그럼에도 불구하고 이 일을 하느라고 지금 내가 담임하고 있는 아이들에게 소홀할 수밖에 없는 모순된 상황을 맞고 보니 그동안 기독교사대회를 통해 맛보았던 하나님의 영광이 한순간에 사라져버리는 느낌이 들었다.

내가 원치 않았던 곳으로

돌아보면 1992년 처음 기독교사모임에 참여할 때 이러한 순간이 오리라고는 정말 예상치 못했다. 교직 2년차 학교생활이 너무 힘들어서, 아이들은 손에 잡히지 않고 학교의 부조리에 혼자 맞서 싸우기에는 지쳐버린 상황에서, 교직을 그만두어야겠다고 생각한 순간에 만난 것이 기독교사모임이었다. 마치 물을 만난 물고기처럼 기독교사모임 가운데서 소명을 확인하고 여러 기독교사들과 나눔을 통해 어느덧 기독교사로 거듭나 있었다. 그런데 어느 순간 '나는 이렇게 재미있고 좋은데, 나만 좋으면 뭐하나? 이 땅의 많은 아이들은 고통 받고 있고, 기독교사들은 신음하고 있는데……'라는 생각을 하기 시작했다. 그리고 이 생각이 주님께로부터 온 생각임을 확신하는 순간부터 내 인생은 마치 누군가 내 허리에 띠를 두르고 이끌고 가는 것처럼 내가 전혀 생각하지 못한 방향으로 몰려갔다.

기독교사로의 부르심을 발견한 이후 이 부르심의 의미만을 붙들고 아이들과 씨름하며, 이 아이들 가운데서 하나님과 만나고 그분의 영광을 맛보는 삶을 살았다. 그리고 이 삶이 너무 좋아 이를 전체 기독교사들에게 전파하는 일을 하고자 하는 마음으로 열심히 일했을 뿐이었다. 그런데 하나님은 내가 전혀 원치 않았던 기독교사운동가로의 부르심을 하나 더 얹어주신 것이다. 처음에는 기독교사운동가로서의 부르심이 기독교사로서의 삶에 약간의 수고를 더하기만 할 뿐이었지만, 시간이 흐르고 운동이 열릴수록 기독교사운동가로서의 부르심과 요구가 더 커지게 되었다. 시간과 공간의 제약 속에 살아갈 수밖에 없는 유한한 인간으로서 갈등을 반복하게 되었고, 이 갈등이 98기독교사대회 귀경길에서 폭발하고 만 것이다.

이 아이들이 마지막일지도 모른다

이후 결심을 했다. 앞으로 어떠한 일이 있어도, 설사 기독교사운동을 소홀히 하더라도 절대로 내가 맡은 학교의 아이들에게 소홀하지 않겠다고. 내가 맡은 학교의 아이들에게 소홀하면서 하는 기독교사운동은 하나님이 기뻐하시지 않을 것이라고.

하지만 동시에 밀려오는 두려움은 어찌할 수 없었다. 그것은 하나님이 나로 하여금 교직을 그만두게 하실지도 모른다는 것이었다. 나를 전임 기독교사운동가로 부르고 계신지도 모른다는 생각이었다. 이런 생각을 하자 그동안 대수롭지 않게 여겼던 교직의 사회경제적인 조건이 그렇게 크게 보일 수가 없었다. '이 나이에 이 안정된 교직을 그만두면 앞으로 정년까지 누가 내 생활을 보장해줄 것이며, 가족들의 생계는 어떻게 하란 말인가?' 하지만 기도 가운데 하나님은 교직의 안정성이 아니라, 나와 내 가족을 책임지시는 분임을 분명히 말씀하셨다. 그래서 아이들을 향한 사랑 외에 직업적 안정성으로서의 교직은 하나님 앞에 내려놓으라는 하나님의 말씀에 순종하기로 했다.

다만 그동안 내 교직 생활이 무한히 많이 남았다고 생각하고 있었는데, 주께서 부르시면 수년 내에 교직을 그만둘 수도 있다고 생각하니, 아이들 앞에 서는 한 해 한 해가 그렇게 귀하게 느껴질 수가 없었다. 어쩌면 이 아이들이 내가 교직에서 가르치는 마지막 아이들일지도 모른다고 생각하니 그렇게 한 아이 한 아이가 예쁘게 여겨질 수가 없었다.

덤으로 누리는 교사 생활

감사하게도 하나님은 나의 교직 생활을 연장시켜주셔서 2000년과 2003년 2004년, 두 번의 휴직과 함께 잠시 교단을 떠나긴 했지만, 2005년 다시 교단에 섰다. 2000년에 나와 함께 휴직을 했던 송인수 선생님이 2003년 좋은교사운동의 공동체적인 부르심을 받아 퇴직을 했다. 송인수 선생님이 퇴직 후 얼마 동안 자신이 이제는 교사가 아님을 느끼며 괴로워할 때, 나는 퇴직이 아닌 휴직의 신분임이 얼마나 미안하고 또 감사했는지 모른다. 송인수 선생님은 지금도 기독교사운동가로서의 소명을 함께 받은 자의 원죄를 이야기하며 혹 내가 퇴직 가능성을 놓아버리고 교직에 안주할까 염려를 놓지 못한다.

하지만 송인수 선생님이 염려하지 않아도 나는 이미 1998년, 아이들에 대한 사랑을 제외한 교직의 안정성에 대해 이미 죽었다. 이제 주께서 언제든지 교직을 그만두고 전임으로 기독교사운동을 섬기라고 할 때에 그렇게 할 준비가 되어 있다. 다만 주께서 덤으로 주신 교사로서의 시간 동안 내게 주신 아이들을 최선을 다해 사랑하길 원할 뿐이다.

우리는 그리스도와 함께 죽었고 우리의 생명은 그리스도와 함께 하늘에 있는 존재다. 이 땅에서 우리의 삶은 유한할 뿐 아니라 그 끝이 언제일지 우리는 아무도 모른다. 다만 이 땅에서 주께서 허락하신 생명 동안 주께서 주신 분복을 누리고, 선을 행하며, 이 가운데서 주시는 기쁨을 누리며 살아갈 뿐이다.

복직과 퇴직 사이에서 시한부 교직 생활을 하면서 나는 이 땅을 살아가는 나그네 인생이라는 삶의 실존을 연습하고 있을 따름이다.

제3부 인생은 어차피 힘든 것이다

인생은 어차피 힘든 것이다

"홍 선생, 애 한 명 더 낳지?"

"지금 한 명도 제대로 못 키워서 허덕이는데, 어떻게 한 명을 더 낳아요?"

"애가 둘이 되면 한 명일 때에 비해 두 배 이상 힘든 것은 사실이야. 하지만 애 한 명 키우는 것이 더 편할 것이라는 생각은 결코 하지 마라. 한 명은 한 명 대로 힘들고, 두 명은 두 명 대로 힘든 거야. 애를 낳는 일이든 다른 어떤 인생의 선택에서든, 어떤 선택을 하는 것이 더 편할까 하는 생각은 아예 내려놓는 것이 좋아. 만약 내가 편해 보이는 선택을 해서 인생에 약간 여유가 있으면, 내 삶 가운데 있는 사소한 문제가 크게 부각되어 다시 나를 힘들게 해. 그리고 때로 하나님이 전혀 나와 상관없는 또 다른 힘든 일을 주시기도 하고 말이야."

하나님은 나를 사랑하신다

1960년대, 고향을 떠나 도시로 일자리를 찾아 나섰던 도시 빈민들의 삶이 다 그러했듯 나의 어린 시절도 그야말로 찢어지게 가난한 생활이었다. 정말 코 딱지만 한 방 하나에 여섯 식구가 생활을 하고, 아버지 어머니가 힘써 일을 해도 겨우 입에 풀칠하는 생활 형편은 어린 마음에도 무거운 짐이었다. 매일 저녁 수제비만 먹는 것이 질려 밥을 먹고 싶었고, 검정 고무신이 아닌 흰 고무신을 신고 싶었다. 텔레비전 있는 친구 집을 부러워하고, 도시락 반찬으로 늘 김치만 싸 가는 것이 아니라 소시지 한 번 싸 가고 싶었던 마음은 나도 모르게 나를 위축시키고 소극적으로 만들었다. 누나가 인문계 고등학교에 진학하지 못하고 산업체 부설 야간 고등학교로 진학해야 했을 때 마음이 무너지는 것을 느꼈고, 어려운 형편 가운데서 힘겹게 모은 돈을 사기 당하고 빚까지 져서 낙망하는 부모님의 모습은 세상에 대해 분노를 갖게 했지만, 그냥 마음 한구석에 묻어둘 뿐이었다.

고등학교 3학년이 되자, 내 마음속 한구석에 묻어두었던 가난의 고통이 대학 진학과 맞물려 현실적인 문제로 다가오기 시작했다. 거기다가 미래에 대한 불안감과 성적이 잘 나오지 않는 것에 대한 두려움, 주일성수에 대한 외적인 압박, 교회 고등부 회장으로서 고등부의 영적 침체에 대한 책임감, 교회 일 추진 과정에서 목사님과의 갈등 등이 맞물리면서 내 힘으로는 도무지 감당할 수 없는 상황에 이르렀다. 이때 처음으로 내 문제를 가지고 기도를 하게 되었다. 밤 10시 30분까지 야간자율학습을 마친 후 버스를 타고 내리면 11시 30분, 마침 내가 다니던 교회당이 버스 정류장 근처에 있었기에 교회당에 들러 기도를 한 후 집으로 들어갔다. 제대로 기도를 할 줄 몰라 "주여!"만 연발했고, 때로 너무 피곤해서 한참 자다가 일어나 집으로 가기도 했지만, 주님은 내 기도에 응답해 주셨다.

주님은 말없이 나를 꼭 안아주셨다. 그리고 이렇게 말씀하셨다. "괜찮다, 병오야! 내가 너를 사랑한다. 네가 못났고 가난한 거 내가 다 알고 너를 불렀다. 그리고 너, 좋은 대학 못 가면 어떠니? 내가 너를 사랑하는데…… 교회 고등부 걱정하지 마라. 내가 교회의 주인이다. 목사님과의 관계에서 네가 힘들어하는 것도 내가 다 안다……"

이때 만났던 하나님의 따뜻한 품과 온유한 음성은 이후 인생의 고비마다 늘 돌아갈 수 있는 영혼의 고향이자 영적 자산이 되었다.

인생은 어차피 힘든 것이다

청운의 꿈을 안고 진학한 대학, 고3 때 가졌던 대학에 대한 환상을 깨는 데는 많은 시간이 필요하지 않았다. 아직 내면의 열등감과 인생의 불안 문제도 다 해결하지 못한 어린 나이에 시대와 민족과 교회의 문제까지 한꺼번에 끌어안고 마치 자신이 세상의 모든 문제를 다 해결해야 할 것 같은 부담감에 짓눌려 살았지만, 한 가지 감사했던 것은 다양한 삶의 모습들을 만날 수 있었다는 것이다. 2학년 겨울방학 때, 신앙 동아리(SFC) 임원으로 선출된 친구 10여 명이 임원 수련회를 갔던 기억이 난다. 폭설로 인해 전기마저 끊겨버린 산장에 꼼짝 못하고 2박 3일 동안 갇힌 상태에서 촛불에 의지하여 자기의 살아왔던 삶을 나누었다. 겨우 20년밖에 살지 않은 인생에 왜 그리도 많은 고통과 아픔이 내재되어 있던

지…… 우리는 각자 걸어온 인생이 이렇게 다르다는 것에 놀랐고, 모양은 다르지만 각 인생이 나름대로의 고통과 아픔, 숙제를 안고 있다는 것에 놀랐고, 그래서 온전히 하나가 되었다.

지금껏 내가 겪어온 인생이 제일 힘들었고, 내 아픔이 가장 큰 아픔일 것이라고 생각하면서 꼭꼭 묻어두었던 것을 꺼내서 이것을 다른 사람의 아픔 가운데 나란히 놓고 상대화하니 너무도 큰 자유가 주어졌다. 내게 주어진 고통과 아픔이 큰 것이긴 하지만 내가 이 고통을 당한 덕분에 인생의 다른 부분에 대해서는 큰 고통을 겪지 않고 쉽게 지나갔다는 깨달음도 주어졌다. 어차피 육체를 입고 살아가는 나그네 인생길에서 고통 없이 괴로움 없이 살아가는 방법은 없다는 것을 인정하게 되었다. 그러고 나니 내 앞길을 가로막던 많은 근심들이 사라지면서 인생이 투명하게 보이기 시작했다. 인생이 어차피 힘든 것이라면 자꾸 내 속으로 내 속으로 들어갈 것이 아니라 하나님 나라 가운데서 의미 있는 고통을 향해, 그 고통과 힘듦을 적극적으로 선택해 가는 것이 훨씬 낫다는 것을 깨달으니 참 평안함이 주어졌다.

편함이 아닌 부르심을 따라

어차피 인생이 힘든 것이라면, 이것이 '이미' 임했지만 '아직' 완성되지 않은 하나님의 나라를 향해가는 성도가 마땅히 걸어야 할 길이라면, 자기 인생의 나이나 여건 가운데 주어진 인생의 과제들과 마음의 부담에 정직하게 반응하고 자신이 마땅히 져야 할 짐을 지는 것이 사실은 제일 편한 길이다. 어떤 일이 '힘드냐, 편하냐' 하는 것은 선택에서 참고는 될 수 있어도 핵심적인 기준이 될 수는 없다.

이런 깨달음이 있었기에 이후 돈도 없고, 도와주는 사람도 없는 상황 가운데서 아이를 넷이나 낳는 무모한 일을 할 수 있었다. 그리고 잠든 아이들을 업고 메고, 깨워가며 대중교통을 갈아타는 불편을 감내하면서도 차를 구입하지 않고 지금까지 버티고 있는지도 모른다. 어떤 일을 힘들다고 해서 하지 않거나, 편할 것이라고 무엇을 선택하는 것이 아니라, 하나님 앞에서 또 다른 원칙과 부르심을 따라 살기로 했기 때문이다. 나 혼자 열심히 교사로 생활하면서 학교와 가정, 교회에 충실한 것만으로도 충분히 힘들고 벅찬 생활임에도 불구하고, 이러한 일들을 소홀히 하는 데서 오는 고통을 감내해 가면서도 교사운동에 에너지와 시간을 쏟으며 살아온 삶도 '힘드냐, 편하냐'의 기준으로는 설명하지 못할 일이었다. 그리고 지금도 안주하고 싶은 나를 깨워서, 그리스도의 남은 고통이 무엇인지를 애써 찾아 그 남은 고난을 내 몸에 채우려는 몸부림이 내 속에 있음을 발견한다.

인생은 어차피 힘들다. 그리고 편하고자 노력하는 삶이 결코 우리 인생에 편함과 평안을 가져다주지 못한다. 오히려 주께서 내게 원하시는 인생의 힘듦을 적극적으로 선택하고, 이것을 가지고 주께 나아갈 때 주어지는 참 위로와 참 평안을 구하는 것이 현명한 삶이다. 그리고 이러한 인생에게만 주께서 예비하신 영원한 평화와 안식이 주어질 것이다. 그러므로 새벽에 주께 나아갈 때 우리 믿음의 선배 토플레디의 노래가 늘 내 입술에 있다.

고요한 바다로 저 천국 향할 때 주 내게 순풍 주시니 참 감사합니다.
큰 물결 일어나 나 쉬지 못하나 이 풍랑 인연 하여서 더 빨리 갑니다.
내 걱정 근심을 쉬 없게 하시고 내 주여 어둔 영혼을 곧 밝게 하소서.
내 일생 고락 간 주 뜻을 본받고 이 몸이 의지 없을 때 큰 믿음 주소서.

왜 그리도 서럽게 우니

탕자를 받아들일 수 없었다

어린 시절 내가 다녔던 조그만 시골 교회, 주일학교 교사래야 군 제대 후 직장을 구하던 젊은 청년 한 명이었고, 아이들도 다 합쳐야 20명이 채 되지 않는 작은 교회였지만, 교회는 내 삶의 전부였고, 그 주일학교 선생님은 일평생 기억에 남는 최고의 선생님이었다.

그런 나에게도 교회와 주일학교 선생님이 싫어질 때가 있었다. 그것은 교회에 새로운 친구가 나올 때와 잘 나오지 않던 친구가 오랜만에 나올 때였다. 새로운 친구라고 해봐야 그 좁은 시골에서 뻔했다. 우리 마을에서 별로 멋지지도 않고 아이들에게 인기 있는 것도 아닌 그렇다고 해서 착한 것도 아닌, 갈 데 없어서 혹은 교회에서 간식 준다니까 오는 아이였다. 어린 내 눈에도 그 아이들이 교회에서 주는 과자를 몇 주 얻어먹다가 몇 주 지나지 않아서 나오지 않을 아이들이라는 것이 뻔히 눈에 보였다(그리고 그 예상은 늘 적중했다). 그런데도 교회 선생님들은 그 아이들이 교회에 나오기만 하면 온통 관심과 사랑을 그 아이들에게만 쏟는 것이었다. 평소 교회에 한 번도 빠지지 않고, 예배나 찬양 시간에는 집중 잘하며, 설교 말씀 시간에는 대답 잘하고, 교회 대항 성경퀴즈대회 나가면 상을 휩쓸어 오는 '나'에 대한 관심과 사랑은, 최소한 새로운 아이들이 처음 교회 온 그 주만큼은 전혀 없는 것처럼 보였다.

그 시절 말씀을 읽으면서도 아흔아홉 마리의 모범적인 양을 방치하고, 한 마리 잃어버린 양을 찾아나서는 목자의 그 비합리적인 태도를 이해할 수 없었다. 잃어버렸던 한 드라크마를 찾기 위해 어쩌면 한 드라크마 이상의 등불 기름을 낭비하고, 또 그 드라크마를 찾았다고 해서 이웃들에게 잔치를 베푸는 그 여인의 낭비도 당연히 이해가 되지 않았다. 반면 아버지의 자산을 창기와 함께 다 탕진하고 돌아온 아들을 위해 잔치를 베푸는 아버지에게 항의를 했던 탕자 형의 심정은 너무도 잘 이해가 되었다.

중고등부 시절과 대학부, 선교 단체를 거치면서 나는 줄곧 임원을 했고, 교회나 선교 단체의 일을 많이 감당했다. 이러한 교회나 선교 단체의 일을 감당하면서 가장 어렵고 힘들었던 것은 일 자체가 아니라, 내가 나의 모든 시간과 노력을 투자해서 준비해놓은 행사(수련회, 하기 봉사 등)에 많은 사람들이 참석해 하나님을 마음껏 기뻐하고 즐거워하며 은혜를 누리는 것을 보는 것이었다. 내가 그 많은 수고와 노력을 해서 그 행사를 준비한 이유가 많은 사람이 참석해서 은혜를 누리는 것이었고, 그것이 내가 준비한 것 이상으로 이루어졌음에도 불구하고 내 마음은 전혀 기쁘지 않았다. 즉 내가 그렇게 힘들게 행사를 준비할 때는 전혀 도와주지 않고 각자 자기 일에 바빴던 사람들이, 막상 행사가 다 준비되고 펼쳐지자 그 가운데서 찬양하고 기뻐하며 하나님을 누리는 그 모습이 너무 싫게 느껴졌다. 무엇보다 하나님께 너무 섭섭했다.

대학교 3학년 선교 단체 회장을 하면서 여름 수련회를 준비할 때 함께 임원을 하던 친구들이 각자 나름의 사정으로 함께하지 못하고 혼자 거의 방학 한 달 시간을 다 들여 수련회를 준비했다. 역대 수련회 사상 가장 많은 인원이 참석하고 잘 준비된 영적 환경 가운데서 모두 은혜에 겨워 기뻐하고 영혼의 회복을 찬양할 때 나는 마음이 너무 불편해 견딜 수 없었다. 그래서 한밤중 아무도 없는 외진 곳에 가서 마음껏 울었다. 한참을 울고 나니 내 마음 한구석에서 하나님이 주시는 생각이 있었다.

"사랑하는 아들아! 왜 그리도 서럽게 우니? 무엇이 그리 억울하니?"

"하나님, 제가 저의 방학 귀한 시간 다 바쳐서 이 행사를 준비할 때, 제가 그렇게 도와달라고 호소할 때 바쁘다고 외면하던 이들이, 이렇게 남이 베푼 잔치에 참여해 기뻐 뛰며 즐거워하고 은혜를 누리고 있습니다. 그리고 저는 주를 위해 뼈 빠지게 일한다고 했는데, 막상 이들이 은혜 받는 것을 보면서 저는 질투심을 느끼고 있습니다. 도대체 이게 뭡니까? 이게 하나님의 공의로우심입니까?"

"병오야! 네가 방학을 바쳐가며 그렇게 힘들게 수련회를 준비한 이유가 뭐니? 많은 사람들이 와서 나의 임재와 은혜를 누리는 것 아니었니? 나는 지금 너의 기도와 준비에 응답하고 있다. 나는 네가 이 응답의 시간에까지 나와 같은 마음을 품기를 원한다.

사랑하는 내 아들아! 나는 네가 나와 내 백성을 위해 힘써 수고하고 일하는 모습 참 귀하게 생각하고 있다. 하지만 여러 인간적인 한계와 미성숙으로 인해 준비하는 일에 참여 못하지만 내가 베푼 은혜의 자리에 나와 나의 은혜를 사모하고 즐거워하는 다른 많은 내 자녀들을 동일하게 사랑한다. 그리고 그들을 통해서도 영광을 받기를 원한다.

내 아들아! 정 그렇게 힘들고 억울하면 일을 하지 말고 쉬어라. 나는 네가 분한 마음으로 나의 일을 하기를 원치 않는다. 나는 너의 수고와 도움 없이도 얼마든지 일을 이룰 수 있다. 다만 너를 그 일을 통해 훈련하고 만들어가길 원할 뿐이다."

아버지의 크심 앞에 무릎을 꿇다

결혼을 하고 네 아이를 키우며 느끼는 것 중의 하나는 네 아이가 분명히 나와 아내의 한 핏줄을 이어받았을 텐데, 서로 너무 다르다는 것이다. 체격과 체력이 다르고 성격과 기질이 다르다. 은사와 선호도가 다르고 인격과 표현 방식이 다 다르다. 거기다가 나이와 성숙 단계도 다르다. 그러다 보니 나로서는 각 아이들에게 맞게 사랑을 표현하고 징계하고 대우하지만 아이들에게 '차별'을 한다는 불평을 들을 때가 많다.

그럴 때마다 나는 하나님 우리 아버지를 생각한다. 60억이 넘는 사람들을 공의로 다스리시고, 그 가운데 특별히 수십억이 넘는 당신 백성을 사랑하고 인도하시는 분. 그러면서도 획일적인 하나의 잣대가 아닌 각자가 처한 상황에 맞게 인격적으로 말씀하시고 인도하시는 분. 한 가지 사건이나 말씀을 통해서도 각자에게 적절하게 말씀하는 우리 하나님은 얼마나 지혜롭고 위대하신가!

이 하나님의 지혜를 다 측량할 수 없다면, 그분의 다스리심 앞에서 겸손히 무릎 꿇을 수 있어야 할 것이다. 그리고 나의 종교적 열심과 합리성이 아무리 옳다 하더라도 그것은 하나님 아버지의 한 면만을 반영한 것에 불과하고, 지극히 부분적인 선과 진리임을 인정하고 살아야 할 것이다. 모든 인류를 가장 공정하게 다스리시며, 모든 자기 백성을 따뜻하게 품어주시는 아버지의 마음을 가지려고 애쓰며, 그 마음으로 주변 사람들과 교회와 세상을 보려고 노력해야 할 것이다.

아버지의 마음

지금도 하나님 아버지의 뜻을 다 이해할 수 없어서, 아니 내가 아버지 하나님의 뜻을 품지 못해서 괴로울 때가 많다. 내가 보아도 분명히 의도가 순수하지 못하고 종교 권력을 추구하는 사람들의 손을 들어주시고 그들이 주의 교회나 공동체를 주관하게 하시는지, 왜 저들의 눈에 있는 들보에 대해서는 잘 관용하시고 또 나에 대해서도 그들의 들보를 관용하라고 하시면서 동시에 내 눈의 티에 대해서는 왜 이렇게도 엄격하게 다루시며 말씀하시는지, 말씀의 원리가 이렇게도 분명하고 개혁의 방향이 선명하게 보임에도 불구하고 하나님은 왜 자꾸 나에게 기다리라고 하시는지 나는 이해할 수 없다.

그러나 이제 내 생각과 신앙이 좁고 나 중심적인 것임을 알기에, 그리고 아버지의 마음은 크고 넓은 것임을 알기에, 아버지의 마음을 묵상하고 그 마음을 품으려고 애쓴다. 그분의 크심 앞에 무릎을 꿇는다.

맨 앞줄에 선 자의 당혹감

정확하게 몇 살이라고 말할 수는 없지만, 사람이 어느 정도 이상 나이를 넘기고 나면, 그 나이라는 것이 그야말로 숫자에 불과하지 그 사람의 인격이나 안목, 성숙도에 대해 아무것도 설명해주지 않는 법이다. 오직 그 개인의 인생에 대한 고민과 성찰, 실천의 깊이에 따라 인격이나 안목, 성숙도의 차이가 날 뿐이다.

하지만 10대 청소년기나 20대 초반의 대학 시절에 한 살 혹은 한 학년의 차이는 엄청나게 많은 차이를 설명해준다. 이러한 차이를 가장 현격하게 느낀 것이 대학 1학년 때였다. 막연히 짐작은 하고 있었지만 대학은 고등학교와는 완전히 다른 세계였다. 그런데 나와 한 살밖에 차이가 나지 않는 2학년 선배들이 가지고 있던 시대와 세계에 대한 안목, 말씀과 복음에 대한 통찰력, 인간에 대한 이해와 애정 등은 신입생인 나와 비교할 때 하늘과 땅만큼의 큰 차이를 보였다. 물론 1년 이상 함께 생활을 하면서 하늘 같던 선배들의 인간적 약점도 보게 되고, 그들이 가진 지식이나 안목의 한계와 실상도 어느 정도는 파악해갔지만, 그래도 선배들은 나에게 너무도 소중한 울타리요 버팀목이었다.

대학 3학년이 되면서 나는 내가 훈련받던 선교 단체(SFC)의 회장이 되었다. 당시 우리 모임은 지도하는 간사 없이 순수하게 학생들의 자발적인 모임으로 운영되고 있었다. 그러다 보니 신입생 모집부터 양육, 어려운 캠퍼스 상황 가운데서 복음주의 청년들이 가져야 할 시대 의식과 실천의 방향 모색까지 3, 4학년 학생 리더들의 몫이었고, 이 모든 것의 최종 책임을 지는 회장이 갖는 영적인 짐의 무게는 엄청났다.

이렇게 100여 명 정도 되는 선교 단체의 회원들 한 사람 한 사람의 영적 상황에 대한 고민과 혼란스러운 캠퍼스 상황 가운데에서, 기독 대학생들이 가져야 할 시대에 대한 성경적 안목과 실천의 몫은 무엇이어야 하며, 이 모든 것을 어떻게 버무려서 우리 단체가 나아갈 방향을 제시할 수 있을지로 한참 머리가 아프던 어느 날이었다. 우리 선교 단체에서 핵심적인 멤버로 활동하다가 대학원 공부로 활동이 뜸하던 선배 한 분을 만났는데, 그 선배가 나에게 물었다.

맨 앞줄에 선 자의 당혹감

"야! 군부독재는 더 공고해가는 것 같고, 이에 맞서는 학생운동의 저항은 더 극렬해지는 상황이고, 그리고 최근 복음주의권 내에서도 적극적인 사회참여를 주장하는 움직임이 일어나고 있는데, 이 상황 가운데서 SFC는 어떤 입장을 취해야 한다고 생각하니?"

"아니, 형! 형이 나한테 그런 질문을 하면 어떻게 해요? 나도 너무 혼란스럽고 어떻게 해야 할지 몰라 누군가 뛰어난 안목을 가진 사람이 설명을 해주길 바라고 있는데요. 그리고 형은 어떻게 생각하고 있는지도 알고 싶고요."

"사실 나는 대학원에 진학한 이후로 연구실에 집중하다 보니 감이 많이 없어. 오히려 네가 동아리연합회에도 관여하고, 복음주의 내 여러 움직임도 잘 알고, 또 SFC를 통해 학생들의 고민들도 가장 잘 알고, 이를 버무려 가장 치열하게 고민하고 있기 때문에, 너의 고민이나 생각이 가장 현실적이고 가장 앞서 있을 거야."

무언가 한 대 맞은 느낌이었다. 마치 마지못해 참여한 시위대에서 몇 번 밀고 밀리기를 거듭하다 보니 어느새 내가 제일 앞줄에 서서 전경들을 대면하고 있는 것을 발견했을 때의 당혹감 같은 것이 밀려왔다.

약한 자를 부르시어 하늘 뜻을 이루셨다

하지만 냉정히 생각해보니 현실을 부정할 수는 없었다. 비록 나도 그 혼란한 시대를 어떻게 복음으로 보아야 할지 몰라 늘 고민하고 기도하며 괴로워하는 상황이었지만, 그래도 개혁주의 전통이나 기독교 세계관에 입각한 관점을 세우기 위해 책과 씨름하고 말씀과 씨름하고 끊임없이 논쟁하면서 고민의 최전선에 서 있었다. 군부독재에 저항해 분신자살하는 학우의 모습을 보고 눈이 뒤집혀 "형! 하나님의 공의는 어디 갔어요?"라고 울부짖던 후배의 질문에 대답을 못해 함께 손을 잡고 울기만 하는 상황이었지만, 그래도 혼란한 시대 상황에 대해 정직한 답을 하기를 원하는 많은 기독 학생들의 아픔을 함께하고 있었다. 이 시대 가운데 기독 학생들이 어떤 실천의 모습으로 시대에 응답해야 할지 몰라 고민 했지만, 그래도 근본주의적인 경건주의자들이나 민중신학적인 실천을 지향하는 사람들, 그 가운데서 새로운 복음주의 운동을 시작하던 사람들을 개인적으로 잘 알 뿐 아니라 그들의 문제의식과 한계들에 대해서도 어느 정도 파악하고 있는 상황이었다.

나의 연약한 모습만 보고 한없이 움츠러들거나 '나는 할 수 없다'고 주저앉는 것이 믿음이 아닌 것은 물론이고 겸손일 수도 없다는 생각이 들었다. 물론 내게 주어진 과분한 역할이나 위치에 맞는 체면을 유지하기 위해 조금 아는 것을 부풀려 허세를 부려서는 안 되겠지만, 하나님이 지금 내게 주신 역할과 위치에 굳게 서서 내가 가진 것만큼이라도 신실함으로 활용하여 시대와 영혼을 붙들고 주의 인도를 구하는 자세로 우뚝 서야겠다는 생각을 했다. 나같이 부족한 자가 시대의 앞자리에 서서 이끌어가는 역할을 하는 것이 내가 봐도 위태하기 짝이 없었지만, 이것이 바로 약한 자를 부르셔서 하늘 뜻을 이루어가시는 하나님의 역사 진행의 한 방법이라 생각하고 순종함과 의뢰함을 배워간 시간이었다.

위태롭지만 경이롭다

1992년 교직 3년차, 학교생활이 너무 힘들어 누군가의 도움을 받고자 하는 절박함으로 참여한 기독교사모임. 누군가 만들어놓은 것이 있다면 받아 가고자 참여했건만, 받을 것은 아무것도 없고, 무에서 유를 만들어야 하는 상황으로 인해 당황했고 고민했다. 하지만 가만히 나를 살펴보니, 나는 아무것도 갖추지 못한 자가 아니었다. 어렸을 때부터 하나님을 알았고, 교회 활동으로 잔뼈가 굵은 몸, 대학 시절 균형 잡힌 선교 단체 리더로서의 훈련을 받았고, 기독교 세계관의 훈련을 받은 자였다. 거기다가 대학 시절, 이 시대 모순의 핵심에 들어가 복음이 하나님의 능력임을 드러내겠다는 헌신까지 하지 않았던가? 없는 길을 만들어 간다는 것이 결코 쉽지 않은 일이었고, 우리가 가는 길을 따라나서는 사람은 점점 늘어나는데 한 치 앞이 보이지 않아 마음고생하고, 스스로의 연약함으로 인해 치를 떨던 때가 많았지만, 돌아보면 이 모든 과정을 통해 안목을 갖추었고, 하나님의 역사에 참여하는 영광을 누렸다.

교사모임 초기, 우리 교육의 문제를 가지고 고민하다가 막힐 때 거대 교원 단체들이 만들어낸 자료들을 부러워하며 우리 모임 가운데 교육청 장학사 한 명이라도 참석하면 좋겠다고 푸념하곤 했다. 10년이 지난 지금 교육부와 교육 관련 학자들과 연구소, 거대 교원 단체들과 함께 교육을 논의하면서, 이제 우리가 가진 교육에 대한 안목이 이 어떤 단체들에 비해서 떨어지지 않음을 느낀다. 오히려 학교 현장과 학생에 대한 이해와 애정, 특정 집단의 이해관계를 넘어서서 전체 국가와 국민의 유익이라는 관점에서 볼 수 있는 능력, 어떤 정책이 실제 어떤 과정을 통해 현장에 뿌리내릴 수 있을지 상상하는 능력 등의 면에서 오히려 우리가 제일 앞서 있고, 이 면에서 이 시대 우리 교육이 우리의 기여를 간절히 기다리고 있다고 느끼는 것은 나만의 교만한 생각일까?

우리같이 부족하기 짝이 없는 단체가 이제 구호나 상상이 아닌 실제적인 상황에서 우리 교육 문제를 제일 깊게 고민하고 책임져야 하는 상황에 있다고 생각하니 부담감과 위태로움이 느껴진다. 하지만 하나님의 역사하심의 방법을 잘 알고 있기에 기대감과 경이로움도 함께 느낀다.

논쟁자가 아닌 논란의 대상이 되세요

하나님, 왜 제 손을 들어주지 않는 거죠?

대학 3학년, 선교 단체의 대표를 하던 때의 일이다. 대부분의 선교 단체들이 그렇지만 1월부터 4월까지 신입생을 확보하는 일이 선교 단체의 사활을 좌우하는 제일 중요한 행사였다. 그래서 신입생 면접일, 합격자 발표회, 등록금 접수 기간, 입학식 등은 물론이고 학기 초 신입생을 확보하기 위해 필사의 노력을 기울인다. 그러다가 신입생 영입이 어느 정도 마무리되는 3월 말이나 4월 초에 신입생 환영회를 개최한다. 그러기에 신입생 환영회는 여름, 겨울 수련회 다음으로 중요한 행사였다. 그래서 내가 속한 선교 단체의 경우 관례적으로 토요일 오후 충분한 시간을 가지고 대대적인 행사를 준비해왔다.

이런 관례를 따라 신입생 환영회 계획을 위한 임원회를 개최했는데, 몇몇 임원들이 날짜를 토요일 오후에서 평일 저녁으로 하자는 제안을 하는 것이었다. 토요일 오후에 하면 풍성한 프로그램을 운영할 수는 있지만 참석률이 떨어지기 때문에 프로그램을 줄이더라도 평일 저녁에 해서 참석률을 높이자는 것이었다. 하지만 나는 그들의 이런 제안의 이면을 알고 있었다. 그들은 신입생 환영회 날짜로 미리 잡아놓았던 날에 아르바이트 등 다른 일이 겹쳐 있었던 것이다. 그래서 참석률을 핑계로 날짜 조정을 요구하고 있었던 것이다.

나는 너무 화가 났다. 임원이라면 선교 단체의 일정에 우선권을 두어야 하는데, 신입생 환영회와 같이 중요한 일정이 예정된 시간에 사적인 다른 일정을 잡아놓고, 다른 명분을 들어 날짜 조정을 요구하는 것이 영 마음에 들지 않았다. 더군다나 날짜를 평일로 옮기면 그동안 관례로 해왔던 여러 환영 프로그램들을 조정해야 하는 형편이었다. '너희 토요일 오후 시간 내기 싫어서 그러지? 여기에 우선권을 두고 토요일 오후 참석률이 떨어지는 문제는 우리가 같이 헌신해서 동원을 해야지'라는 말이 목까지 올라왔지만 차마 할 수는 없었다. 결국 나도 그들의 헌신 부족을 책망하고자 하는 본심을 숨기고, 관례와 프로그램 운영의

효율성을 들어 그들을 설득하려고 했다. 그런데 이게 웬일인가? 토의를 할수록 전체 분위기는 프로그램을 축소해 평일에 하는 것으로 흐르고 있었고, 결국 그렇게 결정이 되었다.

나는 너보다 훨씬 크단다

임원회를 마치고 집으로 돌아오는 발걸음이 참 무거웠다. '하나님! 오늘따라 제가 참 바보처럼 느껴집니다. 다른 친구들은 자기 할 일 다 하면서 남는 시간에 하나님 섬긴다고 하는데, 저는 모든 시간의 우선권을 선교 단체에 두고 마음만 졸이고 있습니다. 그런데 하나님은 왜 제 손을 들어주지 않고 저 친구들 손을 들어줍니까? 하나님 너무 억울합니다.' 결국 발걸음은 교회를 향했고, 이 문제를 가지고 한참 씨름을 했다. 내 속에 들리는 음성이 있었다. '병오야! 나는 너보다 훨씬 크단다. 나를 위해 모든 것을 바치고자 하는 나를 향한 너의 열심을 내가 알고 사랑한다. 하지만 네게는 부족한 면이 많이 있고, 나는 이 일을 통해 너의 연약한 그 부분을 다루기를 원한다. 동시에 나는 네 친구들의 하나님이기도 하다. 그들에게는 이 일을 통해 또 다른 역사를 하고 있다. 너희뿐 아니라 이번 신입생 환영회에 참석할 모든 나의 자녀들, 아니 이 땅의 모든 나의 자녀들을 사랑하고 있단다. 쉬지 않고 일하고 있단다.'

결국 신입생 환영회는 성공적으로 끝이 났다. 역대 토요일 오후에 했던 그 어떤 신입생 환영회보다 더 많은 신입생과 재학생이 참석을 했고, 프로그램도 알차게 진행되어 모두가 행복해했다. 평일 개최를 주창했던 다른 임원들이 평소보다 더 책임감을 가지고 열심히 섬겼던 것은 물론이다.

이 일 이후 나는 나와 내 주변에서 일어나는 모든 일들에 대해 그냥 현상만 보고 판단하고, 내 생각이나 감정만 가지고 즉각적으로 대응해서는 안 된다는 것을 깨닫기 시작했다. 하나님이 이 세상의 주인이시고, 이 세상에서 일어나는 모든 일들의 배후에 그의 섭리하심이 있다는 것을 믿는다면, 인간의 본성적인 감각이나 이 세상의 논리를 따라 판단하고 행동해서는 안 된다. 오히려 어떤 일이든 일단 그 문제를 하나님께 가져가 하나님 앞에서 그 문제를 해석해내고, 그 일을 통해 하나님이 나를 다루시고자 하며 내게 원하시는 뜻을 깨닫는 것이 우선이다. 그리고 이 과정을 통해 내게 주어진 확신을 따라 순종하되, 두렵고 떨리는 마음으로 믿음의 경주를 해야 한다. 물론 이러한 과정 속에서도 나의 연약함으로 인해 실수와 오류가 많겠지만, 이 모든 가운데서도 끊임없이 하나님께 묻고 응답함으로써 하나님의 인도를 받아 가야 한다는 것이다.

믿음으로 산다는 것은 무엇일까?

살아가면서 도대체 우리가 하나님을 믿는다고 할 때 이 '믿음의 실체'는 무엇이며, 우리가 '믿음으로 살아간다'고 하는 것은 도대체 어떻게 사는 것일까 하는 질문을 할 때가 많다. 이 질문에 대해 내 나름대로는 이렇게 정의하고 있다. 그것은 자신에게 또 자기 주변에서 일어나는 모든 일상들을 하나님 앞에 가져가며, 그분과의 씨름을 통해 하나님의 마음에 이르고, 그 일들을 해석해냄을 통해 자신이 가져야 할 태도와 해야 할 일을 발견하고, 담대히 순종해가는 삶이라고. 그러나 나 자신만의 교만한 판단인지는 모르겠지만, 주변에서 이러한 믿음의 실체를 붙들고 살아가는 삶을 발견하기가 쉽지 않다. 물론 자신에게 어려운 일이 생기면 하나님을 붙들고 기도하지만 그때뿐이고, QT를 하지만 자신을 둘러싼 하나님의 역사의 흐름을 읽고 그 흐름을 분명하게 붙들고 생활하는 사람이 참 많지가 않다.

하나님의 일, 하나님의 나라는 우리의 삶과 동떨어진 별도의 거룩한 곳에 있지 않다. 그리고 일주일 중의 특별한 하루나 특별한 종교적 영역에 국한되지 않고 우리의 모든 시간과 삶 가운데 존재한다. 그러므로 믿음으로 살아가는 사람은 자신이 중심이 되어 일어나는 일은 물론이고 다른 사람이 중심이 되고 자신이 주변부에 있는 일까지도 그 일에 대해 객관적인 논평자의 위치에 서지 않는다. 믿음의 사람은 어떤 일이든 그 일을 가지고 하나님의 보좌에 나아가며, 일상의 표면에만 머무르는 것이 아니라 일상의 깊이에 흐르는 샘에까지 이르며, 그 샘의 물을 마신다. 그리하여 일상의 삶을 살지만 하나님 나라의 역사에 참여하며 하나님의 마음을 소유하게 된다. 그 마음으로, 그 역동성으로 중보하면서 자기가 져야 할 십자가를 지며 자신이 희생해야 할 몫을 감당한다. 그리고 이 관점에서 주변 사람들과 영적인 교제를 나누는 것이다.

세상 가운데 하나님 나라의 균열을 내며

하나님의 나라와 그 일은 진공이 아닌 우리의 일상 가운데서 이루어지기 때문에 나를 포함한 주변의 많은 사람들의 실수와 허물, 연약함과 맞물려 일어난다. 그러기에 우리는 쉽게 절망하거나 판단하게 된다. 그리고 객관적인 판단자와 논쟁자의 자리에 서기 쉽다. 그래서 많은 사람들이 그 일을 통해 하나님이 하시는 말씀을 듣지 못하고 그 일을 통해 부르시는 하나님의 부르심의 자리를 발견하지 못한다. 그리고 아무것도 하지 않으면서 판단자와 논쟁자의 자리에 머물고 만다. 맞는 말을 하고 어떤 때는 멋있게도 보이지만 지금 여기에 임한 하나님 나라의 사역에는 전혀 참여를 하지 못하는 것이다. 믿음의 실체를 붙들지는 못하고 있는 것이다.

그러므로 아내는 늘 나에게 이야기한다. "여보! 내가 늘 당신이 하는 일에 대해 이러쿵저러쿵 이야기를 많이 하지만 그렇다고 당신은 논쟁자의 자리에 서면 안 돼요. 오히려 논란의 대상이 되도록 노력하세요. 판단하는 자가 아닌 믿음으로 행하는 자가 되고, 그 행위로 인해 이 세상 가운데 하나님 나라의 균열을 만들어내며 논쟁을 불러일으키는 삶을 살도록 하세요."

괴물과 싸우는 자가 기억할 것

그것이 바로 나의 모습이기 때문이다

아이를 키우다 보면 그 아이의 모습 속에서 나를 발견할 때가 종종 있다. 특별히 내가 정말 싫어하는 나의 모습, 그래서 힘써 노력해 이제는 사람들에게 잘 드러나지 않을 정도로 극복해낸 모습을 아이에게서 볼 때 너무 화가 난다. 그러기에 애써 감정을 누르면서 그렇게 하지 말라고, 그런 모습을 벗어나야만 하는 이유와 벗어날 수 있는 방법에 대해 열심히 설명한다. 하지만 사실 나는 그 누구보다 잘 알고 있다. 그 아이가 그런 연약성을 벗어버리고 참 자유함과 강함을 입는 것이 얼마나 어려운지를. 하나님의 특별한 개입하심과 만져주심이 아니면 아이 자신의 힘쓰고 애씀으로는 되지 않음을. 그리고 어쩌면 그 연약함은 그 아이가 일평생 하나님 앞에서 감당해야만 하는 짐일지도 모른다는 것을.

살아가면서 크고 작은 모임이나 기관의 지도자급에 있는 사람들의 연약함과 부딪힐 때가 있다. 특별히 그 자리에 있을 만한 역량을 제대로 갖추지 못한 사람이 그 자리에 있음으로 인해, 자신은 나름대로 열심히 한다고 하지만 실제로 일은 제대로 추진하지 못해 여러 주변 사람을 힘들게 하고 그 모임이 제대로 사명을 감당하지 못하게 하는, 그런 동시에 자신의 자리와 그 자리에 있는 자신의 체면에 집착해 일을 그르치는 사람을 볼 때 분노를 느끼게 된다. 하지만 다른 한편에서 나는 그 사람을 너무도 잘 이해한다. 왜냐하면 그 사람의 모습이 바로 나의 모습이기 때문이다. 그러기 때문에 그 사람의 그런 모습이 너무도 내 눈에 잘 띄고, 한편으로 이해를 하면서 동시에 더 깊이 분노하게 된다.

우리는 모두 과정 속에 있다

이전에는 선과 악이 분명히 구분되고, 이 세상에 선인과 악인이 따로 존재하는 줄 알았다. 물론 형이상학적 실체로서의 선과 악은 분명히 구분될 것이다. 하지만 최소한 인간 안에서는 선 속에 악이 있고, 악 속에 선이 함께 있다. 우리가 선을 붙들고 악과 싸우지만 사실 우리 속에도 악이 같이 있고, 우리가 싸우는 그 악 가운데도 일말의 선함이 있다는 것이다. 그리고 인간이 아무리 선을 붙들고 있다고 하더라도 인간의 연약함으로 인해 그 선을 악한 방법으로 휘두를 수도 있고, 그 선한 싸움의 유탄으로 악이 발생할 수도 있다는 것이다.

또 한 가지 우리를 힘들게 하는 것은 인간은 고정되어 있지 않다는 것이다. 우리가 악인과 싸울 때, 우리는 싸움의 편의를 위해 내 경험을 바탕으로 그 악인을 한 가지 모습으로 고정시켜놓고 싸운다. 내가 설정한 그 모습이 그 사람의 실체일 수도 있고 좀 과장된 모습일 수도 있지만, 어쨌든 그렇게 고정시켜놓아야만 내 싸움의 정당성과 동기가 식지 않는다. 하지만 불행히도 상대방은 끊임없이 변하게 마련이다. 그는 내가 선의 이름으로 공격하는 그 공격을 받고 자신의 악을 고쳐나가는 경우가 많다. 동시에 나 역시 고정되어 있지 않고 끊임없이 변한다. 내가 상대방의 악과 싸우기 위해 마음을 강하게 하는 동안 나도 모르게 나의 마음이 굳어버리고 그것이 또 하나의 우상이 되어 악하게 되어가는 경우가 많다. 인생의 아이러니가 아닐 수 없다. 그래서 니체는 "괴물과 싸우는 자는 괴물이 되지 않도록 주의해야 한다. 그대가 심연을 굽어볼 때, 심연 또한 그대를 들여다본다"라는 말을 하기도 했다.

그는 쉬지 않는다

인간의 본성과 연약성이 이렇게 복잡할진대 이러한 인간과 인간사를 다루시는 하나님의 손길도 결코 단순하지가 않다. 그래서 많은 경우 하나님이, 이 땅의 악의 문제를 해결하기 위해 고군분투하고 울부짖는 선인의 수고와 기도에 대해 쉽게 응답하지 않으시고, 악인의 번창을 허용하시고, 선인은 오히려 오해를 받고 수치의 구덩이에 빠뜨리시는 것 같이 보이기도 한다. 악인의 큰 악에는 아무런 반응을 하지 않으면서 선인의 지극히 작은 실수에 엄격하게 반응하는 것처럼 보이기도 한다.

하지만 그분의 깊은 보좌 앞으로 나아가 그분의 영광과 지혜의 빛을 약간이라도 맛보기만 한다면 그분은 침묵하거나 가만히 계신 것이 아니라 슈퍼컴퓨터보다 훨씬 더 복잡한 지혜 속에 60억 인구를 다 계산에 넣으시고, 그 한 사람 한 사람의 처한 상황과 그 은밀한 마음까지 다 고려하시며, 각 사람을 향한 하나님의 작정하심을 이루시고, 당신의 가장 선하시고 공의로우신 사랑을 펼치고 계심을 알 수 있다. 그분은 결코 침묵하거나 쉬지 않으시며, 한 가지 사건을 통해서도 60억 명에게 60억 가지 이상의 말씀을 하고 계시며, 그 복잡한 모든 얽히고설킨 선과 악의 문제를 풀어내고 계심을 알 수 있다.

그의 선하시고 온전하시고 기뻐하시는 뜻

하나님의 이 광대하심과 지혜의 크심에 대한 깨달음은 결코 우리를 무기력하게 하거나 불가지론에 빠지게 하지 않는다. 하나님의 온전하심에 비할 때 인간은 모두가 다 죄인이기 때문에 아무도 판단할 수 없다는 식의 모호함으로 우리를 빠뜨리지 않는다. 오히려 선과 악에 대한 우리의 지각과 판단을 더 분명하게 해준다. 다만 우리가 싸워야 할 악이 혈과 육에 대한 것이 아님을 분명하게 인식하게 해준다. 이 땅 가운데 악인과 싸우고, 지도자의 연약함과 싸우고, 악한 구조와 싸울 때도, 그 악하고 약한 사람에 대한 하나님의 긍휼과 나를 통해 그를 변화시키고자 하는 하나님의 의도를 놓치지 않게 된다. 악을 향한 나의 싸움이 악을 멸할 뿐 아니라 그 악에 사로잡힌 자를 구원하고자 하는 하나님의 도구임을 알게 된다. 그러하기에 악과 싸우면서도 악인을 진심으로 불쌍히 여기고 사랑하는 것이 가능하게 된다.

동시에 하나님은 악과 싸우는 그 상황을 통해서 나의 연약함과 악함을 다루는 일도 함께 하고 계심을 인식하게 된다. 그러기에 거대한 악 앞에서 너무도 작고 보잘것없으며 여전히 약함에 떠는 나로 인해 절망하지 않으며, 오직 하나님의 도구로서 하나님을 의지해서 일하며, 사랑의 동기로 일하며, 그 싸움을 싸울수록 더 겸손해지고 더 거룩해지며 더 여유로워지게 된다. 나를 향한 상대방의 공격과 모략으로 인해 마음이 약해지거나 분노에 침몰하지 않고 오히려 그 속에서도 하나님의 음성을 듣고, 지금 상황 가운데서 하나님의 선하시고 기뻐하시고 온전한 뜻이 무엇인지를 구할 수 있게 된다.

　매일 매일 부딪히는 우리의 일상뿐 아니라 가장 복잡하게 보이는 이 세상 모든 구조에 이르기까지 깊게 들어가보면 결국 '인간'이 있고, 이 '인간'의 가장 본질적인 속성은 '약함'과 '악함'이다. 나를 포함한 모든 사람들 속에 있는 이 '약함'과 '악함'이 다양한 방식으로 결합하여 모든 인간과 사회의 문제와 고통을 만들어낸다. 그리고 우리는 이로 인해 괴로워하고 또 때로 싸우며 살아간다. 이것이 우리 인생의 본질일진대, 우리는 이 모든 인간의 '약함'과 '악함'을 다루시는 하나님의 지혜에 이르기를 힘써야 할 것이다. 그리고 이 지혜를 살아내도록 힘써야 할 것이다. 그렇게 할 때 우리는 이 땅 가운데서 하나님의 아들딸이라고 불릴 것이다.

어머니와 함께 걷는 길

이모부님 장례식에 참석하기 위해, 동생네 아기를 돌보아주려고 서울에 올라와 계신 어머니를 모시고 고향에 갔다 왔다. 모처럼 어머니와 단둘이서 함께한 왕복 10시간. 어머니는 늘 그렇듯, 많은 이야기들을 풀어놓으셨다. 그런데 이번 여행에서는 그 전에 내가 듣지 못했던 내밀한 이야기들과 어머니로서도 어찌할 수 없었던 시간들에 대해 많은 이야기를 하셨다. 마치 '이제 너도 나이가 들었으니 이해할 수 있겠지?' 혹은 '너도 이제는 알고 있어야 한다'라고 말씀하시는 듯했다.

엄마는 힘이 세다?

어릴 때부터 지금까지 나는 어머니를 생각할 때 '강함'과 '기도'를 떠올렸다. 물려받은 가난과 늘 불안정했던 아버지의 직장, 가까운 이웃으로부터 집 구입 관련 사기를 당해 감당하기 힘든 빚을 떠안아야 했던 생활, 자녀들의 진학과 결혼 그리고 이후의 삶에서 발생하는 문제를 해결하는 과정, 아버지의 투병과 죽음 이후의 모든 생의 과정에서 자녀들에게 흔들리는 모습을 보인 적이 없었다. 그리고 어머니는 늘 기도의 사람이었다. 창원공단에서 힘든 육체노동을 젊은 남자들과 같이 감당하고 집안일도 자녀들에게 시키는 법 없이 직접 하시면서도 새벽기도를 빼먹는 법이 없으셨다. 그리고 회사 퇴임 즈음인 10년 전부터는 밤 12시부터 새벽 5시까지 철야기도를 매일 하고 계신데, 이 철야기도는 동생네 아기를 돌보는 생활을 하는 지금도 변함이 없다.

그런데 이번 여행 동안의 대화를 통해 어머니의 '강함'은 우리 가정에 밀려드는 고난의 파고로부터 가정과 자녀들을 지키기 위해 온몸으로 막아섰던 모습일 뿐이었고, 사실 그 내면에는 말할 수 없는 두려움과 염려, 불안과 좌절이 있었음을 알게 되었다. 어머니의 '기도' 역시 기도하지 않으면 견딜 수 없고 살 수 없는 절박함의 한 표현이었음을 알게 되었다. 사실 10년 전 어머니가 처음으로 하루 5시간 철야기도를 하겠다고 이야기하셨을 때, 나는 어머니가 그 당시 유행하던 7시간 기도하던 어떤 집사님 책의 영향을 받아 일종의 종교적 열심에 취해서 한 행동이 아닌가 하는 생각을 했다. 그런데 그 기도의 시작도 그렇게 기도하지 않으면 안 되는 절박함이 있었다는 것을 알게 되었다.

그렇다. 그날 내 옆에는 이 세상 어떠한 환란 가운데서도 나를 지켜줄 것 같은 '강한 엄마'나, 이 세상 어떤 문제도 기도 가운데 다 녹여낼 수 있을 것 같은 '기도의 용사'가 아닌, 1940년대 초반에 태어나 현대사의 온갖 질곡과 가난, 인습과 편견, 그리고 한 개인이 그 삶의 주기 가운데서 겪고 감당해야 할 수많은 일들을 그 나름의 믿음으로 이겨내기 위해 몸부림쳐온 '한 여인', '한 그리스도인'이 앉아 있었다. 그는 자신과 가정에 주어진 고난을 온몸으로 견딤으로써 가정과 자녀들을 보호하고, 기도를 통해 하나님의 뜻에 순종하며 그와 동행하는 법을 배워가는 한 그리스도인의 삶을 살아온 사람이었다.

험난한 세월을 살았다

그러면서 자연스럽게 나를 돌아봤다. 어머니의 보호 덕에 큰 고통을 당한 것은 아니지만, 가난과 여러 집안 상황으로 인한 위축은 어린 마음의 어두운 배경이 되었다. 이후 가난을 극복하고 출세를 해서 집안을 일으켜야 한다는 시골 소년의 당위와 기득권을 버리고 이웃을 위해 섬기는 삶을 살아야 한다는 복음의 당위성 앞에서 괴로워하며 서성이던 시절과, 군부독재에 맞서 목숨을 버려야 한다는 시대의 당위와 비록 악에 대해서라도 폭력적 저항은 옳지 않으며 반기독교적인 이데올로기에 기초한 싸움에 가담해서는 안 된다는 몸에 밴 보수 신앙적 논리 가운데서 괴로워만 하던 시절을 보냈다. 이후 기독교 세계관에 입각한 균형 잡힌 가정생활과 직장생활의 원리에 대한 지식과 안목에 비해 실제 직장에서의 무능함과 가정에서 아내를 사랑하고 아이들을 양육하는 데에서 드러나는 내 부족함과 연약함으로 인한 좌절, 이상적인 교회에 대한 갈망과 현실의 교회 생활 가운데서의 갈등, 이 땅의 교육을 바꾸어내고자 하는 사명과 열정에 비해 그 구체적인 길의 험난함 앞에서 느끼는 한계와 무기력함이 나를 억눌러

왔고, 그것은 또 내가 날마다 싸우는 주제가 되었다. 어머니가 싸워왔고 헤쳐 나온 고난에 비해 그 무게가 가벼울지 모르겠지만, 내 나름으로는 험난한 세월을 살아왔다.

하지만 앞으로도 내가 감당해야 할 숙제가 더 많이 남아 있고, 내가 전혀 예상치 못하고 있는 또 다른 시련과 아픔이 있을 것이다. 흔히 기독교의 역사관은 순환론적이거나 윤회론적이지 않고 직선적인 역사관이라고 한다. 역사에는 시작과 끝이 있고, 반복해서 일어나는 일은 없으며, 비슷해 보이는 사건도 결코 같은 의미가 아니라 그 사건 나름의 완전히 새로운 의미를 담고 있다는 것이다. 이는 개인의 삶에도 동일하게 적용된다. 인생은 끝이 없고 늘 새롭고 처음 경험하는 사건과 고난에 직면하게 된다. 어느 정도 삶의 문제를 터득하고 안정에 이르렀다고 생각하면 전혀 생각지도 못했던 곳에서 새로운 문제가 터지고 내 힘으로 도무지 감당하지 못할 수렁이 나를 기다리고 있다. 물론 과거에 만난 하나님과 확신했던 믿음이 도움이 되지 않는 것은 아니다. 하나님은 우리가 감당치 못할 시험 당함을 허락지 않으신다는 과거에 붙들었던 말씀이 지금도 늘 힘이 된다. 그렇더라도 과거의 경험으로 쉽게 편하게 풀 수 있는 문제는 하나도 없다. 아무리 작아 보이는 문제라 하더라도 전적으로 하나님만 의지하고 온 힘으로 하지 않으면 '아이성 전투'와 같이 패배하는 것이 우리의 삶이라 긴장을 놓칠 수 없다.

소망으로 누리는 안식

아직 어머니에게도 남은 삶의 전투가 있을 것이다. 물론 어머니는 "내가 살아보니 60세 이전까지는 신앙생활을 한다 해도 혈기로 하는 것이고, 60세가 넘어야 진짜 신앙생활을 하는 것 같더라"고 말씀하시지만, 당신의 삶에서도 하나님이 정하신 나그네 인생길의 분량을 다 끝내기까지 해결해야 될 '혈기'의 부분이 있을 것이고, 배워야 할 '신앙'의 부분이 있을 것이다. 하지만 내가 보기에 어머니는 당신에게 주어진 믿음의 삶의 분량을 거의 다 끝내고, 달려갈 길을 상당 부분 완주한 마무리 단계에 있는 것처럼 보인다.

어머니가 이제 제대를 얼마 남겨놓지 않은 '병장'의 위치에 있다면, 나는 이제 부대의 돌아가는 사정을 겨우 꿰뚫고 본격적으로 부대의 중추 역할을 감당해야 할 '상병'의 위치에 있다고나 할까? 하루라도 제대로 발 뻗고 자기 힘든 군사로 부름 받은 이 삶, 그것도 지휘관이 내린 여러 군사 작전들을 수행하되 아무 것도 모르는 후임병들을 이끌고 가야 하는 이 삶이 고달프긴 하지만, 머지않은 시간에 나도 어머니와 같은 위치에 설 것이다. 그리고 내게 주어진 삶의 분량이 끝나면 여러 믿음의 선배들이 기다리는 영원한 안식의 세계로 들어갈 것이다.

어머니의 삶에서 보고 배워서인지 아니면 이것이 그리스도인의 삶의 본질인지 알 수 없지만, 살아갈수록 나도 '기도해야 한다', '기도밖에 없다'는 것을 많이 느낀다. 육체의 연약함으로 인해 기도의 필요를 느끼는 만큼 충분히 나아가지는 못하지만 어찌하든지 기도의 끈을 놓치지 않으려고 몸부림을 친다. 어머니는 말씀하신다. "철야기도를 시작한 지 10년이 넘었지만, 지금도 이 기도를 하는 것이 쉽지 않다. 그리고 하루라도 흐름을 놓쳐버리면 상당 기간 무너지기 때문에 무슨 일이 있어도 어찌하든지 이 시간을 확보하려고 몸부림친다. 세상에 쉬운 일이 있니?"

겨우겨우, 우째우째

"아빠! 나는 세상에서 제일 이해할 수 없는 사람이 2년 전 자살했던, 우리나라에서 제일 잘 나가는 기업 회장의 막내딸 있잖아. 그 사람이야."

올해 중3인 우리 집 큰아이가 하는 이야기다. 2년 전에 있었던 일을 지금도 가끔 이야기하는 것을 보면 그 아이에겐 매우 충격적인 사건이었던 모양이다. 그도 그럴 것이 자신이 정말 갖기를 소망하는 모든 조건을 갖춘, 즉 원하는 모든 것을 다 해줄 수 있을 정도의 부를 갖춘 부자 아빠에다 국내 명문 대학을 나오고 미국 유학 생활까지 한 사람이, 뭐가 부족하고 뭐가 그렇게 힘들어서 자살을 선택했는지 아이로서는 이해하기가 힘들었을 것이다. 그리고 당분간도 이해하기 힘들 것이다.

아이들은 모르지만 어른들은 다 아는 것

하지만 어른들은 다 안다. 사람들이 행복을 줄 수 있다고 믿는 모든 외적인 조건을 갖춘 것처럼 보이는 사람에게도, 죽음을 생각할 정도로 한계상황에 직면케 하는 고통이 있다는 것을. 그리고 이러한 고통은 일정한 시기만 지나면 끝나는 것이 아니라 인생의 각 시기마다 주어지는 고통의 분량이 있으며 이후의 고통이 그 이전의 고통보다 결코 작지 않다는 것을. 또 우리가 인생의 한 영역에서 말할 수 없는 고통과 싸운다고 해서 인생의 다른 영역에서 마땅히 당해야 할 고통이 면제되는 것이 아니라는 것을.

물론 인생에 고통만 있는 것은 아니다. 도무지 지나갈 것 같지 않은 고통도 끝이 있으며, 고통 가운데도 우리를 미소 짓게 하는 잔잔한 기쁨이 주어지기도 한다. 때로 하나의 고통과 또 하나의 고통 사이에 평화가 한동안 지속되기도 하고, 고통의 시간 동안 길러진 내공으로 인해 고통 가운데 숨겨진 축복의 비밀을 누리기도 한다. 그리고 때로 우리의 노력에 따른 결실의 기쁨, 또 때로는 우리 노력과 허물을 넘어선 은총의 열매가 주어지기도 한다. 하지만 이 모든 것이 공존함에도 불구하고 인생의 본질이 고(苦)임은 부인할 길이 없다.

겨우겨우 우째우째

40대에 접어들면서 부산했던 20대 후반과 30대를 돌아볼 여유가 약간 생겼다. 무엇보다 아이들이 조금 자라준 덕분에 생긴 여유가 아닌가 싶다.

20대 후반 결혼과 동시에 아내와 맞추어가는 버거움을 제대로 감당하지도 못하는 상황에서 첫아이가 태어났다. 그리고 2년 터울로 4명의 아이를 낳았으니 장모님으로부터 "너희는 지성인이라는 사람들이 왜 그러냐?"는 소리를 들을 만도 했다. 비록 아내가 첫아이 출산과 함께 전업주부로 헌신하긴 했지만 주변의 도움 없이 부부의 힘만으로 2년 터울의 4명의 아이를, 그것도 시골에서 방목하는 것이 아니라 도시에서 일일이 돌보며 키운다는 것은 두 사람을 소진시키기에 충분한 상황이었다. 거기다가 첫아이를 낳는 시점과 비슷한 시기에 발을 들여놓은 기독교사운동은 갈수록 확장되었고 점점 더 많은 분량의 고민과 헌신을 요구했다. 같은 시기, 교회에서의 헌신과 요구도 교회의 본질과 방향에 대한 고민과 맞물려 고통스럽게 진행되었다.

'겨우겨우 우째우째'라는, 그 시기 내가 썼던 글의 제목과 같이 정말 한 치의 여유 없이 이리 뛰고 저리 뛰고 여기 메우고 저기 메우며 살았다. 만성 수면 부족에 아플 여유도 없이 뛰어다녔음에도 아내와 아이들, 학교와 학생들, 교회, 좋은교사운동 각각에 대해서 다 충실하지 못한 죄인이었다.

고통보다 더 힘든 것, 권태

그렇게 정신없이 살 때도 가끔 생각했던 것이지만 이렇게 육체적으로 힘든 시기를 약간 넘긴 지금에 와서 많이 생각하는 것은, '왜 하나님은 20대 후반, 30대라는 그 좋은 젊음의 시기에 이렇게 정신없이 허덕이며 살게 하셨을까?' 하는 것이다. 완전히 정리된 생각은 아니지만 하나님께서는 그 혈기왕성하고 욕망이 강한 시기에 육체적으로 감당하기 힘든 일들과 바쁜 일정들 가운데 수고의 용광로에서 연단시킴으로써 그 시기를 무사히 지나가게 하신 것이 아닌가 하는 생각을 한다.

이러한 생각은 육체적으로 힘든 시기를 약간 넘겨 인생에서 어느 정도의 성취와 여유를 갖게 된 내 또래 친구들의 삶을 보면서 더 강해진다. "인생은 고통과 권태를 시계추처럼 왔다 갔다 한다"라고 했던 쇼펜하우어의 말처럼, 인생에 극심한 고통이 주어질 때 우리는 이 고통이 빨리 지나가기를 바라지만, 고통이 지나가고 나면 평안과 평화가 오는 것이 아니라 '권태'가 찾아온다. 그리고 이 권태의 시기는 강한 본능과 죄의 유혹을 동반한다.

특히 아이를 적게 낳고 빨리 키워 육아의 고통에서 비교적 일찍 벗어나고, 부모님으로 물려받은 유산이나 본인의 노력으로 일찍부터 사회경제적 안정을 누리고 있는 친구들의 경우, 다른 사람보다 더 빨리 찾아온 이 권태의 유혹을 너무 이기기 힘들어하는 것을 많이 본다. 거기다가 젊음의 혈기와 욕망이 많이 남아 있고 이를 실현할 수 있는 사회경제적인 재화가 넘쳐날 때, 여기에서 오는 온갖 죄악의 유혹과 우리가 상상할 수 있는 모든 타락의 길을 이겨내기란 여간 힘든 것이 아니다.

특히나 가치 상대주의와 개인의 사생활에 대해 간섭하지 않는 경향은 죄와 싸워 이기거나 자기를 쳐 복종시키는 내공을 쌓지 못한 현대인에게 큰 구실이 되어버린 상황이다. 가끔 매스컴에 보도되는 권력층과 상류층의 타락은 권태에 굴복당한 우리 시대의 자화상을 잘 드러내준다.

내 은혜가 네게 족하다

군대에 처음 들어가면 누구나 편한 보직을 원하지만, 그 편한 보직이 그에게 복이 아니라 재앙이 되는 경우가 대부분이다. 오히려 훈련에 작업에 내무반 생활에 정신을 차릴 수 없을 정도로 바쁜 생활이 군대에서의 2년이란 시간뿐 아니라 인생 전체에 매우 유익했다는 것이 군대 생활을 제대로 한 사람들이 다 고백하는 말이다.

하나님은 우리 인생의 각 시기마다 우리가 감당해야 할 숙제들을 다 주셨다. 물론 이 숙제들은 우리가 보기에는 우리 능력 이상으로 너무 벅차 보이고 나의 모든 밑천을 드러내고 젖 먹던 힘까지 소진하게 하는 것들이다. 하지만 이 벅차게 느껴지는 숙제가 우리의 본성과 체질을 가장 잘 아시는 주님이 적당한 분량으로 주신 것이라는 믿음이 필요하다. 이 정도의 숙제를 가지고 끙끙거리는 것이 우리의 죄악된 자아를 낮아지게 하며, 우리의 육체적 소욕을 떨쳐버리고 영원한 것에 대한 소망과 이웃의 고통을 이해할 수 있는 성숙으로 나아가게 할 것이라는 믿음 말이다.

참 평안은 어디에?

고통당하기를 원하는 사람은 없다. 누구나 지금 주어진 고통도 빨리 지나가길 원할 것이다. 하지만 고통을 피해 달아난 또 다른 곳에는 평화와 평안이 아닌 권태가 우리를 기다리고 있으며, 이 권태는 고통보다 훨씬 감당하기 어려운 적이라는 현실을 직면할 필요가 있다. 실제로 수많은 선배들이 고통의 상황이 아닌 권태의 상황에서 무너졌고, 지금도 우리의 동료들이 권태의 상황에서 죄와 본능의 나락으로 어이없이 떨어지고 있음을 직시해야 한다.

우리 영혼이 진정으로 원하는 참된 평화와 평안은 고통이 없는 상태가 아니라 내게 주어진 인생의 숙제와 이해할 수 없는 고통을 정직하게 붙들고 힘에 겨운 수고를 하는 가운데 주어진다. 이 힘겨운 수고 가운데 "내 은혜가 네게 족하다"는 하나님의 음성을 새기며, 자기에게 주어진 인생의 몫과 한계를 받아들이며, 하나님이 인생에게 요구하시는 '인내'의 분량을 채우고, 내가 죽고 그리스도가 사는 것이 내 정체성의 핵심이 될 때, 비로소 참 평화와 평안이 찾아오는 것이다.

그러므로 어떻게든 '네게 주어진 고통을 벗어버리고 본능과 쾌락을 따라 나아가라'는 세상의 유혹을 떨치고, 좀 어리석어 보이더라도 내게 주어진 고통과 숙제를 묵묵히 감당하는 가운데 그리스도의 길, 십자가의 길을 걸을 일이다. 그것이 참 지혜자의 길이다.

차라리 물릴 수만 있다면

1990년 8월, 군대를 제대하고 교직에 복직해야 하는데 마땅히 거처할 곳이 없었다. 마침 대학 시절에 같은 동아리에서 신앙생활을 했고 졸업 후 같은 동아리 간사로 섬길 준비를 하던 친구 한 명이, 방 3개가 딸린 전셋집을 구해서 후배들과 친구 후배들까지 함께 공동생활을 시작한다고 하기에, 당연하다는 듯 합류했다. 공동생활에 처음 합류한 사람이 8명, 그중 나를 포함한 4명은 또래 친구들이었고, 나머지 4명은 학부생이었다. 마침 우리 4명의 친구들은 교사, 간사, 대학원생, 유학 준비생 등으로 하는 일은 달랐지만 예비역들이었기에 군 경험을 바탕으로 공동생활의 규칙을 매우 엄격하게 짰다.

새벽기도회 참석은 권장 사항이었지만 아침 7시 30분 공동 식사, 저녁 11시 기도회 시간은 매우 엄격하게 지켰다. 하루에 한 명씩 당번을 정해 일찍 귀가하여 청소와 설거지, 세탁을 담당하도록 했다. 매사에 종교적 열정이 과했던 나는 이때도 부지런을 떨었다. 군 제대 후 얼마 되지 않은 때라 아직까지 남아 있던 군기의 힘에 의지하여 매일 새벽기도회에 참석, 혼자 믿음 좋은 척 통성기도를 해서 조용히 기도하는 사람들의 기도를 방해하는 것으로 하루를 시작해, 집에 와서는 아침 식사를 준비하고, 밤늦게까지 공부하느라 도무지 일어나지 못하는 후배들을 잔인하게 깨웠다. 그리고 학교에서 근무할 때는 주변 아줌마 교사들이 나누는 저녁 반찬거리 대화에 부지런히 참여하기도 하고 식당 아주머니의 비법을 전수받기도 해 퇴근길에 장을 봐서 밑반찬이나 찌개를 만드는 등 주부 역할을 충실히 했다. 당연히 이런 반찬이 동료들과 후배들의 입맛에 맞을 리 없었건만 나는 환경보호를 명분으로 그 반찬을 다 먹도록 조치를 취해 원망을 듣기도 했다. 하여간 나는 좀 과한 면이 있었지만 나를 제외한 3명의 친구들이 자기 역할뿐 아니라 공동생활의 구석구석을 잘 섬기고 채워주었기에 그 생활이 어느 정도 잘 유지되었다.

차라리 물릴 수 있다면

　그런데 이런 우리의 공동생활에 위기가 오기 시작했다. 나를 포함해서 공동생활을 이끌던 친구 4명이 앞서거니 뒤서거니 하면서 연애를 시작한 것이었다. 나를 포함한 4명의 친구들이 연애를 하면서 나타난 처음 현상은 귀가가 늦어지기 시작한 것이었다. 단지 귀가만 늦어진 것이 아니라 귀가한 후에도 전화기를 붙들고 늘어졌는데 한두 시간은 기본이었다. 이러다 보니 밤 11시 공동 기도회가 타격을 입기 시작했고, 또 밤늦은 귀가와 전화 통화로 인해 자신들뿐 아니라 후배들 수면에도 방해가 되었고, 자연스럽게 아침 공동 식사 규칙도 깨어지기 일쑤였다. 무엇보다 우리의 연애가 후배들에게 본이 되지 못한 것은, 우리의 연애 생활이 밝고 생동감 넘치는 것이 아니라 심각하고 침체된 모습으로 나타난다는 것이었다. 이는 분명 우리가 전에 생각하던, 그리스도인의 이성 교제에 대한 이상적인 모습은 아니었다.

　서로의 연애 스케줄로 인해 우리끼리도 얼굴 맞대기가 쉽지 않은 생활을 하던 어느 날, 우연히 4명이 다 집에 일찍 들어와 한자리에 앉게 되었다.

　"야! 좀 어떠냐?"

　"야! 차라리 물릴 수 있으면 물렸으면 좋겠다!"

　넷 다 경상도 출신인지라 복잡하게 여러 말 하지 않더라도 이 한마디 대화로 서로의 상황과 마음을 다 알아버렸고, 우리는 그때 굉장히 큰 위로를 받았다.

　물론 우리 가운데 그 누구도 성적으로 넘지 말아야 할 선을 넘은 사람은 없었고, 이후 그때 교제하던 자매와 헤어진 사람 또한 한 명도 없이 다 결혼했다. 다만 그때의 대화는, 사랑의 감정을 넘어서서 서로를 이해하고 받아들이는 과정에서 오는 힘듦과 혼란, 그리고 이러한 것을 견뎌내는 과정에서 오는 에너지의 소진 상태를 표현한 말임을 서로는 잘 알고 있었다. 꿈에 그리던 연애의 과정에 들어섰건만 자신의 상상과는 전혀 다르게 전개되는 현실의 연애를 받아들이고, 이 가운데에서 자기를 깨고 성숙해가야 하는 의지적 결단의 요구 앞에서, 힘들긴 했지만 그래도 다들 잘 적응했다. 그래서 비록 그 사실을 잘 모르는 후배들이 보기에는 '믿음 좋다는 선배들이 왜 저렇게 연애를 하나' 하는 의문과 실망을 안겨주는 상황이었지만, 그래도 우리는 예전에 우리가 섣불리 판단했던 선배들의 상황을 이해해가면서, 큰 의미에서 인생의 정도를 걸어가고 있는 우리 모습에 감사했다.

그래 애쓴다

그 후 1년여의 연애 기간을 거치면서 우리는 역시 앞서거니 뒤서거니 하면서 결혼했고, 자연스럽게 우리의 공동생활도 끝이 났다. 물론 이 공동생활의 끝은 우리 각자에게 '어린아이' 생활의 마무리이자 '어른'으로서의 새 출발이었다. 그리고 이때 공동생활의 경험과 연애 생활의 경험은 이후 이어진 가정생활과 사회생활에 매우 소중한 자산과 훈련이 되었다.

돌아보면 그때 공동생활을 했던 4명의 친구들은 물론이고 한참 후배들도 지금은 다 결혼해서 남편 노릇하고 아버지 노릇하면서 가정을 꾸리고 있고, 사회와 교회 가운데서도 그 나름의 역할을 충실히 감당하고 있다. 그토록 무뚝뚝하던 경상도 '싸나이'도 자기 아내한테는 고분고분하게 사랑을 표현하면서 살고, 아무도 가르쳐주지 않아도 결혼하면 자기 처자식 먹여 살리는 책임을 져야 하는 줄 알고 그 책임감으로 힘든 사회생활을 감당하는 것을 보면, 용하다는 생각이 들기도 한다. "너 같은 놈이 목사 한다 하면 어떡하느냐?"는 우리의 구박에도 불구하고 신대원에 진학한 후배는 교인들의 사랑을 듬뿍 받아가며 목사'님' 노릇을 잘하고 있으니 역시 대견하다.

우리의 현실의 힘이 워낙 커서 대학 시절의 이상을 그대로 실현하고 사는 사람은 없지만, 그래도 그런 가운데서 자기에게 주어진 삶과 믿음의 분량을 감당하기 위해 몸부림치는 친구들과 선후배들을 보면, 그 부족함을 지적하기보다는 '수고한다'고 '애쓴다'고 꼭 안아주고 싶다.

현실을 살아낸다는 것

요즘은 워낙 세상이 발달해서 '결혼예비학교', '아버지학교'를 비롯해 각종 예비 학교 프로그램이 발달해 있고 이런 것이 도움이 되긴 하지만, 그래도 우리가 걸어가야 할 인생의 여러 여정은 '낯선 길'이다. 이전의 삶의 경험이 도움이 되긴 하지만 또 상당히 많은 부분은 완전히 새롭게 배우고 새롭게 익히면서 가야 하는 길이다. 그래서 많은 사람들이 이전의 경험이나 관록으로 가다가 돌에 걸려 넘어지기도 하고, 또 새로운 모험에 자신을 던지기가 두려워 그 입구에서 너무 오래 머뭇거리기도 한다. 그러다가 자신이 다른 사람의 걸림돌이 되기도 한다.

결국 우리는 하나님의 손을 붙잡고 내게 주어진 길로 용감히 들어서야 하고, 그 길에서 주어진 있는 그대로의 현실을 살아내는 훈련을 해야 한다. 물론 이 현실을 정직하게 살아내는 일은 이상적이거나 이른바 '뽀대'가 나지도 않는다. 오히려 이 일은 실망·분노·상처를 통한 이해의 과정이고, 청소·빨래·설거지로 이어지는 수고의 과정이고, 관행·부정·'우리끼리'와의 싸움의 과정이고, 개선·개혁·시도의 고민 과정이고, 결국 자기를 부정하고 기도로 그분의 뜻에 자기를 굴복시켜가는 복종의 과정이다. 물론 영광이 있지만 이 영광은 쉼 없는 수고의 땀 냄새와 끊임없는 싸움의 상처와 뒤섞여 있기에 잘 표시가 나지 않는다.

그리고 중요한 것은 아직도 우리의 길이 끝나지 않았다는 것이다. 우리 앞에 있는 이 길은 지금까지 우리가 지나왔던 그 모든 낯선 길처럼 우리가 지금까지 경험해보지 못한 또 다른 낯선 길이다. 그러기에 긴장을 놓지 말고 지금까지 나를 인도해 오신 그분의 손을 더욱 꽉 잡을 일이다. 동시에 같은 시대 비슷한 길을 가고 있는 친구들과 이심전심의 미소를 주고받을 일이다.

인간의 굴레

"병오야! 나는 이제 여자에 대해 어느 정도 알 것 같아. 이제 사랑하는 사람 만나면 정말로 그 사람 행복하게 해주면서 잘살 것 같아!"

친구들 가운데 제일 늦게 장가갈 것이라고 평가받던 연애 숙맥인 내가 상당히 빠른 순서로 장가를 간 것이 의외였다면, 자매들 사이에서 상당히 인기를 누리고 있었고 연애 경험도 몇 차례 있으면서도 장가가 늦어져 친구들에게 또 하나의 의외로 받아들여졌던 한 친구가 했던 이야기다.

그 친구의 이야기를 들으면서 한편으로는 상당 부분 동의했다. 당시 나는 결혼 생활 경험이 오래지 않을 때였지만, 나처럼 상대방의 마음과 감정을 읽는 데 무딘 사람이 배우자에게 얼마나 많은 상처와 절망을 주는가를 절감하고 있었다. 그런 나로서는 그 친구가 갖고 있는 사람에 대한 애정과 섬세함, 따뜻함 그리고 여자에 대한 실제적인 이해가, 결혼 생활에 얼마나 큰 도움이 되고 배우자를 얼마나 행복하게 해줄 것인지 충분히 느낄 수 있었다.

그래서 인생이 어렵다

하지만 다른 한편에서는 그 친구가 인생을 너무 낙관적으로 생각하고 있는 것은 아닌가 하는 우려가 들기도 했다. 물론 우리가 최선의 선의로 다른 사람을 대하면 그 사람도 선의로 반응할 확률이 높고, 그 가운데 행복이 피어날 확률이 높긴 하지만 반드시 그런 것만은 아니다. 인생은 늘 상대적이고 우리의 욕심은 끝이 없기 때문에 상대방이 아무리 최선의 선의로 나를 대하더라도 그것은 당연한 것으로 생각하고, 또 그 사람의 부족함이나 약점을 찾아내려 하고, 그 작은 부족함과 약점이 나에게는 전부로 다가와 불행을 느끼기도 한다. 또한 내가 아무리 최선을 다한다고 해도 나에게는 나도 모르는 약점이 숨어 있기 마련이다. 그리고 보통 일반적인 관계에서는 잘 드러나지 않던 그 약점이 유독 사랑하는 한 사람에게는 매우 선명하게 돌출되어 강한 흉기로 변하기도 한다. 그래서 결혼 생활이 어렵고 인생이 어렵다.

살아갈수록 느끼는 것은 인생은 단지 최선을 다하는 것만으로 해결되지 않는 부분이 너무 많다는 것이다. 누가 인생을 잘살고 싶지 않겠는가? 누가 다른 사람들로부터 충분히 사랑받고 또 사랑하면서 살고 싶지 않겠는가? 그런데 인생은 태어날 때부터 이미 한계 속에서 태어난다. 우리의 부모와 가정은 한편으로는 우리의 성장의 보금자리이지만 다른 한편에서는 우리 인생의 한계이기도 하다. 자라면서 우리에게 다가오는 인생의 많은 행불행의 대부분은 우리가 선택할 수 있는 상황이 아니다. 우리는 우리에게 주어지는 환경 가운데 자라게 되고, 그 환경의 많은 부분이 자신을 형성하게 된다. 물론 우리는 이러한 주어진 환경과 여러 모양으로 반응하면서 자신을 주체적으로 형성해가지만, 자신이 원하는 대로 다 되지 않는 것은 분명하다.

뒤틀린 자아

이런 이유로 모든 사람의 자아는 그 정도와 형태의 차이는 있지만 약간씩 뒤틀려 있다. 그래서 다른 사람과 관계를 맺을 때 전혀 중요하지 않은 부분에서 엉뚱한 고집을 부리게 되고 괜한 심술을 부리게 된다. 그냥 쉽게 들어주면 되는 일도 이상한 명분을 내세워 끝까지 들어주지 않아 상대방을 애태우게 한다. 이미 주어진 것에서 감사의 요소를 찾지 않고 불평과 원망의 요소를 찾는 것도 이 뒤틀린 자아가 하는 역할이다. 아무리 완벽하고 순수한 사랑이라 할지라도 인간의 사랑은 약점을 갖게 마련인지라 이처럼 뒤틀린 자아를 온전히 만족시켜줄 수가 없다.

이러한 뒤틀린 자아는 보통 성장 과정 어디에선가의 결핍과 연관된 경우가 많기 때문에, 이 자신의 결핍을 채워줄 것처럼 보이는 사람을 간절히 찾는다. 하지만 상대방은 내가 가지지 못한 부분을 가지고 있긴 하지만 그 역시 또 다른 결핍이 있는 뒤틀린 자아를 가진 사람이기 때문에, 나의 결핍을 온전히 채워줄 수가 없다. 우리는 이 부분에서 서로에 대해 실망한다. 나의 결핍을 충분히 채워줄 것 같은 사람이 일부러 그렇게 하지 않는 것에 대해 배신감을 느끼기도 한다. 그리고 여기에 대한 과도한 집착은 상대방을 나로부터 멀어지게 하는 악순환으로 이어지기도 한다.

싸움의 법칙

이런 의미에서 인생은 자신과 자기 주변 사람들 속에 있는 뒤틀린 자아와의 싸움이기도 하다. 죄로 인해 왜곡된 이 인간 본성의 굴레에 대해 얼마나 잘 이해하고 이를 깊은 사랑으로 녹여낼 수 있느냐에 따라 인생의 질이 달라진다고도 할 수 있다.

이러한 싸움은 우선 인간이란 존재가 단지 잘해주거나 사랑해주면 좋은 반응을 보이는 그런 단순한 존재가 아니라, 매우 복잡하고 독특하면서도 동시에 온갖 의심과 결핍과 욕망들이 혼재된 존재라는 사실을 인식하는 것이 중요하다. 그리고 상대방을 향한 나의 사랑과 친절이라는 것도 지극히 나 중심적이며 나의 뒤틀리고 이기적인 본성을 통해 나온 것이기에, 그 자체로 허점투성이일 뿐 아니라 상대방의 필요와 잘 들어맞기가 너무 힘들다는 사실도 인정해야 한다. 즉 하나님의 강력한 은혜가 나와 상대방의 본성을 강하게 붙들고 서로의 관계 속에서 일어나는 상호작용 가운데 역사하지 않으면, 관계 속에서 선이 일어날 수가 없다는 것을 알고, 끊임없이 하나님을 의지하는 마음을 가져야 한다.

서로의 연약함을 알진대 상대방의 연약함이나 죄성을 건드리거나 자극하지 않도록, 상대방을 극한 상황으로 몰아가지 않도록 유의해야 한다. 그리고 상대방의 본성 가운데 뒤틀린 부분을 지적할 때도, 상대방도 고치고 싶지만 어쩔 수 없는 그 부분을 충분히 공감하는 가운데, 그렇지만 그 뒤틀림이 다른 사람들에게 얼마나 큰 아픔이 되는지를 애정을 가지고 이야기할 수 있어야 한다. 무엇보다 사람이 참 변하기 어렵다는 사실과 인간이 참 연약하다는 사실 앞에 겸손히 무릎 꿇고 하나님이 그 사람의 그 부분을 만져주시길 기도하는 것이 더 우선되어야 한다.

반면 상대방과의 관계 속에서 발견되는 자신의 약점과 뒤틀린 본성에 대해서는 어쩔 수 없다고 말하지 말고 자신을 바꾸는 용기를 끊임없이 발휘해야 한다. 물론 이렇게 노력한다고 해서 쉽게 바뀌지 않는 것은 분명하지만, 나의 연약함과 뒤틀림으로 인해 상대방이 그렇게 힘들어하는 것을 보고도 자신을 바꾸려는 노력을 하지 않는 것은, 지극히 이기적인 자세이자 하나님을 믿지 않는 불신의 태도일 뿐이다. 나의 뒤틀림으로 인한 상대방의 신음 소리는 나의 이 뒤틀림을 만지시고 고치시겠다는 하나님의 약속의 소리이기 때문이다.

희망의 근거

이러한 자신과 주변 사람들의 자아 깊숙이에 있는 뒤틀린 본성과의 싸움은 제대로 해내기가 쉽지 않고 더군다나 이기기는 더욱 쉽지 않아서, 많은 사람들이 나자빠지거나 혹은 적당히 포기한 채로 살아간다. 하지만 감사한 것은, 또 다른 많은 사람들은 힘들긴 하지만 그래도 이 가운데서 하나님을 의지하는 법을 배우고 자신과 상대방이 함께 성장하는 기쁨을 누리고 있다는 것이다.

이런 의미에서 10년 혹은 20년을 함께 살면서 서로의 연약함과 뒤틀림으로 인해 많이 싸우고 많이 힘들어했지만, 그 가운데서 서로의 연약함을 수용하는 법과 인간에 대한 따뜻한 애정을 키워가고, 하나님 앞에서 모난 자아를 연단해 온 중년 부부들의 모습이 참 아름답게 다가온다. 서로를 너무 좋아해 안달이 난 처녀 총각들의 연애와는 비교할 수 없이 아름답다. 그리고 거기서 인간의 굴레를 벗을 수 있는 희망의 근거를 발견한다.

1989년 12월, 서초동에서 부르던 곡

인생길 험하고 마음 지쳐

1989년 12월 24일, 군복무 중이던 나는 두 번째 정기 휴가를 받았다. 그리고 그날 저녁 친구들과 함께 경제정의실천시민연합(이하 경실련) 산하 기독교청년협의회(이하 기청협)가 주최한 '도시 빈민과 함께 하는 성탄 예배'에 참석하기 위해 서초동 꽃마을로 달려갔다.

1989년, 88올림픽 이후 치솟기 시작한 집값으로 인해 많은 서민들이 하루가 멀다 하고 목숨을 끊는 일이 벌어졌을 때, 이 문제를 해결하기 위해 창립된 경실련은 실제 서민들의 삶과 밀접한 문제를 가지고 활동하는 합법적이고 온건한 방식의 시민운동의 효시였다. 그래서 당시 비슷한 문제의식을 가지고 있던 젊은 기독교인들이 매우 적극적으로 참가했고, 이들이 중심이 되어 기청협을 만들어 기독교적인 사회운동을 매우 활발히 펼쳤다. 군대에 있으면서 이러한 경실련의 출범에 매우 큰 희망을 발견했던 나는 기청협의 '도시 빈민과 함께 하는 성탄 예배' 같은 것이 기독교 사회운동이 나아가야 할 지향점이라고 생각했고, 일부러 휴가 날짜를 맞추어 그 현장에 있고자 했다.

주변에 경찰이 쫙 깔린 상황에서 빈민촌 철거 현장에 2,000여 명의 철거민들과 학생, 시민 단체 관계자들이 모인 가운데 예배가 시작되었다. 첫 찬양 "인생길 험하고 마음 지쳐 살아갈 용기 없어질 때…… 평생의 모든 꿈 허물어져 세상의 친구 다 떠날 때……"를 부르는데 나도 모르게 눈물이 흘렀다. 평생의 삶의 터전을 도시 개발로 인해 빼앗긴 철거민들의 절망과 하늘 높은 줄 모르고 뛰어오르는 집값으로 인해 낙망해 목숨을 끊어버린 가장들의 슬픔이 가슴 깊숙이 밀려들어왔기 때문이다. 그리고 복음은 정말이지 이토록 험한 인생길을 걷고 있는, 평생의 모든 꿈이 허물어진 이 사람들의 삶에 대한 총체적인 해답, 즉 이 찬양 후렴 가사 "너 홀로 앉아서 탄식치 말고 예수님 품으로 나오시오. 예수님은 나의 생명 믿음 소망 사랑되시니 십자가 보혈 자비의 손길로 상처 입은 너를 고치시리"라는 고백이 삶의 모든 영역에서 실현되게 하는 것임을 가슴 깊이 새겼다.

어두운 후에 빛이 오고

하지만 인생길의 험함 앞에서 낙망하고 지친 마음으로 살아갈 용기를 잃는 문제는 단지 철거민이나 집값으로 인해 절망하는 사람들만의 문제는 아니다. 철거민이나 집값 앞에서 절망한 사람들과 같은 최소한의 의식주 문제로 인한 절대적인 고통과 절망 속에 있는 사람들이 있고 그들을 위한 긴급 지원과 그 문제들에 대한 해결을 위한 노력이 절실한 것은 사실이다. 하지만 이러한 문제를 벗어난 사람들에게도 상대적이긴 하지만 본인에게는 매우 절실한 인생길의 험함과 낙망으로 인한 고통이 존재한다. 당장 그 자리에서 철거와 집값 문제로 인해 고통 받는 사람들의 아픔을 공감하며 서 있던 나도 군대에서 당하는 육체적, 정신적 억눌림과 긴장 가운데 힘든 시간을 보내고 있었다. 어떤 의미에서 내가 군대에서 당하는 고통이 컸기에 직접 경험하지는 못했지만 철거민이나 집값으로 인해 낙망한 사람들의 마음에 더 공감했는지도 모른다.

이렇게 나그네 인생길에서 주어지는 고통은 각 사람이 처한 처지에 따라 다른 모양으로 주어질 뿐 그 본질에서 그 강도에서 비슷하게 주어진다. 그러기에 다음 찬양이 사람들 사이에 즐겨 불리는지도 모르겠다. 흔히 군인들의 주제가라고 불리는 이 노래는 나도 군 생활 가운데 수없이 되뇌며 불렀고, 지금도 내 힘으로 감당하기 힘든 어려움들과 근심이 밀려올 때 자주 부른다. 그리고 이 노래를 통해 큰 위로와 소망을 발견한다.

"어두운 후에 빛이 오며, 바람 분 후에 잔잔하고, 소나기 후에 햇빛 나며, 수고한 후에 쉼이 있네. 연약한 후에 강건하며, 애통한 후에 위로 받고, 눈물 난 후에 웃음 있고…… 괴로운 후에 평안하며…… 이러한 도는 진리로다."

진리의 또 다른 면

가사의 마지막에서 말하고 있듯이, 이 노래의 내용은 우리가 인생살이에서 날마다 경험하는 진리다. 하지만 이것은 종말론적인 관점에서만 완전한 진리고, 반복되는 우리의 일상 가운데서는 반쪽짜리 진리인지도 모른다. 이 땅에 발을 붙이고 호흡하며 살아가는 우리의 인생 전체를 어둠과 수고, 연약과 애통, 눈물과 괴로움으로 정의할 때 빛과 쉼, 강건과 위로, 웃음과 평안의 나라인 하나님 나라의 완성이 반드시 임할 것이라는 의미에서는 완전한 진리고 우리의 유일한 소망이기도 하다. 하지만 일상의 삶 가운데는 어두운 후에 빛이 오고 수고 후에 쉼이 오고 애통 후에 위로가 있지만, 이 빛 후에 다시 어둠이 오고, 쉼 후에 다시 수고가 있으며, 위로 후에 다시 애통이 오는 것 역시 부인할 수 없는 현실이고 또 하나의 진리다. 오히려 빛과 쉼, 강건과 위로, 웃음과 평안은 쉬 지나가고 어둠과 수고, 연약과 애통, 눈물과 괴로움은 속히 오고, 오래 머물며, 우리의 삶을 흔들어놓기에 이것들이 인생의 더 근원적인 본질로 느껴지기도 한다. 그리고 이것은 어느 정도 사실일 것이다.

빛과 어둠, 쉼과 수고, 강건과 연약, 위로와 애통, 웃음과 눈물, 평안과 괴로움이 끊임없이 반복되는 것이 호흡을 유지하고 살아가는 우리 인생의 실존이고, 하나님이 자신의 백성을 연단시키시는 훈련의 본질일진대, 우리는 이 사실을 받아들이고 이 바꿀 수 없는 삶의 법칙 가운데서 하나님의 백성으로 살아가는 법을 배워야 한다. 그래서 인생의 일들이 잘 풀려나가고 기쁨과 평안이 넘쳐날 때 이것을 감사함으로 누리되, 이 가운데서도 교만하지 않고 감사하며 나누고, 위로하며 격려하는 자로서의 삶의 자세를 훈련해가야 한다. 그리고 인생에 고난이 찾아오고 실패와 좌절이 반복되고 도무지 회복될 길이 보이지 않고 사람들의 조롱거리가 될 때에도, 완전히 절망하거나 원망의 삶으로 빠지지 않고 하나님을 의뢰함으로 인내함을 배우고 그리스도인으로서의 기본 품위를 지키려는 노력을 해야 한다.

물론 이 두 가지 다 어렵다. 우리는 기쁨과 형통함 가운데서도 넘어지고 고통과 좌절 가운데서도 넘어진다. 그래서 우리는 기쁨과 형통함의 상황, 고통과 좌절의 상황 가운데 어떤 상황이 나에게 더 좋고 적절한 상황인지 판단하기가 쉽지 않고, 나아가 이 두 상황 가운데서 어떤 상황을 달라고 기도해야 할지 판단하기도 쉽지 않다. 우리는 다만 풍부에 처하든 가난에 처하든 자족하기를 배우며, 오직 내게 능력 주시는 자 안에서만 이 모든 것을 감당할 수 있음을 고백하며 살 뿐이다.

진리 위에 닻을 내리고

무엇보다 우리는 일상의 삶 가운데서 빛과 어둠, 쉼과 수고, 강건과 연약, 위로와 애통, 웃음과 눈물, 평안과 괴로움을 시계추처럼 반복해서 경험하는 불완전한 진리, 청동거울로 보는 듯한 희미한 세계를 넘어서서, 인생의 모든 괴로움과 수고를 다 그치고 아버지 품에서 영원히 안식할 날이 속히 오고 반드시 오리라는 그 완전한 진리를 손으로 만지고 몸으로 체험하는 연습을 날마다 해야 한다. 이 완전한 진리 위에 인생의 닻을 내리고 날마다 묵상을 통해 이 진리를 내 삶의 자양분으로 넉넉히 간직할 때만이 일상 가운데 평안과 괴로움이 반복되는 이 반쪽짜리 불완전한 진리가 반쪽짜리 역할만이라도 제대로 하게 된다. 그러지 않고 이 완전한 진리가 희미한 가운데 반쪽짜리 불완전한 진리에만 집착할 때는 이 불완전한 진리는 냉소와 회의의 근거로 작용할 뿐이다.

그러므로 우리는 이 땅에서 주어진 소명과 사랑하는 사람들의 기쁨을 위해 힘쓰고 애쓰는 삶을 살아야 하지만, 사도 바울의 고백처럼 할 수 있는 한 육체의 장막을 벗어버리고 주와 함께 영원히 거할 날을 사모하는 믿음을 가져야 한다. 이 죽음과 종말에 대한 분명한 믿음 가운데 거하는 것이야말로 이 땅에서 경험하는 모든 인생의 희로애락을 제대로 살아내는 길이기 때문이다.

군대 생활의 3락(樂)

올 3월, 2년간의 휴직을 접고 학교에 복직을 할 때 여러모로 걱정이 많았다. 휴직해 있으면서 내가 감당했던 『좋은교사』 편집 일 가운데 상당 부분은 후임자에게 물려주었으나 전체적인 기획과 책임은 여전히 안고 있었고, 동시에 상임 총무로서 좋은교사운동 전반과 중요 교육 정책의 흐름을 꿰고 있어야 했으며, 때로 긴급한 결정에 참여해야 했기 때문이다. 여기다가 가정과 교회에서 주어지는 일은 기본 전제가 되어 있었기에, 내게 주어지는 한 해의 삶을 제대로 감당하기는 애초 불가능해 보였고, 다만 '아프지 않기'를 기도하며 한 해를 시작했다.

나는 걷는다

실제로 3월, 물밀 듯 밀려오는 담임 업무와 두 학년에 걸친 수업 준비를 하면서 좋은교사운동의 일을 감당하려니 정말 정신이 하나도 없었다. 그렇다고 가정방문이나 모둠일기 쓰기를 안 할 수도 없고, 수업을 대충 할 수도 없고…… 하지만 이러한 힘겨운 생활에도 불구하고 부족하나마 1년 동안 내게 주어진 일들을 그럭저럭 감당할 수 있었던 것은 하나님이 나에게 주신 특별한 '선물'이 있었기 때문이다.

그것은 다름 아닌 '출퇴근길의 걷기'였다. 물론 이 길은 공기 좋고 산새들과 벗할 수 있는 멋진 오솔길이 아니다. 서울 시내에서도 가장 공기가 좋지 않기로 소문난 영등포 도로변이다. 그래서 아내는 오히려 호흡기에 좋지 않다고 걷는 것을 만류하기도 하지만 이러한 모든 약점을 능가하는 잔잔한 기쁨을 발견했기에 날씨에 관계없이 매일 걷고 있다.

당산동 집에서 문래동 오목교 입구에 위치한 학교까지 빠른 걸음으로 걸으면 35분 내지 40분 정도. 출퇴근길 합하여 하루에 1시간 10분에서 20분 정도 걷는 이 시간은 아무도 침범하지 못하는 혼자만의 시간이다. 학교에서든 모임에서든 가정에서든 늘 여러 사람과 부대끼며 생활하는 나에게는 이렇게 혼자만의 시간을 확보한다는 것이 결코 쉬운 일이 아니다. 그래서 이 시간 동안 읽었던 말씀을 묵상하기도 하고, 그날그날의 기도 제목을 가지고 기도도 하고, 때로 찬양이 입술에 떠오르면 그날은 작은 부흥회가 된다. 수업 구상이나 잡지 기획, 원고 구상, 그리고 복잡한 생각의 정리도 이 시간에 하면 웬지 집중이 잘된다. 나 혼자가 아닌 주님과 함께 걷는다는 것을 실감하는 시간이다. 그렇게 걷다 보면 40분이 금방 다 지나고 때로 좀 더 걷고 싶어지기도 한다.

그러다 보니 지난 2년 휴직 기간 동안 사무실에서 컴퓨터와 씨름하느라고 불룩 나온 뱃살도 좀 들어가고, 지난 교내 단축마라톤에서 만날 공만 차는 아이들과 함께 거뜬히 완주할 정도의 체력도 붙었다. 때로 고등학생이나 대학생이 되어버린 제자들을 만나기도 하는데, 이상하게 언젠가 한 번은 만날 것 같은 아이들을 올해 출퇴근길에서 많이 만났다. 이러한 것들은 하나님이 주신 위로의 떡덩이에 묻은 떡고물 같은 것이라고 해야 할까?

누구도 건드릴 수 없다

돌아보면 인생살이에서 아무리 어렵고 힘든 시간들이라 하더라도 그 가운데 주께서 부으시는 위로와 여백이 늘 있었던 것 같다. 살아오면서 가장 힘들었던 시간 중 한 부분으로 기억되는 군대 생활, 사실 제대 후 15년이 지났지만 지금도 그렇게 유쾌하게 생각이 되지 않는 그 시간들 가운데도 나름의 기쁨이 있었다.

주위를 아무리 둘러보아도 첩첩산중이고, 아침에 일어나면 기분 나쁜 까마귀 소리만 들리던 강원도 화천 민통선 안쪽의 사단 훈련소. 인간으로서의 모든 존엄성이 다 사라진 채 오직 훈련병 번호로만 지칭되고, 사적인 시간이나 공간이 전혀 허용되지 않던 훈련병 시절, 하지만 그때도 고된 훈련 사이사이에 주어지는 10분 휴식 시간과 이삼일에 한 번 돌아오는 야간 불침번 시간은 그 누구도 건드릴 수 없는 나만의 시간이었다. 훈련과 훈련 사이에 주어지는 10분 휴식 시간에는 호주머니에 들어 있던 손바닥보다 작은 포켓용 성경을 정신없이 읽었고, 천근만근 피로한 육체의 피로를 딛고 한밤중에 서는 불침번 시간은 주님께 내 모든 것을 쏟아놓는 기도의 시간이었다. 6주간의 훈련병 생활이 끝날 즈음 나는 그해 한 해를 시작하면서 '말씀과 기도에 온전히 집중을 하고 싶다'는 기도 제목을 내놓았던 것을 기억했다. 돌아보면 제일 간절히 말씀과 기도에 집중했던 시간이었다.

별빛 속을 걸으며

같은 사단 내 한 연대 본부에서 보낸 자대 생활, 업무나 내무생활 어느 하나 쉽지 않았지만 조금 더 눈을 크게 뜨고 하나님이 숨겨놓으신 보물을 찾아보니 어김없이 그곳에도 하나님의 위로가 숨겨져 있었다. 그것을 나는 '군대 생활의 3락(三樂)'이라고 이름 붙였다. 첫 번째 낙은 아침에 일어나 연병장으로 나갈 때 코끝에 다가오는 맑은 공기였다. 두 번째 낙은 하루의 일과를 마치고 냇가에서 목욕할 때의 그 시원함(물론 여름에만 해당되지만)이었다. 그리고 마지막 세 번째 낙은 한밤중 근무를 설 때 밤하늘에 반짝이는 수많은 별들을 헤아리는 기쁨이었다. 나는 그 별들을 볼 때마다 하나님의 약속을 온전히 신뢰하지 못하고 두려워 떨던 아브라함의 손을 붙잡고 "저 하늘의 별을 다 헤아려보아라. 네 자손이 저와 같을 것이다"라고 말씀하시며 다정하게 위로하셨던 하나님을 떠올렸다. 그리고 마치 내가 아브라함이 된 듯 내게 주셨던 하나님의 약속을 떠올리며 기쁨에 충만하곤 했다. 이러한 낙을 누리는 시간은 하루 중 지극히 짧은 시간이었지만 이러한 낙이 있었기에 힘든 군대 생활을 넉넉히 이길 수 있었다.

이 기쁨이 어찌나 컸던지 야간 근무에서 열외가 되었던 제대 6개월 전부터는 자발적으로 새벽 4시에 일어났다. 그래서 6시 기상 시간까지 두 시간 동안 부대 뒷동산으로 올라갔다. 처음에는 별을 보며 하나님과 이야기를 나누고 있었는데, 조금 지나니 온갖 종류의 새소리들이 들리기 시작했다. 마치 그 청아한 주의 음성이 들리듯 말이다. 그리고 조금 더 지나니 새벽안개가 걷히며 여명이 밝아오는 것을 보면서, 새벽 미명에 기도하시던 주님의 기도에 동참하지 않을 수 없었다.

보물찾기는 재미있다

어찌 이뿐이겠는가? 돌아보면 인생의 고비 고비 어느 하나 쉬운 때는 없었지만 하나님은 그 고비마다 어려움을 넉넉히 이길 수 있는 보물을 숨겨놓지 않은 적이 한 번도 없었다. 다만 내가 현재 처해 있는 고통의 무게에 눌려 그 고통만 보느라고 그 바로 옆에 숨겨놓은 하나님의 위로를 볼 여유를 갖지 못해 더디 발견할 때가 있긴 했지만 말이다.

주위를 돌아보아도 상대적으로 편한 환경에서 불평하며 살아가는 사람이 있고, '저렇게 힘든 상황 가운데서 어떻게 살까'라는 생각이 들 정도로 어려운 환경에서 그리스도인의 품위를 잃지 않고 그 어려움을 넉넉히 견디며 살아가는 사람이 있다. 이러한 차이는 우리 하나님은 공평한 분이며, 이 하나님의 공평함은 고통과 어려움 가운데도 미세하고 잔잔한 위로를 살짝 숨겨놓는 여유를 가진 분임을 믿는 믿음의 차이에서 오는 것이리라.

보물은 의외로 가까운 곳에 있고, '설마 저기는 없겠지'라고 생각되는 곳에 숨겨져 있다. 재치와 유머가 넘치고 때로 장난도 잘 치시는 우리 아버지의 숨겨놓은 보물을 찾으며 가는 여행길은 참 재미가 있다.

제4부 내 기도하는 이 시간

어, 기도가 되네?

"선배, 대학 졸업한 후 직장 생활하고, 결혼해서 아내와 맞추어가고, 아이 낳아 기르는 일이 정말 이렇게 힘들 줄 몰랐어. 선배! 내가 보기에 선배는 그래도 대학 시절 했던 결심들을 삶 가운데서 부여잡고 어느 정도 열매를 맺으며 살아가고 있는 것 같은데, 그 비결이 뭐죠?"

"야! 말 마라. 네가 나의 겉으로 드러나는 모습만 보고 실제 내 삶을 보지 못해서 그렇지, 나도 늘 내 문제 하나 해결하지 못해 허덕이며 산다. 그럼에도 불구하고 너나 다른 후배들 눈에 껍데기에 불과하지만 그래도 대학 시절에 했던 결심들을 삶 가운데서 어느 정도 이루며 살아가는 모습으로 비치는 부분이 있다면 그것은 다름 아닌 '기도'가 그 비결일 것 같다."

어! 기도가 되네

대학 시절 선교 단체 활동을 하면서 우리는 선교 단체에서 받는 훈련과 대학 졸업 후의 삶을 군대의 신병 훈련소와 자대 생활에 비유하곤 했다. 이는 지금 생각해도 적절한 비유라는 생각이 든다. 실제로 나에게 대학의 선교 단체는 그리스도의 군사 된 기본 소양을 갖추기에 부족함이 없는 너무도 훌륭한 신병 훈련소였다. 하지만 모든 교육과 훈련이 그렇듯 정말 중요한 교육과 훈련은 공식적인 교육과정이나 프로그램을 통해 이루어지는 것이 아니라 잠재적 교육과정을 통해 이루어진다. 나 역시 함께 생활했던 선후배들과의 관계 속에서 내 속에 있는 이기심과 열등감, 사랑 없음을 뼈저리게 느끼고 깨어지는 경험을 했으며, 인간의 연약함과 죄인됨의 의미를 체득할 수 있었다. 고학년이 되어서 리더를 하면서 사람이 사람을 변화시킬 수 없다는 전적인 무능력과 잃어버린 목자의 심정, 그리스도의 몸된 공동체를 사랑한다는 것의 의미 등을 배워갔다.

대학 시절 배우고 훈련받았던 것 중 일평생을 두고 가장 소중한 자산으로 남은 '기도' 역시 공식 프로그램을 통해서도 배우고 훈련받긴 했다. 하지만 이를 통해서는 짧은 시간 나의 필요를 간구하거나 한탄하는 이상으로 들어가지 못했다. 대학 3학년, 선교 단체 회장을 하면서 회장이라는 책임감의 무게와 영적으로 침체된 분위기와 이를 치고 나갈 능력이 없는 나의 모습, 그리고 나를 잘 도와주지 않는 주변 사람들에 대한 원망이라는 뒤엉킨 문제를 가지고 하굣길에 인근 교회당을 찾기 시작했다. 무너질 것 같은 마음을 안고 '주님!'을 부르면서 내 속의 무겁고 힘든 것들을 쏟아내기 시작했다.

그런데 이상하게 내 기도가 내가 의도하지 않은 방향으로 가고 있었다. 분명히 나를 잘 도와주지 않는 주변 사람들을 향한 원망의 마음이 내 속에 가득 차 있었는데, 그 내용들을 내 입으로 말하는 것과 동시에 내 속에 있는 명예욕과 내 자아의 문제를 고백하기 시작했고, 주변 동료들에 대한 애정 어린 간구, 하나님이 친히 행하실 것에 대한 간구와 확신 등을 말하기 시작했다. 그러면서 내가 전혀 경험해보지 못했던 영적인 깊이로 들어갔다. 하나님의 영광과 그분의 주인 되심을 선포하면서 말할 수 없는 평안이 밀려오기 시작했다. 기도를 마치고 시계를 보니 1시간이 흘렀다. 10분을 채우지 못하던 내가 1시간 동안 기도하다니……

기도는 싸움이다

물론 이러한 기도 시간이 단번에 내 삶에 정착된 것은 아니었지만, 틈나는 대로 기도의 자리에 나아가 충분한 시간을 가지면서 내 영혼의 가장 깊숙한 부분을 가지고 하나님의 영광의 보좌 앞에 나아가고 그 빛 앞에 노출되기를 힘썼다. 그러면서 더욱 기도의 맛에 빠져들기 시작했다. 이러한 기도의 훈련은 군 생활 속에서 더 체화되었고, 제대 후부터는 아직 남아 있는 군기의 힘을 의지해서 새벽기도회에 나가기 시작했다. 하루 종일 아이들과 미숙한 몸짓으로 낑낑대며 부대끼다가 오후에 하루 벌어 하루 먹는 식으로 다음 날 수업할 것 준비하고, 저녁에 교제하는 자매를 만나 때로 연애의 흥분으로 하늘까지 치닫다가 때로 서로 이해할 수 없는 갈등으로 지옥의 나락으로 떨어지는 시간을 보내고, 그러다가 12시가 다 되어 집에 와서는 또 한두 시간 전화통 붙들고 씨름하다 곯아떨어지는, 그런 생활 가운데서도 새벽기도의 시간을 놓치지 않으려고 몸부림쳤다. 하나님 앞에 내 모든 문제를 내려놓고 그분의 음성을 들으며, 그분의 빛 앞에서 내게 주어진 완전히 새로운 경험들을 분별하고 정리해내지 않으면 살아갈 수 없을 것 같았기 때문이다.

이후 이어지는 내 삶의 핵심은 기도의 시간을 확보하기 위한 싸움이었다. 나이를 먹고 경력이 쌓이면서 학교와 교회, 교사모임에서 요구하는 일들이 많아지고 바빠지기 시작했다. 무엇보다 결혼해서 2년 터울로 아이를 낳으면서 하룻밤에 한두 번이라도 깨지 않는 날이 없어지면서 새벽에 기도하는 시간을 갖기가 힘들어졌다. 그래서 새벽에 기도하지 못하는 날은 학교에서 수업이 비는 시간을 이용해서 혹은 조금 일찍 출근해서 모든 일을 제치고 기도 시간을 가졌다. 그러다 보니 학교를 가면 어떡하든 학교 내 빈 공간을 찾으려고 애썼다. 지금도 내가 이전에 근무했던 학교를 생각하면 수업이 비는 시간에 주님을 만났던 공간이 떠오른다. 청운중학교의 뒷동산에 있는 야외수업장, 장충여중의 성적처리실, 그리고 양화중학교에서는 그나마 공간을 확보하지 못해 학교 운동장을 빙빙 걸으면서 기도를 했다. 그리고 방학이나 휴직 등으로 학교에 나가지 않을 때는 퇴근길 교회당에서 기도했는데, 그때는 늘 교회당 열쇠를 복사해서 가지고 다녔다.

내가 새벽을 깨우리로다

두어 달 전부터 한동안 쉬었던 새벽기도회에 다시 나가기 시작했다. 셋째 아이의 건강상의 문제를 접하면서 영적으로 더욱 긴장해야겠다는 생각이 들었기 때문이다. 그동안도 가급적 지속적으로 새벽기도를 하기 원했지만 체력의 한계에 부딪혀 그만두곤 했기에 하루하루 새벽에 일어나면서도 얼마나 지속될지 자신이 없었다. 그런데 두어 달 빠짐없이 새벽에 일어나게 하시고 하루 생활을 감당케 하시는 것을 보니, 주께서 한 차원 새로운 기도의 세계로 이끌어 가실 것에 대한 기대가 된다. 그리고 새벽기도를 다시 시작했다는 것을 아무에게도 알리지 않았음에도 불구하고 요즘 들어 부쩍 기도를 부탁하는 문자와 연락이 많이 온다. 이 역시 주께서 주신 복이라 생각하고 열심히 중보한다.

우리가 기도하지 않아도 주께서는 우리의 모든 필요를 아시고 채워주시지만 그래도 끊임없이 기도할 수 있다는 자체가 우리에게는 큰 복이다. 그러니 일상 가운데서 무시로 기도해야 하지만, 매일 시간과 장소를 정해놓고 1시간 정도 깊게 기도하는 것이 우리의 삶에 참으로 유익하고, 이왕 그럴 바라면 새벽 시간만큼 좋은 시간은 없다. 존경하는 믿음의 선배 김교신 선생님의 글로 마무리를 하고 싶다.

신앙생활에 충실한 어떤 이는 말하였다. "예수 믿으려면 매일 새벽 한 잠씩은 잃어버려야 되느니라"고. 또 누구는 말하되, "북한산을 헐어서 한강에 채우라면 차라리 쉬우려니와 예수 믿는 일은 세상 못할 일이라"고. 새벽잠은 달콤하다. 그 달콤한 잠을 손해 보고서라도 새벽의 가장 맑고 고요한 시간을 기도에 써야만 된다는 것이다. 기도는 필요한 것을 구하는 일만이 아니라 그보다도 성령의 소금으로써 생생한 자아를 절여 죽이는 역사이다. 소금으로써 김장을 절이듯이 몽매 중에 되살아난 자아를 새벽 첫 시간에 또 한 번 매장하는 일이다. 예수 믿는 일의 최대사는 이 자아를 죽이는 일인 고로 실로 북한산을 옮기기보다 더 어려운 일이다.(김교신, 「정진 또 정진」 중에서)

내 은혜가 네게 족하니라

　새벽 5시 핸드폰 알람이 울린다. 얼른 알람을 끄고 그 짧은 시간에 다시 이불 속으로 들어갈까 아니면 화장실로 가서 세수를 할까 하는 갈등을 수도 없이 한다. 하지만 대부분의 경우 화장실로 가 세수를 하는 쪽을 택한다. 이는 나의 의지가 강하거나 체력이 좋아서가 결코 아니다. 오히려 그 새벽 나를 깨워 기도의 자리로 몰아넣는 가장 강력한 힘은 내 속에서 나를 누르는 나의 약함과 두려움과 근심이다.

너무 바빠서 기도합니다

　일단 양적인 면에서 보더라도 나는 늘 과부하 상태다. 아무리 내게 주어지는 일을 줄이고 내 삶을 단순화한다 해도 더 이상 줄일 수 없는 가정, 교회, 학교, 그리고 좋은교사운동에서 요구되는 기본적인 일들이 절대적인 내 시간의 한계보다 항상 넘친다. 그러나 일의 과부하보다 더 힘든 것은 내가 그 어느 일 하나 제대로 명쾌하게 해내지 못한다는 것이다(이것은 내가 겸손하게 표현한 것이 아니라 주변 사람들의 평가를 솔직하게 반영한 것이다).

　가정에서는 내 나름대로 없는 시간을 내어서 집안의 여러 일들을 감당한다고는 하지만, 정작 가장으로서 식구들의 전체 상황을 파악하고 미리 준비하고 방향을 제시한다든지, 영적인 권위를 가지고 식구들 한 사람 한 사람이 가지고 있는 문제들에 대해 눈을 열어주고 가슴으로 품어주고 사랑의 대화를 끌어간다든지 하는, 아내나 아이들의 궁극적인 필요를 채워주지 못해 가족들에게 허전함과 아픔을 많이 준다. 교회에서도 공적으로 어떤 일을 기획하고 추진하고 가르치는 일들은 비교적 잘하지만, 실제 모든 교인들의 강하고 연약한 여러 은사들이 결합되어 그리스도의 몸으로 지어져가는 과정을 함께 누리도록 하는 교회의 본질적인 일에서는 영 미숙하다. 학교에서는 교직 경력 15년차의 원숙함이 나올 만도 한데, 여전히 신규 때의 미숙함을 벗어나지 못해 늘 한 시간 한 시간

수업 내용을 가지고 고민하고, 때로는 교실 문을 열고 들어가는 순간까지 수업의 내용과 방법을 결정하지 못하는 때도 있다. 내가 맡는 학급은 늘 질서가 없고 소란해 우리 반 수업 들어오시는 선생님들에게 언제나 미안한 마음이다. 월간 『좋은교사』의 글 한 편을 쓰기 위해 며칠씩 고심하고, 늘 마감까지 원고를 다 모으지 못해 디자이너들을 괴롭힌다. 그 외 좋은교사운동에서 요구되는 사업이나 정책의 기본 기획이나 초안도 그 무엇 하나 제때 그리고 다른 사람들이 만족할 정도로 내놓은 적이 없다.

나의 기도는 이런 것

그러기에 내게는 늘 크고 작은 근심과 염려, 두려움이 있고, 이런 것들이 나로 하여금 새벽마다 부르짖는 자리로 나아가지 않으면 안 되게 만들며, 그러기에 나의 기도는 나의 이 연약함을 주 앞에 내어놓는 것에서 시작된다.

"주여, 이 작은 자를 통하여 어디에 쓰시려고 이렇게 초라한 모습으로 만들어놓으셨나요?"

이렇게 나의 연약함에 대한 호소, 그리고 나의 이 연약함으로 인해 고통 받는 주변의 사람들이나 제대로 드러내지 못하는 하나님 나라의 영광과 능력에 대한 안타까움을 가지고 기도하면, 자연스럽게 이렇게 연약한 자에게 하나님의 나라와 그분의 통치를 사모하는 마음을 주신 이유가 무엇인지 묻는 단계로 나아간다.

이처럼 남편으로나 아버지로서의 자질이 부족한 나에게 왜 아름다운 가정을 사모하게 하시며 영적으로 민감한 아내와 네 자녀를 주셨는지 묻게 된다. 이토록 공동체적인 자질이 없는 자에게 왜 그리스도의 몸을 좀 더 실제적으로 느끼는 작은 공동체적인 교회를 사모하게 하고 이를 위해 새로운 교회의 중심에 세우셨는지 묻게 된다. 왜 교사의 자질이 부족한 자에게 교사로서의 소명을 주시고 학교 현장에 집착하도록 하셨는지, 그리고 이렇게 리더십과 기획력, 집행력이 없는 자에게 좋은교사운동을 앞에서 이끄는 일을 하도록 하셨는지를 정말 안타까이 절규하게 된다.

이렇게 기도하다 보면 "벌레 같은 내게 축복 주시는지 알 수 없습니다"는 찬송이 흘러나온다. 비록 내가 정말 볼품없고 깨지기 쉬운 질그릇 같은 존재지만 이러한 내가 하나님 나라의 귀한 비전을 품었다는 것 자체가 큰 축복이고 영광임을 고백하게 된다. 그러면서 이러한 귀한 보배를 주신 하나님을 찬양하고 그분께 영광을 돌리는 기도가 절정에 달하게 되고, 그 이후에는 부족하지만 나의 이 연약함이 예수님께 바쳐진 보리떡 다섯 개와 물고기 두 마리가 되게 해달라고 간구하게 된다. 그리고 "주여, 내가 여기 있사오니 나를 보내소서." "일어나 주 위해 서라, 강한 용사여. 주님이 너와 함께 하시니"라는 찬양과 함께 다시금 파송을 받는다.

물론 이렇게 기도로 시작했다고 해서 나의 연약함이나 두려움이 일시에 없어지거나 내가 능해지는 것은 아니지만, 그래도 순간순간 주시는 힘과 지혜를 경험하며, 힘든 순간에도 주님을 의지함으로써 그 모든 것을 기쁨으로 견디는 은혜를 경험한다. 여전히 부족하지만 그분이 주시는 힘으로 '우째우째 겨우겨우' 주어진 삶의 과제를 하며 살아가는 것이다.

날마다 숨 쉬는 순간마다

예수를 믿고 그분과의 교제의 깊이를 더해갈수록 느끼는 것은 예수님은 우리를 결코 쉽게 인도하지 않는다는 것이다. 물론 우리의 연약함을 아시기에 우리가 감당치 못할 시험 당함을 허락하지 않으시고, 우리 인내의 한계를 아시기에 너무 지체치 않는 분이시긴 하다. 하지만 다른 한편으로 아주 쉽고 익숙한 일일지라도 결코 내 경험의 힘만으로는 해결할 수 없도록 내가 전혀 예상치 못했던 어려움을 심어놓으시고, 끝까지 자신을 의뢰하지 않으면 풀지 못하도록 하시는 이유를 다 측량하기가 쉽지 않다. 웬만하면 사람들 앞에서, 특별히 믿지 않는 사람들 앞에서, 나의 체면이 유지될 수 있도록 해줄 수 있는 상황임에도 불구하고 꼭 나의 연약함과 허물과 죄악을 다 드러내어 수치를 당케 하시며 나를 완전히 밑바닥으로 밀어 넣으시는 하나님이 원망스러울 때가 많다. 그래서 '하나님, 꼭 이렇게 하셔야만 됩니까? 그렇게 눈치가 없으세요? 하나님의 백성인 내가 이렇게까지 수치를 당하는 것이 하나님께 무슨 영광이 됩니까? 이 정도면 저도 한다고 하는데 이렇게까지 낮아져야 한다는 것은 정말 부당합니다'라는 원망 어린 기도를 하기도 한다.

하지만 이럴 때마다 하나님의 응답은 늘 같다.

'내 은혜가 네게 족하니라.'

그러므로 이제는 더 이상 내 인생에서 순탄함과 아무 일 없기를 기대하지 않는다. 오히려 날마다 숨 쉬는 순간마다 내 앞에 어려운 일 보는 것을 당연하게 여기며, 나의 연약함과 허물로 인해 사람들 앞에 수치 당함을 부끄러워 아니하며, 이 모든 연약함을 안고 순간순간 하나님께 나아감을 나의 일상으로 받아들인다. 그리고 나를 낮추시되 완전히 망하게 하지 않으시며, 극적인 순간에 나의 예상을 뛰어넘어 가장 큰 선함으로 역전을 이루시는 그분의 일하시는 것을 경험하는 스릴을 누린다. 내가 나의 연약함과 수치심을 안고 그분 앞에서 몸부림칠 때 그분은 내 안에서는 물론이고 많은 사람들 가운데서 너무도 부지런히 일하고 계심을 경험하는 기쁨을 누려간다. 그리고 약할 때 강함 되시는 십자가의 비밀을 조금씩 알아간다.

내게 이르기를 내 은혜가 네게 족하도다. 이는 내 능력이 약한 데서 온전하여짐이라 하신지라. 이러므로 도리어 크게 기뻐함으로 나의 여러 약한 것들에 대하여 자랑하리니 이는 그리스도의 능력으로 내게 머물게 하려 함이라.(고린도후서 12장 9절)

그렇게 강의를 떠맡은 후

군 제대 후 결혼하기 전까지 친구와 후배들 합해 총 8명이 공동생활을 할 때의 일이다. 그때 나는 중학교 교사 1년차였기 때문에 매주 수업지도안 4차시 분을 짜느라 매일 밤늦게 퇴근하는 등 허덕이고 있었다. 그때 함께 생활했던 친구 하나는 우리가 함께 믿음의 훈련을 받았던 모교 기독 동아리 간사 1년차 생활을 감당하느라 좌충우돌하고 있었다.

그렇게 강의를 떠맡은 후

여름방학이 다가오던 어느 날 그 친구가 무언가를 준비하느라 끙끙대고 있기에 왜 그러냐고 물었더니, 동아리 중고등부 수련회에서 '공부와 신앙'이라는 주제의 특강을 맡았다는 것이었다. 그때는 워낙 서로를 함부로 대하던 시절인지라 내가 대뜸 "야! 네가 중고등학생에 대해서 얼마나 안다고 그런 강의를 하냐?"라고 했더니, 그 친구도 지지 않고 "야! 그러는 너는 이 주제에 대해서 얼마나 안다고 그러냐?"라고 대답을 했다. 그래서 내가 "그래도 명색이 중학교 선생인데 너보다는 더 많이 알지 않겠니?"라고 대꾸를 했더니, 그 친구가 정말 화가 난 것인지 아니면 그렇지 않아도 힘겹던 짐을 떠넘길 기회를 잡았다고 판단한 것인지 "그러면 그렇게 잘난 네가 강의를 한 번 해봐라. 수련회 본부에는 내가 이야기할 테니"라고 하면서 강의를 나에게 넘겨버렸다.

이렇게 나의 교만과 과도한 직설 화법에 따른 마땅한 대가로 어려운 강의를 떠맡게 되었다. 강의를 준비할수록 느껴지는 것은, '공부와 신앙'이라는 주제가 내 삶과 관계없이 여러 책을 참고해서 정리할 수 있는 주제가 아니라는 것이었다. 즉 이 주제는 아이들에게 공부를 가르치는 일을 통해 하나님을 섬기고 내 구원을 이루어가야 하는, 내 삶의 중심을 관통하는 주제이자 내 삶을 걸어야 하는 핵심 주제였다. 다시 말해, 아이들에게 공부를 가르치는 일을 내가 믿는 신앙과 어떻게 연결시키지 못한다면, 나는 최소한 6일 동안 학교에서 보내는 그 시간만큼은 믿음으로 살지 않는 것이었다.

이후 기독교사로서의 정체성, 혹은 내가 부름 받은 직업의 현장 가운데서 믿음으로 산다는 것의 의미를 묻는 이 주제는, 내 기도의 가장 중심 제목이 되었다. 그리고 그 여름 수련회 강의 때까지 다 정리가 된 것은 아니지만 시간을 두고 내 삶의 중심이 실린 '공부와 신앙'의 관계를 정립할 수 있었다. 당연히 '공부와 신앙'이라는 이 주제에 대해 그 여름 수련회에서도 어느 정도 만족할 만한 강의를 할 수 있었고, 이후 이 주제에 대해서만큼은 어느 대상을 막론하고 설득력 있는 이야기를 할 수 있는 내용도 갖추게 되었다.

내게 주시옵소서

1992년 교사모임을 시작한 이후 2, 3년 우리끼리 참 재미있게 모임을 했다. 그런 가운데, 이제는 우리끼리 재미있는 수준을 넘어서 우리가 공부한 내용들을 다른 선생님들에게 알리고 더 많은 선생님들에게 동기부여를 해 기독교사운동에 참여시키는 일을 해야 한다는 필요성이 나오기 시작했다. 그리고 최소한 나에게는 기독교사운동가로서의 소명이 나의 소명으로 다가오기 시작했다. 물론 지금도 그렇지만 당시 나는 학교에서 좌충우돌하는 아직 어린 교사에 불과했고, 운동가로서의 자질은 정말 없었다. 그럼에도 불구하고 내게 다가온 그 교육운동가로서의 부르심은 주관적으로는 너무 확실해서 거부할 수 없었다.

결국 교육운동가로서의 자질을 달라고 기도할 수밖에 없었다. 당시 나는 기독교사운동가에게 필요한 자질은, 기본 교사로서의 자질 외에 내가 실천하고 생각했던 것을 글로 잘 표현할 수 있는 능력과 다른 기독교사들을 만나서 그들에게 기독교사로서의 소명에 응답할 것을 요청하고 설득할 수 있는 강의 능력이라고 생각했다. 그래서 한동안 글을 잘 쓸 수 있는 능력과 강의를 잘할 수 있는 능력을 달라고 기도를 많이 했다. 물론 이 두 부분에서 아직도 부족함이 많지만, 최소한 현재 내게 주어진 역할을 감당할 수 있을 정도의 능력은 주어지고 계발되었다고 생각한다.

몇 년 전 전업주부로서 가사와 육아에 전념하던 아내가 보건교사와 상담교사 시험 준비를 한 적이 있었다. 물론 지금이라도 몇 개월만 공부하면 웬만한 시험에는 다 합격할 것 같은 의욕과는 무관하게, 최근 대학을 졸업했거나 이 공부만 몇 년 전념해온 후배들과 경쟁할 수 없다는 것은 엄연한 현실의 벽이었다. 하지만 아내는 엄연한 현실과는 또 별도의 차원에서 다음과 같이 기도하기 시작했다.

"하나님! 15년 이상 공부를 손에서 놓은 제가 이 후배들과 경쟁에서 이길 수는 없습니다. 하지만 하나님, 제가 15년 이상 하나님을 붙들고 인생의 가장 낮고 아픈 경험들을 이겨낸 제 삶의 경륜과 4명의 아이들을 키우며 연단된 인격과 경험을 생각할 때 어쩌면 저는 그 어떤 사람들보다 보건교사나 상담교사로 잘 준비된 사람인지도 모릅니다."

나는 아내의 기도를 들으면서, 하나님이 결코 아내의 기도를 무례하거나 황당하게 듣지는 않을 것이고, 어떤 면에서 참 기뻐하셨을 것이라는 생각이 들었다. 물론 하나님이 이 기도에 어떻게 응답하시는가 하는 것은 그분의 깊으신 경륜과 관련된 문제이기 때문에 우리가 가타부타할 부분이 아니다. 실제로 아내는 첫 번째 시험에 합격하지 못했고 이후 여러 사정으로 공부를 지속하지도 못했다. 하지만 중요한 것은 눈에 드러나는 기도 응답의 결과가 아니라, 내가 하나님 앞에 어떤 자세로 나아가느냐, 아니 내가 하나님 아버지의 어떤 자녀가 되느냐 하는 것이다. 이렇게 볼 때 아내의 기도는 하나님이 지금까지 자신을 인도해오신 그 경륜의 깊이를 깊게 느끼고 긍정하며 그에 바탕을 둔 자신감 있고 당당한 모습으로, 위대하고 부자인 아버지를 기뻐하며 가장 친밀한 모습으로 그의 팔짱을 끼고 정을 나누는 기도라고 생각했다.

그분의 뜻을 찾아서

돌아보면 인생의 각 시기마다 내가 정말 중요하게 붙들고 기도했던 기도의 제목들이 떠오른다. 어떤 시기의 기도 제목들은 정말 하나님의 그 거룩하심과는 전혀 어울리지 않는 부끄럽기 짝이 없는 것들이었고, 또 어떤 제목들은 지금 생각해도 그 당시 어떻게 그런 기도를 할 수 있었는가 하는 생각이 들 정도로 하나님의 마음에 근접하는 것들이었다. 그리고 각 시기마다의 기도 제목들이 그 시기 내가 하나님을 알았던 지식의 깊이와 하나님과의 관계의 친밀성을 보여주는 척도인 것은 분명하다.

하여간 영적 여정에서 정말 중요한 것은 우리가 어떤 상황에 처하든 그 상황 가운데서 그 상황을 허락하신 하나님의 마음을 읽고 그 하나님의 마음에 부합하는 기도를 드리는 것이다. 물론 이전에 어두운 내 눈을 여시고 나를 극단으로 몰고 가 하나님의 마음에 직면하게 하셨던 그 하나님이 지금도 동일한 방식으로 역사하고 계시긴 하지만, 이제는 좀 더 적극적인 자세로 그분의 더 깊은 뜻을 찾아, 그리고 그분의 그 풍성하고 따뜻한 품속으로 더 깊이 들어가는 모험을 해야 할 것이다.

가끔 사람들이 좋은교사운동 사무실에서 어떤 일을 하느냐고 묻는다. 그리고 학교에서 수업하는 것과 이 일 중에 어느 것이 힘드냐고 우문을 던지기도 한다. 그러면 나는 이야기한다. "좁게는 나를 포함해 3명의 상근자와 4명의 사무 간사 이렇게 7명이 좁은 사무실에서 함께 일할 때 있을 수 있는 모든 종류의 인간관계를 겪고, 조금 넓게는 9개의 회원 단체와 3개의 협력 단체, 4개의 전문 모임, 그 외 크고 작은 모임들 간의 생각을 조율하고 모아내는 일을 합니다. 그리고 정부의 교육 정책에 대해 할 수 있는 데까지 파악해 평가하고 대안을 마련하고 영향을 미치기 위한 활동을 하고, 나아가 좋은교사운동을 향한 하나님의 뜻을 분별하고 이를 중장기 비전으로 만들어내는 역할을 합니다."

그러나 더 근본적으로는 이 모든 일들을 가지고 하나님과 교제하며 그분과 눈 맞추는 놀이를 하며 지낸다. 마치 학교에서 아이들과의 관계 속에서 일어나는 모든 문제를 가지고 그 놀이를 했듯이. 지금은 그 수단과 통로만 달라졌을 뿐이다.

홀로, 나는 누구인가?

학창 시절 상급 학교로 진학하거나 학년이 바뀔 때마다 나는 늘 한 가지 걱정을 하곤 했다. 그것은 새로운 담임선생님이나 교과 선생님 혹은 친구들이 내게 있는 좋은 점들을 제대로 파악하지 못하고 왜소하고 소심한 나의 겉모습만으로 판단해버리지 않을까 하는 것이었다. 이러한 걱정은 3월 새 학기가 시작되어 성격이 활발하고 외향적인 친구들이 선생님과 아이들 앞에서 자신의 좋은 면들을 드러내기 시작하면 더 커져갔다.

하지만 이러한 나의 걱정이 쓸데없는 걱정임이 드러나는 데는 많은 시간이 걸리지 않았다. 새로 만나는 선생님이나 친구들은 어떤 면은 첫인상만으로, 또 다른 면은 함께하는 시간이 늘어감에 따라 자연스럽게 나의 좋은 점들을 파악해갔고 인정해주었다. 비록 인간의 인식이 제한적이고 불완전하긴 하지만 그래도 어느 정도의 시간만 주어지면 어떤 사람에 대해 비교적 정확하게 파악을 한다는 것은 참 신비한 일이었다. 그러기에 어떤 새로운 상황에 처하든 새로운 사람을 만나든, 다른 사람이 나의 좋은 점을 발견하지 못할까봐 걱정하거나 과도하게 나를 드러내려 애쓸 필요 없이, 그냥 자연스럽게 나의 일에 충실하고 할 수 있는 대로 만나는 모든 사람에게 선을 행하도록 노력하면 된다는 사실을 알게 되었다.

이러한 사실은 신앙 안에서 더 분명히 드러났다. 다른 사람이 나를 제대로 인정해주지 않는다고 불평할 것 없이 지금 내게 주어진 작은 일에 충성하다 보면 자연스럽게 더 큰 일이 주어졌다. 마땅히 생각할 그 이상의 생각을 품지 않고 하나님께서 내게 주신 은사와 지혜에 맞게 일하며, 내게 지금 허락한 그 부르심의 자리에 충실하다 보면 사람들에게 인정을 받기도 하고 하나님 나라 가운데 의미 있는 삶의 자리에 서 있기도 했다.

살아가면서 느끼는 것은, 우리의 삶에서 정말 큰 문제는 다른 사람들이 나의 장점을 제대로 인정해주지 않고 과소평가하는 데 있는 것이 아니라, 오히려 다른 사람이 나의 사람됨이나 능력을 과대평가하고 나의 정말 약한 부분을 제대로 알지 못하는 데 있다는 것이다. 사실 나에게 미약하나마 드러난 능력이 있다면 그것은 하나님께서 붙드시고 힘주심의 결과였다. 때로는 내 힘으로 해보겠다고 버둥거리다가 어찌할 수 없는 한계상황에서 하나님의 도우심을 간구하기도 하고 때로는 처음부터 주님의 도우심을 간구하기도 하지만, 하나님은 나의 실수와 허물까지도 선으로 바꾸시고 주변 사람들의 마음을 움직이셔서 일이 되게 하신다. 그런데 그것을 보고 사람들은 헌신, 충성, 유능이라고 말할 뿐이다.

그리고 드러난 약간의 선이라는 것도 하나님께서 나의 악을 치시고 자아를 굴복시키시며 하나님의 선을 내게 비치신 결과였다. 사실 처음부터 내가 선을 계획한 것은 없다. 나는 나의 선을 드러내기 위해 시작했을 뿐인데 하나님이 이것을 굴복시키시고 당신의 선으로 바꾸시기도 하고, 혹 내 속에서 솟아나는 악을 누르시거나 하나님의 마음을 알게 하심으로써 나를 통해 하나님의 선이 드러나게 하신다. 그런데 이런 것을 보고 사람들은 착하다, 겸손하다, 온유하다, 하고 말한다. 사실은 맞지 않는 말이다.

때로 다른 사람들이 나의 무능과 악함을 질책하기도 한다. 이러한 질책이 한편으로는 정확한 지적이기도 하고 다른 한편으로는 핵심에서 빗나간 것이기도 하지만, 중요한 것은 나는 이들이 질책한 것보다 훨씬 더 악하고 무능한 사람이라는 것이다. 나를 악평하고 무시하는 사람조차도 겉으로 드러난 부분, 그것도 그 일부분만을 보았을 뿐이고, 내 속 깊은 곳에 자리 잡은 나의 악을 제대로 보지 못했다. 내 속에 도사린 미움과 시기와 분노, 음란과 탐욕과 악한 생각, 남의 약점 잡기를 좋아하고 비난하고자 드는 마음, 어린아이의 한마디에 부들부들 떨고 아주 작은 실패에 좌절하는 연약함, 다른 사람의 작은 칭찬 한마디에 우쭐해하다가 한마디 비평에 '하나님, 차라리 저를 죽여주십시오'라고 악을 쓰는 경박함. 나의 이 밑도 끝도 없는 악함을 생각할 때 다른 사람의 그 어떤 비난이나 질책도 지극히 가벼운 것일 뿐이다.

기도 가운데 무슨 일이 일어났나?

그러므로 나는 주님 앞에 나아갈 때마다 내 속에 있는 죄와 악함이 생각나 주체하기 힘들 때가 많다. "고요히 주님 앞에 와 내 모습 돌아볼 때 순간순간의 그 모든 일이 죄와 허물뿐입니다. 주님의 손과 발에 다시 못을 박던 이 죄인, 빌라도의 병사보다 악하고 추한 몸이 주님 앞에 무릎 꿇고 용서를 빕니다." 이러한 찬양과 함께 생각나는 구체적인 죄와 연약함으로 인해 어찌할 수 없이 행했던 허물들을 고백하기 시작하면, 점차 하나님의 통치를 거부하고 내가 내 삶의 주인 되고자 하고 내 마음대로 하고 싶어하고 내가 높임을 받고자 하는 타락한 '자아', '교만'에 다다른다. 이 자아와 교만을 십자가에 다시 못 박을 때, 그 십자가의 그늘이 주는 쉼과 평안, 안식이 너무도 싱그럽다. 그리고 미세하게 들리는 성령의 음성, 그분이 주시는 선한 마음, 나와 세상을 향한 그분의 마음이 느껴질 때, 나는 하나님의 그 마음에 순종하고자 하는 마음이 불끈 일어난다.

이런 마음은 자연스럽게 다른 사람의 죄와 연약함에 대한 용서로 이어진다. 내가 도무지 이해할 수 없을 것 같고, 용서할 수 없을 것 같은 그 사람의 죄와 허물은 사실상 내 안에도 있는 것이기 때문이다. 어떤 의미에서는 내 안에도 있는 것이기에 그것이 더 잘 보였고, 또 더 용서가 되지 않았는지도 모른다. 하지만 내 속에 있는 똑같은 죄와 허물이 하나님 앞에서 드러나고 용서받은 그 마음으로 볼 때 그 사람의 죄와 허물이 너무도 잘 이해가 된다. 뿐만 아니라 그 사람이 그런 죄와 허물로 나아갈 수밖에 없도록 만든 그 사람의 연약함이 아프게 다가온다. 그리고 하나님이 그 사람의 연약함을 불쌍히 여기시도록 기도하게 된다.

뜻이 하늘에서 이루어지듯 땅에서도

우리 인생의 문제는 결국 두 가지로 귀결되는 것이 아닌가 싶다. 하나는 세상의 인기와 환호, 혹은 비난과 좌절에 흔들리지 않고 하나님 앞에서 정직하게 서며, 그 영광의 빛 가운데서 늘 자기를 점검하고, 그 기준에 의해서만 자신의 중심을 잡으며 자기를 새롭게 할 수 있는 능력을 얼마나 갖추었느냐 하는 것이다. 다른 하나는 그들이 가족이든, 친구 혹은 동료이든, 윗사람 혹은 아랫사람이든, 지도자든 군중이든, 자기가 만나는 주변의 수많은 사람들의 허물과 연약함을 어떻게 이해하고, 소화하고, 끌어주며, 다룰 수 있느냐 하는 것이다.

이러한 인생의 두 과제를 붙들고 오랫동안 씨름해왔음에도 현실 가운데서는 늘 힘들다. 그래서 자주 넘어지기도 한다. 하지만 기도라는 영적 현실 가운데서는 막혔던 모든 것들이 뚫리고 나의 모든 죄와 허물을 넘어서 하나님 앞에서 가장 정직하게 동시에 가장 당당하고 평안하게 서서, 주변 사람들의 모든 허물과 연약함까지 다 품고 진정으로 사랑하는 나 자신을 발견할 때가 많다. 때로는 기도 시간에 이루어지는 이런 영적 현실과 삶 가운데서 부딪히는 구체적인 현실의 불일치로 인해 혼란스러움을 느끼기도 한다.

그래서 날마다 정한 시간에 충분한 시간을 가지고 영적 현실을 경험할 뿐 아니라, 날마다 부딪히는 구체적인 현실 가운데서도 짧게나마 기도함을 통해, 깊은 기도 가운데서 이루어졌던 그 영적 현실이 지금 내 삶의 자리 가운데서도 실현되는 것을 연습하려고 한다. 뜻이 하늘에서 이루어진 것처럼 땅에서도 이루어지길 기도하듯 말이다.

찬양은 노래를 초월한다

지난 2학기부터 아내에게 일이 생겨, 저녁 시간에 아이들을 내가 챙겨야 할 상황이 발생했다. 그래서 특별한 약속이 없는 한 모든 생활 일정을 이에 맞추었다. 일찍 귀가해서 아이들 저녁을 챙겨주고, 잠자는 것을 도와준 뒤, 잡지 기획과 원고 확인 및 글 다듬는 작업을 하는 것으로 시간을 조정했다.

돌아보면 저녁 시간을 이렇게 아이들과 많이 보내는 것은 처음인 것 같다. 늘 '좋은 교사'가 되려다 '좋은 아빠'가 못 되는 것 아니냐는, 주변 사람들은 물론이고 스스로의 지적에서 자유로울 수 없었는데, 몇 달간 최소한 양적인 면에서는 '좋은 아빠'에 근접한 생활을 하고 있다.

좋은 아빠가 되는 법

저녁 시간에 아이들을 돌보다 보니, 저녁이야 아내가 준비해놓은 반찬으로 대충 챙겨 먹으면 되는데, 아이들을 재우는 일이 약간 고역이다. 이전에 일주일에 잘해야 두세 번 일찍 들어올 때는 아이들 잘 때 기도해주고, 성경 이야기에서부터 '아빠 어릴 적 이야기', 즉흥 창작물 '꾀보 이야기' 등으로 아이들한테 인기를 얻었는데, 이제 거의 매일 이야기를 하려니 이것도 참 쉬운 일이 아니다. 더군다나 학교 마치고 급하게 집에 와서 아이들 저녁 챙겨주고 기본적인 집안일을 한 후 아이들을 재우려니 나도 지쳐 아이들에게 이야기해줄 여력이 잘 생기지 않는다. 그래서 궁여지책으로 생각한 것이 아이들 재울 때 이야기를 하지 않고 찬양을 하기로 했다.

저녁 9시를 전후해서 셋째와 넷째가 잘 시간이 되면 두 아이를 양쪽 팔로 팔베개를 한 후 간단히 기도를 하고 찬양을 하기 시작한다. '만세반석 열리니'에서 시작하여 '예수가 우리를 부르는 소리' '고요한 바다로' '나의 기쁨 나의 소망 되시며'로 이어지는 찬송가 메들리를 하다 보면 어느새 아이들이 잠들어 있을 뿐 아니라 하루 동안의 모든 피로가 씻기고 영적으로 회복됨을 느낀다. 그래서 두 아이가 충분히 잠들었음이 확인된 후에도 찬양을 주체할 수 없어서, 찬양이 주는 은혜를 끊기 싫어서 몇 곡을 더 부른다.

그리고 여기서 얻은 힘을 바탕으로 늘 두세 달 앞을 살아야 하는 잡지 기획과 필자 발굴에다. 원고를 확인하고 들어온 원고를 다듬어 한 책으로 짜 맞추는 어떻게 보면 참 피곤하기도 하고 쫓기기도 하는 편집 작업을 하는데, 거의 매일 빠짐없이 두세 시간 정도를 이 일에 쏟는다. 물론 중간 중간에 둘째와 첫째가 잠드는 시간에 가서 마찬가지로 찬양을 들려준다.

그동안 나의 영적 생활을 뒷받침해주던 새벽기도를 못한 지도 꽤 되었다. 그래서 기도 생활은 잠자기 전에 아내와 함께하는 시간과 아침 출근길 30여 분 동안 걸어가면서 하는 것이 전부이고, 말씀 묵상은 아이들과 저녁 식사 후 간단하게 하는 것이 전부인 내 삶 가운데서, 그나마 아이들 재우면서 부르는 이 찬양 시간이야말로 하나님께 온전히 몰입하고 하나님의 깊은 보좌의 세계로 나아가는 매우 소중한 역할을 하고 있다.

찬양은 노래를 초월한다

이렇게 찬양이 내 삶의 매우 중요한 부분을 차지하고 있지만 정작 나는 노래를 잘하지는 못한다. 비록 문화적 접촉을 하기 힘든 시골에서 자라긴 했지만 그래도 같이 교회를 다녔던 친구들은 교회에서 받은 음악적 자극만으로도 어느 정도 음악성을 발휘하곤 했는데, 나는 같은 자극에도 불구하고 지금껏 음을 다스리고(?) 있는 것을 보면 워낙 음악에 재능이 없는 것이 아닌가 생각된다. 오죽했으면 귀한 아들을 낳고, 이 아들을 목사로 키울 것인가 아니면 장로로 키울 것인가를 고민하던 어머니께서 아들이 자라면서 부르는 노랫소리를 듣고 목사로 키우겠다는 생각을 포기하셨을까. 아무래도 목사는 교인들 앞에서 찬양을 인도할 일이 많기 때문에 노래도 꽤 해야 한다고 생각하셨던 모양이다. 덕분에 한 번도 어머니로부터 목회자가 되어야 한다는 부담을 받지 않았으니 지금 생각하면 어쨌든 감사한 일이긴 하다.

이렇게 부족한 음악적 재능에도 불구하고 나는 어려서부터 찬양을 매우 좋아했다. 갓난아기 때부터 어머니 등에 업혀 새벽기도회나 철야기도회 등에 빠지지 않고 다닌 덕분인지, 어릴 때에도 당시 권사님들이 즐겨 부르던 '내 주를 가까이 하게 함은' '하늘 가는 밝은 길이' 등 찬송가는 물론이고, "낮에나 밤에나 눈물 머금고 내 주님 오시기만 고대합니다"로 시작되는 손양원 목사님의 '주님 고대가', "서쪽 하늘 붉은 노을 영문 밖에 비춰노니"로 시작되는 주기철 목사님의 '영문 밖의 길' 등의 노래들은 어린 나이에도 늘 내 입에서 떠나지 않고 나의 찬송이 되었다.

더군다나 악보가 귀해 가사만 써놓은 궤도를 보고 찬양을 배웠던 주일학교 시절에는 당연히 찬양을 외울 수밖에 없는 상황이었다. 중고등부 활동을 할 때는 매 주일 오후 행사를 학생들이 기획해서 진행했는데, 그때 성경퀴즈대회 다음으로 많이 한 것이 찬송가부르기대회 혹은 찬송가찾기대회여서 자연스럽게 찬양을 많이 외울 수 있었다. 더군다나 중학생 시절 어느 목사님으로부터 들은, 곧 우리에게 닥칠 환란의 시절에는 성경과 찬송가를 소유할 수 없기 때문에 할 수 있다면 성경과 찬송을 외워야 한다는 이야기가 어린 시절 너무나 강렬하게 내 인상에 박혀 성경과 찬송가를 외우려고 많이 노력을 했다.

중고등부 시절에는 매 주일 저녁 예배 때 중고등부 성가대가 찬양을 담당했다. 전체 중고등부 다 합해야 30명이 채 되지 않고, 그나마 저녁 예배에는 20명이 채 참석하지 않는 작은 규모의 교회여서 노래 실력과 관계없이 모두가 성가대를 서야 했기에 감사하게도 성가대에 참여할 수 있었다(이후 성가대는 군대 교회 외에는 참여한 적이 없다). 그때 불렀던 성가곡인 '이 세상 나그네 길을 지나는 순례자' 등 역시 이후 찬양 생활의 큰 자산이 되었다.

찬양은 나의 힘

이런 영향인지 몰라도 가난하고 외로웠던 어린 시절, 찬양은 내 삶의 매우 중요한 위로와 힘이었다. 어릴 적 살았던 지방 소도시 변두리 지역의 거친 동네 친구들로 인해 힘든 일을 당했을 때나, 텔레비전도 없고 그렇다고 읽을 책도 없던 집 안에서 동생과 놀다 놀다가 심심할 때, 혼자서 혹은 동생과 함께 찬송가를 많이 불렀다. 특별히 아버지가 집안의 장손임에도 불구하고 제사를 포기하고 고향을 떠났기에 친척들이 우리 집을 찾는 법이 없었던 명절에는 아예 동생들과 함께 앉아 찬송가 1장부터 뒤로 넘기면서 아는 찬양을 한 번씩 다 불렀던 적도 있었다.

중고등학생 시절 지금까지 아무 의심 없이 믿어왔던 하나님에 대한 확신이 흔들릴 때 '나 주의 믿음 갖고 홀로 걸어도'를, 함께 신앙생활 하던 친구들이나 어른들에 대한 미움과 갈등으로 힘들 때 '천사의 말을 하는 사람도'를, 고3 시절 공부와 진로 때문에 힘들 때는 "나 예수 의지하므로 큰 권능 받아서 주 앞에 구한 모든 것 늘 얻겠습니다"('천부여 의지 없어서'의 3절)를 부르며 그 가사의 응답을 받았다. 그리고 처음 객지 생활을 시작했던 대학 초년생 시절에는 '나 외롭지 않네'를, 암울한 시대 가운데서 기독인의 사회적 책임을 통감하던 대학 고학년 시절에는 '어느 민족 누구게나 결단할 때 있나니'를, 첩첩산중 강원도 화천에서 군 생활을 할 때는 '내가 산을 향하여 눈을 들리라'를 부르며 역시 그 가사의 응답을 체험하곤 했다.

학교 일과 『좋은교사』 편집 일, 그리고 가정의 여러 일로 지친 삶 가운데 찬송의 능력을 체험하며, 내가 부르는 찬양의 가사들이 내 삶에는 물론이고, 이 찬양을 들으며 잠자리에 드는 아이들의 삶 속에서도 능력으로 실재(實在)로 피어나갈 소망한다.

너희가 먹을 것을 주어라

"여보! OO 집사님한테 연락이 왔는데, 돈을 좀 빌려달라고 하네요. 몇 년째 사업에 어려움을 겪다 보니 당장 생활비가 급한 모양이야. 거기다가 아이들이 중고등학교에 다니잖아. 집사님도 우리 사정을 뻔히 알 텐데, 우리에게까지 부탁하는 것을 보면 사정이 참 어려운가봐."

사회경제적 신분 상승 욕구를 못 박고

청년 시절, 그때도 가난했고 그 가난으로 인해 불편을 많이 겪었지만 참 당당하게 살았다. 어찌하든지 대학에서 얻은 기득권을 가지고 사회경제적 신분 상승을 하고, 어려서부터 몸에 밴 나와 집안의 가난을 벗어보고자 하는 강한 욕구를 십자가 앞에 못 박고 나니, 가난한 삶이 참 멋있게 다가왔다. 물론 아들을 통해 큰 이익을 누리겠다는 생각은 안 했지만 그래도 대학 간 아들이 사회경제적으로 안정된 삶을 살기를 바라시던 부모님의 가슴에도 함께 못을 박는 우를 범하긴 했지만 말이다.

그리스도인으로서 정직하게 살기에 주어지는 가난을 기쁘게 받아들이며, 혹 하나님이 내게 물질의 복을 주시더라도 나를 위해서는 최소한의 것만 사용하고 나머지는 가난한 이들에게 나눠주는 자발적인 가난을 추구하고 살겠다는 생각을 했다. 그래서 당시 활동하던 기독 동아리 회보에 일평생 집을 사지 않고 살겠다는 호기 어린 글을 발표하기도 했다.

내게 있는 얼마 되지 않는 물질이지만 내일을 염려하여 모아두지 않고 오늘 일용할 양식에 만족하고, 나보다 더 어려운 사람을 위해 적극적으로 나누었을 때, 다음 날 주님이 까마귀를 보내주셔서 나를 먹이시고 보호하심을 여러 번 경험하기도 했다. 영적인 삶과 물질적인 삶이 구분되지 않음을 체험했고, 하나님을 아주 가까이서 경험할 수 있었던 박진감 넘치는 삶의 방식이었다.

하지만 결혼을 하고 나니 상황이 많이 달라졌다. 아내와 자녀를 부양하고 책임져야 되는 입장에 서다 보니 나 혼자서 하나님 앞에서의 모험을 즐기던 것과는 다른 방식으로 대응해야 한다는 사실이 직감적으로 다가왔다. 물론 아내의 경우 재물과 가난에 대해 어떤 면에서는 나보다 더 급진적인 생각을 갖고 있기에, 여성으로서 살림과 미래를 준비하기 위해 아내가 가지고 있는 현실적인 감각과 생각을 배려해 내 삶의 방법과 속도만 조정하면 되었다.

그런데 아이를 낳아 길러보니 부모로서 아이에 대한 강한 책임감이 애틋하게 다가왔다. 물론 하나님이 이 아이도 먹이시고 입히실 것에 대해 의심하지 않았지만, 이와는 별도로 아이의 건강과 성장, 교육을 위해 대비하는 것이 올바른 자세라는 생각이 들었다. 물론 '내 아이는 특별하다'는 식의 가족 이기주의는 또 다른 죄겠지만, 최소한 우리 가정에 주신 아이를 최선을 다해 양육하겠다는 마음은 하나님이 주신 마음이며, 이를 위해 기본적인 준비를 하는 자세 또한 믿음의 자세라는 생각이 들었다.

이렇게 살다 보니, 그리스도인으로서 적극적인 가난을 선택하는 삶을 살겠다는 마음의 자세는 청년 때 못지않은데, 현실에서는 적극적 가난과는 거리가 먼 모습을 유지하고 있다. 물론 그렇다고 부유한 것도 아니지만, 최소한 물질적인 생활에서는 벼랑 끝에 서는 자의 모습이 아니다.

이러한 나의 현실적인 모습에도 불구하고 청년 때 결심했던 적극적 가난에 대한 의식을 유지하며 사는 것은 나의 물질적 도움을 필요로 하는 이웃이 존재하기 때문이다. 신혼 초 결혼 축의금과 절값으로 결혼식과 신혼여행 비용을 제하고 약간 여윳돈이 생겼을 때, 그 돈에 적금 하나를 해약한 돈을 보태서, 전셋집을 구하지 못해 고민하던 전도사님 가정의 전세비를 보탠 것이 출발점이 되었다. 이후로 하나님은 때를 따라서 우리도 넉넉지 않지만 우리 주변에 우리보다 더 어려운 이웃의 삶을 보여주시고, 우리로서는 약간 무리를 해서 도와야 되는 상황들을 열어주셨다. 그리고 이를 통해 우리가 우리 가정과 자녀의 미래를 위해 준비는 하지만 이것이 지나치지 않도록, 이것을 핑계 삼아 재물을 땅에 쌓지 않도록, 재물을 의지하지 않도록 늘 우리를 자극하셨다.

나이가 들고 인생의 연륜이 쌓일수록, 우리 주변에는 하나님의 자녀로 최선을 다해 정직하게 살았지만 사업의 실패나 가족의 질병 혹은 실직 등으로 인해 물질적 어려움을 당하는 가정이 적지 않음을 볼 때 마음이 아프다. 특히 부모로서 자녀의 교육비는 물론이고 기본 생활마저 제대로 채워주지 못할 때 그 마음이 얼마나 힘들까 하는 것이 느껴질 때는 가슴이 무너진다. 그래서 이들이 이러한 어려운 상황 가운데서도 하나님에 대한 신뢰를 놓지 않고 그리스도인으로서 최소한의 품위를 잃지 않고 살게 해달라고 기도한다. 그리고 늘 그렇게 하지는 못하지만 할 수 있는 한 최대로 도움의 손길을 뻗치려고 노력하고 있다.

천사를 대접하는 생활

성실하고 강인했던 어머니, 하지만 이 어머니가 눈물을 흘리시는 모습을 딱한 번 보았다. 부모님 두 분 다 정말 몸 사리지 않고 열심히 일하셨지만, 워낙 밑바닥에서 시작했고 특별한 기술이 없는데다가 중간에 사기까지 한 번 당하고 보니 살림이 말이 아니었다. 어느 날 우리 집에 쌀이 떨어진 모양이었다. 퇴근해서 돌아온 어머니, 쌀통에 쌀이 없고 쌀 살 돈도 없었는지, 찬장 구석구석을 뒤지더니 찹쌀 한 홉과 잡곡 한 홉을 꺼내셨다. 명절 때 쓰려고 시골에서 얻어다 둔 것을 찾아내신 것 같았다. 그것을 섞어 밥을 짓는데, 어머니의 눈물과 콧물이 쌀뜨물에 같이 섞이던 그 모습이 지금도 기억에 남아 있다. 그리고 인생을 살수록 그 어머니의 눈물의 의미를 알 것 같아 더 가슴이 아프다.

이렇게 우리 식구도 밥 제대로 얻어먹기 힘든 상황임에도 우리 집에는 밥 손님이 떠나지 않았다. 고모부가 돌아가시면서 고종 사촌 동생이 2년 정도 우리와 함께 살았고, 누나가 중고등학교에 다닐 즈음에는 누나의 친구들이, 그 이후에는 나의 친구들이 때로는 한두 끼 식사를 하거나 가끔은 몇 달씩 묵어가는 등 사람이 끊이지 않았다. 그 당시 시골에서 올라와 오갈 데 없는 청소년들이 우리 교회에 많이 다녔고, 그들이 누나를 통해 또 나를 통해 우리 집에 드나들며 식솔이 되었다. 어머니는 힘든 상황에도 불구하고 그들을 마다하지 않으셨고, 때로는 그들의 도시락까지 다 책임져주셨다. 생각해보면 그들은 우리의 삶이 가난하지만 물질적 가난함을 벗어나는 일에만 우리의 온 관심을 다 쏟지 말고, 정신적이고 영적인 부유함도 함께 생각하라고 보내주신 천사였는지도 모른다.

내게 있는 것을 드려서

세상에는 늘 가난한 사람이 있을 것이라는 주님의 말씀처럼, 이전 세대에 비해 말할 수 없는 풍요함을 누리고 사는 지금도 우리 주변에는 여전히 가난한 사람들이 많다. 그리고 나는 늘 필요 이상의 물질적 소비를 하며 사는 것 같아 마음이 아플 때가 많다. 때로는 하나님이 나에게 풍요한 물질을 허락하셔서 그들을 마음껏 도우면서 살고 싶다는 생각을 할 때도 있다. 하지만 이것은 주님께 속한 영역일 뿐 아니라 어쩌면 지금 내게 주어진 책임을 회피하기 위한 생각인지도 모른다. 주님은 "너희가 먹을 것을 주어라"고 말씀하고 계시고, 이것이 현재 내 생활에 약간의 무리가 되는 것처럼 느껴지더라도 나로서는 내가 가지고 있는 보리떡 5개와 물고기 2마리를 드려야 할 것이다.

나의 어머니, 나의 교회

아버지, 어머니가 신앙의 자유를 찾아 제사권(장자권)을 포기하고 고향을 떠난 것이 내 나이 3살 때였다. 그 후 어머니는 당신 등에서 떨어지기가 무섭게 잠을 깨고 울기 시작하는 허약한 아들을 업고 밤을 지새우다시피 하다가, 아들을 업은 채로 새벽기도회에 나가 기도를 하셨다. 시계가 귀하던 그 시절, 새벽 2시든 3시든 관계없이 어머니의 부르짖음은 계속되었고, 그 등에는 항상 내가 있었다.

그래서인지 나에게 교회는 늘 어머니의 품 이상으로 따뜻하고 편안한 곳이었다. 어려서부터 한 번도 빠진 적이 없는 주일예배, 어린이 수요예배, 여름성경학교, 한 달 이상 지속된 성탄 연습, 어린이대회 준비 모임, 그리고 중학생 이후 일체의 공식적인 어른들 예배와 교회 모임에 참석한 것 역시 의무감이나 부모님이 시켜서가 아니라 그곳은 당연히 내가 있을 곳이고, 내 삶의 중심이었기 때문이다.

고등학교 1학년 때부터 중고등부 학생회 임원을 하면서 교회 가운데 있는 여러 연약함과 모순들에 부딪히면서 실족할 뻔한 경험도 많이 했다. 하지만 그 시절은 주의 몸된 교회와 연약한 지체들을 붙들고 주께 나아가는 법과 그리스도의 남은 고난을 몸된 교회를 위해 바친다는 것의 비밀과 실체를 초보적인 수준에서나마 맛보아 알아간 시간이었다. 그 후 청년으로서 나이 든 어머니를 모시듯 교회를 어떻게 섬겨야 할지를 하나님은 숙제로, 물음으로 계속 주셨다.

병든 어머니를 모시고

대학 시절, 말씀과 시대에 대해 눈을 뜨면서 새롭게 내게 다가온 교회의 모습은 정말이지 만신창이가 된 모습이었다. 어린 시절 너무도 크고 따뜻했던 나의 어머니 교회의 실상이 이렇게 처절하게 병든 모습이라는 것은 내게 견디기 힘든 고통이었다. 하나님의 말씀을 두려워하지 않는 교회, 그러기에 준비 없이도 설교할 수 있는 강단. 은혜 없는 종교적 계율들이 교회를 지배하고, 교회 운영은 세상의 방법이나 종교적인 조직 이기주의의 틀을 크게 벗어나지 못하고 있다는 생각이 들었다. 그러하기에 대다수 교회들이 세상 영혼들의 필요와 부르짖음에 제대로 응답하지 못하고, 그리스도의 피로 세운 교회에서 우리 믿음의 대상인 삼위 하나님의 자리는 없는 듯 보였다. 하지만 이러한 한국 교회의 모습이 바로 나의 어머니의 모습이고 곧 나의 모습이었기에 괴로워하고 또 괴로워했다. 그래서 한편으로는 교회를 섬기고 봉사하는 일에, 다른 한편으로는 교회에 대한 신학적인 책들을 공부하고 여기에 관심을 가진 목사님들이나 신학자들과 교제를 나누는 일에 많은 관심을 쏟았다.

이러한 고민과 아픔, 기도 가운데 있을 때 하나님께서 '네가 말씀과 역사 가운데서 찾은 올바른 교회의 모습을 몇몇 동역자들과 실제로 개척하고 실현해보아라'는 비전을 주셨다. 한국 교회의 개혁은 기존의 잘못된 모습을 비판하고 지적하는 데서 이루어지는 것이 아니라 더 성경적 원리에 충실한 새로운 교회들이 우후죽순처럼 일어날 때 가능한 것이고, 나 역시 이러한 역사의 한 부분을 감당하는 것이 어머니 된 교회를 가장 사랑하는 길임을 그때 분명히 붙들었다.

이 말씀에 순종하는 차원에서 대학 졸업 직전 새로운 뜻을 가지고 교회를 개척하는 목사님을 만나 개척 멤버로 참여했다. 이 과정에서 선한 뜻을 가진 교회 개척이라 할지라도 많은 문제점들을 가질 수밖에 없다는 것과, 교회를 새롭게 시작한다고 할 때 본질적으로 확인해야 할 것이 무엇인가 하는 것들을 경험했다. 그 후 결혼의 인도를 따라 두레교회(김진홍 목사님이 목회하시는 교회가 아닌, 예장 고신 측에 속한 교회)에 출석하게 되었다.

행복한 교회 생활

지저분하고 아슬아슬하기만 한 주방, 150여 명이 모이는 곳에 하나뿐인 화장실, 여름이면 덥고 겨울이면 추운 한마디로 불편하기 짝이 없는 교회당이었지만 두레교회에서 교회 생활은 참 행복했다. 두렵고 떨리는 마음으로 준비된 말씀이 설교자의 인격과 함께 녹아 선포될 때는 말씀이 살아서 실제로 영혼의 양식이 됨을 경험할 수 있었다.

말씀이 중심이 된 교제는 세상에서 경험할 수 없는 파격적이고 새로운 사회의 모습을 맛보게 해주었다. 시끄럽고 갈등도 많았지만 하나님 앞에서 치열하게 살아 있는 성도들과 함께 고민하고 실천하며 교회를 세워가는 일을 통해 비로소 한 몸으로서 교회를 세워간다는 것과 내가 한 지체임을 느낄 수 있었다. 어린아이부터 어른까지 함께 형제자매로 교제할 수 있는 적당한 교회는, 비록 규모는 부족하지만 전 교인이 함께 말씀의 원리를 교회에 적용시키려는 노력을 용이하게 해주었다.

하나님에 대한 나의 신앙고백뿐이었던 내가 교회 위에 운행하시며 성령으로 역동하시는 하나님을 만날 수 있었다. 또 가정과 직장의 삶을 믿음으로 살아가는 것을 중시하고 지향하는 교회의 방향은 신앙생활이 교회 내에서 그치지 않고 다른 모든 삶의 중심이 됨을 경험하게 해주었다. 그 결과 어머니의 품에서 자란 아들이 어머니의 뜻을 세상 가운데 확장하듯, 내가 부름 받은 교육계 가운데서 주의 뜻을 마음껏 실현할 수 있는 힘과 능력을 교회를 통해 공급받을 수 있었다.

처음부터 작은 교회를 지향했기에 교회 설립 3년 만에 200명이 채 되지 않던 교회를 반으로 잘라 분립 개척을 했고, 단지 거기서 그친 것이 아니라 두 교회, 한 당회, 한 재정, 강단 교류라는 공동 목회를 실험하기도 했다. 그리고 IMF 때는 교회당 옥상에 노숙자를 위한 쉼터를 만들어 시대의 문제에 교회가 답하는 모델을 만들기도 했다.

새로운 부르심 앞에서

이렇게 행복한 교회 생활을 하던 나에게, 하나님은 몇 년 전부터 교회에 대해 기도하고자 하는 마음을 계속 주셨다. 기도 가운데 계속해서 드는 생각은 두레교회가 현재의 모습에 안주해서는 안 되고, 하나님이 처음 허락하셨던 사명인 한국 교회를 새롭게 하는 일을 위해 끊임없이 새로운 역사를 만들어가기에 힘써야 한다는 것이었다.

올해 들면서 하나님은 분립 개척과 관련된 기도를 하나님의 내 삶을 향한 인도와 관련하여 더 구체적으로 기도하게 하셨고, 겨울방학 기간을 통해 기독교사 단체 수련회를 통해 구체적인 확신으로 응답하셨다. 우선 1월 30일(금)에 'God Teachers' 겨울 수련회 강의가 있어 그 전날 진주로 내려갔다. 아침 QT 본문인 사도행전 16장 1-10절 말씀을 통해 바울을 마게도냐로 부르셨듯이 주께서 나를 개척 교회로 부르시고 있는데 내가 망설이고 있는 것이 아닌가 생각하면서 주께서 더 분명하게 보여주시길 기도했다. 그런데 그 다음 주인 2월 6일(금) TCF 남부 지역 리더 수련회에서 강의가 있어 당일 대구로 내려갔는데, 김덕기 선생님의 개회 예배 말씀 중에 사도행전 16장 1-10절 말씀이 인용되면서 바울이 오직 하나님의 인도를 따라서 움직였음이 선포되었다.

이 말씀과 함께 대학 시절, 사랑하는 어머니 된 한국 교회의 새로워짐을 위해 살아 있는 말씀을 가지고 시대에 도전하고 새롭게 하는 교회를 개척하는 일에 나를 드리겠다고 서원했던 기도가 떠올랐다. 이제는 이 부르심에 거부할 수 없음을 느끼면서 두레교회의 당회와 사랑하는 성도들과 함께 이에 대해 나누면서 기도하고 있다.

교회, 교회를 낳다

1980년대 중반 자신이 다니던 교회가 갖고 있는 여러 잘못된 모습으로 인해 고민을 하던 몇몇 장로님들과 성도들이 있었다. 이들은 마침 성경 번역 선교사로 파송 받기 위해 준비 중이던 안지영 선교사님(지금은 파푸아뉴기니 과하티게 부족의 성경 번역을 마치고 미국에서 신학 공부와 목회를 하고 있다)을 만나 정기적으로 성경 공부를 하게 되었다. 이 과정을 통해 이들은 자신들이 고민하던 바에 대한 성경적 해답을 발견하고 성경적인 교회에 대한 갈망을 갖게 되었다. 이들은 이러한 고민을 김진홍 목사님과 상의했고, 목사님을 통해 새로운 교회를 시작하는 것이 좋겠다는 조언과 함께 '두레교회'라는 이름도 얻게 되었다. 이때가 1986년 9월이었다.

절터에 세워진 교회

처음에는 한 장로님의 아파트에서 성경 공부를 이끌어주셨던 선교사님의 인도로 예배를 드리기 시작했다가 곧 정근두 목사님(현 울산교회 시무)을 모시게 되었다. 그리고 예배당도 절터로 사용되던 오래된 가옥을 얻었다. 그러면서 교회는 나름대로 모습을 갖추어가기 시작했다. 처음 교회를 시작했던 장로님들과 성도님들은 '성경적인 교회'를 하고자 하는 갈망을 가지고 있었지만 구체적인 상(像)을 가지고 있었던 것은 아니었다. 이때 정근두 목사님이 가지고 있던 '말씀이 제대로 선포되는 강단' '모든 교인들이 서로를 잘 알고 영적으로 보살펴주는 공동체성' '모든 세대가 함께하는 통합적 교제' '그리스도인의 자유와 형제애에 근거한 지체 의식과 은사에 따른 참여와 지어져감' 등의 교회관은 초기 성도들이 막연히 갈망하던 것의 구체적인 표현이었다.

이러한 두레교회의 모습은 곧 소문이 나기 시작했다. 그래서 당시 교회에서 이런저런 상처를 받고 교회에 대해 고민하던 많은 젊은이들이 모여들기 시작했다. 자연스럽게 두레교회는 "상처받은 사람들이 모이는 교회"가 되었다. 그리고 이렇게 모여든 사람들이 그동안 가슴속 깊이 묻어두었던 교회에 대한 소망들을 두레교회를 통해 만들어가고자 애쓰면서 두레교회의 소문은 한국 교회 가운데 퍼져갔다. 그래서 당시 두레교회에 소속되지 않은 사람들 가운데서도 한국 교회의 잘못된 모습에 아픔을 가지고 있는 사람들은 두레교회가 어떤 모습을 갖추어가는지에 대해 많은 관심을 가졌고, 나도 그 중의 한 사람이었다.

대담하고 위험한 실험, 분립 개척

시간이 흐르고 교인 수도 늘어나면서 두레교회의 모토는 '흩어져 복음을 전하는 두레교회'로 바뀌었다. 그리고 이 모토를 따라 교회의 핵심에 있던 사람들 가운데 많은 사람들이 선교사로 혹 해외로 혹 다른 지역으로 흩어져갔고, 이런 맥락에서 분립 개척이 논의되기 시작했다.

분립 개척에 대한 논의는 교회가 시작한 지 2년여 시간이 흐르면서 시작되었다. 일단 장년 출석 교인이 150명 가까이 임박하면서 장소의 한계에 부딪히기 시작했다. 교회의 본질 추구 면에서도 전 교인이 말씀 가운데 친밀하게 교제하는 가운데 한 몸으로 지어져감을 체험하기에는 조금 버거워지기 시작했다. 그리고 두레교회가 추구하는 올바른 모습의 교회를 가급적 여러 곳에 세워가자는 생각도 함께 있었다. 무엇보다 도산 안창호 선생님의 조카인 안성결 권사님이 정릉 쪽에 이전에 야학을 했던 터를 제공하겠다고 나섰고(그래서 교회의 이름도 도산이 평양에서 개척해 섬겼던 '탄포리'라는 이름을 붙이게 되었다), 이를 계기로 본격적인 분립 개척 논의를 하게 되었다.

우선 정근두 목사님이 개척 교회인 탄포리교회(지금은 나눔교회로 이름을 고쳤다)로 나가면서 절반 정도의 교인이 함께했고, 두레교회에는 장희종 목사님(현 대구명덕교회 시무)이 부임을 했다. 두 분은 신학교 동기이기도 했고, 교회에 대한 뜻을 같이하셨기에, 공동 목회를 실험하기로 했다. 즉 두 분의 목사님이 격주로 번갈아 가면서 설교를 하시고, 재정을 같이하며, 합동 당회를 통해 교회의 정책을 결정해가는 방식이었다. 물론 이 실험은 당시 교인들의 여러 연약함에 부딪혀 몇 달 만에 교인들의 소속과 재정을 분명히 나누고 강단 교류도 그

만듦으로써 완전히 독립된 두 교회가 되었다. 이후 탄포리교회는 정근두 목사님, 안경환 목사님으로 이어지면서 두레교회가 처음부터 지향했던 말씀과 공동체성을 더 강화하고 구체화, 생활화하는 방향으로 나아갔고, 지금도 아름답고 모범적인 교회의 모습을 유지하고 있다.

어렵지만 바른 결정

두레교회는 장희종 목사님의 목회 방침에 따라 기존의 말씀과 공동체를 중시하는 전통 위에 '개혁 교회의 전통'과 '젊은이와 다음 세대에 대한 관심'을 접목하려고 노력했으며, 당산동 현 두레교회 위치에 건물을 사서 입주했다. 이후 오세택 목사님이 9년 정도 목회를 하면서 노숙자 쉼터 운영 등 '사회적 약자에 대한 관심과 사랑'이라는 요소를 덧붙였다. 이러한 과정을 통해 두레교회는 숫자 면이나 재산 면의 성장뿐 아니라 정신적이고 내적인 자산도 훨씬 더 풍요로워졌다.

하지만 20년의 시간이 지나면서 교회의 구성원들이 많이 바뀌었고, 목회자도 2회 정도 바뀌는 과정에서 교회가 처음 세워질 때 가졌던 문제의식들이 희미해지기 시작했다. 동시에 교인의 수가 늘어나면서(어린아이 합해서 500명 정도) 힘 있게 선한 일을 많이 할 수 있기에는 아직 작지만, 전 교인들이 하나 되는 공동체성을 추구하기에는 너무 많은 숫자가 되어버렸다. 자연스럽게 교회가 어떤 방향으로 나아가야 하는지에 대한 논란들이 있었고, 분립 개척을 다시 한 번 함으로써 교회의 공동체성 회복과 흩어지는 교회에 대한 비전을 새롭게 하자는 쪽으로 의견이 모아졌다. 이에 따라 교회에서는 김포 지역에 예배 처소를 위한 부지를 매입하고 교인 100명(어린아이 포함) 정도를 파송하여 새로운 교회를 탄생시켰다.

우리는 다 과정 속에 있다

나는 두레교회가 설립된 지 5년, 두레교회가 탄포리(나눔)교회를 개척한 지 2년 되는 시점부터 두레교회에 출석하기 시작했다. 이 교회가 하나님 앞에서 처음 품은 뜻과 첫 번째 분립 개척이 지향했던 정신들에 동의했고, 그 정신이야말로 이 시대 교회를 새롭게 할 수 있는 정신이라 믿었기에, 교회가 이 처음 정신을 놓지 않고 변화하는 교인들의 상황과 시대와 지역 가운데서 새롭게 적용하는 일을 위해 최선을 다했다. 그리고 이러한 맥락에서 교회가 두 번째 분립 개척을 해야 함을 주장했고, 교회가 이를 품고 결정해가는 과정에서의 어려움이나 아픔들 속에서도 교회를 향한 하나님의 뜻을 분별하려고 애썼다.

지난 9월 3일, 교회의 파송을 받아 김포 지역에서 첫 예배를 드렸다. 새로운 교회를 시작한다는 것이 한편으로는 설레는 일이고 성도로서 몇 번 누릴 수 없는 영광스런 일이지만, 그러기에 부담도 크게 느껴진다. 하나님이 20년 전 두레교회를 처음 세우실 때 품었던 뜻, 그리고 20년 동안 인도해오시면서 보여주셨던 그 뜻뿐 아니라, 2000년 교회의 역사 가운데서 그리스도가 보여주셨고 믿음의 선배들이 고민했던 부분들을 이 시대 가운데 적합한 형태로 풀어내고 싶다. 그리고 함께 이러한 고민을 해왔던 두레교회, 탄포리(나눔)교회를 포함한 여러 교회들과 서로 나누고 연대함으로써 한국 교회의 새로워짐에 기여하고 싶다.

설교 필기의 추억

초등학교 6학년 겨울방학이 시작될 즈음이었다. 3월부터 시작되는 학교의 학제와는 달리 교회 주일학교의 학제는 1월에 시작되기 때문에, 나는 유년 주일학교를 졸업하고 중등부에 올라갈 준비를 하고 있었다. 그때 아버지께서 나에게 이런 말씀을 하셨다.

"너도 이제 중등부가 되고, 어른 예배에 참석하게 될 텐데(당시 대부분의 교회가 그러했듯이 내가 다니던 교회도 중학생부터는 중고등부 예배와 성경 공부에 참석한 후 어른 예배에 함께 참석했다), 이제부터는 설교 노트를 준비해서 목사님 설교하는 것을 다 적도록 해라. 얼마 있지 않아 너도 주일학교 교사를 하게 될 텐데 그때 아이들을 가르치려면 꼭 필요할 거다."

아버지는 원래 말이 없는 전형적인 경상도 분이셨고, 자녀들의 교육에 대해 이래라저래라 간섭을 하는 법이 절대 없는 분이셨다. 그리고 아버지 당신이 신앙생활을 충실히 하는 편이 아니셨다. 막노동의 특성상 주일성수를 제대로 할 수 있는 상황이 아니었고, 젊을 때부터 피워왔던 담배를 끊지 못해 늘 가족들의 구박을 받기도 하셨다. 그런 아버지께서 어떻게 나에게 그런 말씀을 하셨는지 지금도 잘 모르겠다.

아버지는 내게 말씀하셨지

하여간 아버지의 그때 그 말씀은 내 가슴에 박혔고, 나는 중고등부에 올라가는 첫 주부터 중고등부 예배의 설교는 물론이고, 어른 예배의 주일 낮 예배 설교부터 저녁 예배 설교, 수요예배에 이르기까지 모든 설교들을 기록하기 시작했다. 이러한 설교 기록의 습관은 중고등학교 6년 내내 빠짐없이 이어졌다. 물론 나는 설교를 열심히 기록했을 뿐 이후 그 기록 내용을 다시 보거나 활용한 적은 없다. 그리고 지금 돌아보면 그때 목사님이 말씀을 아주 깊이 있게 잘 설교하는 분은 아니셔서 여러 엉뚱한 해석이나 목사님의 편견들이 설교에 많이 들어 있었다는 생각이 든다.

하지만 설교 필기의 습관은 설교에 대한 집중력을 길러주었던 것 같다. 실제로 지금도 내 머릿속에는 내가 어른 예배에 처음 참석해서 들었던 설교 말씀의 본문과 제목, 내용이 거의 그대로 남아 있고, 다른 설교들도 상당히 많은 부분들을 지금도 기억할 수 있다. 하지만 더 많은 말씀들이 기억의 형태가 아닌 신앙의 뿌리와 가치관에 배었을 것을 생각할 때 당시 설교에 집중해서 기록을 했던 그 시절의 행위들은 내 삶에 매우 큰 영향을 미쳤던 것 같다.

좀 부수적이긴 하지만 설교 필기의 습관은 학교의 수업 시간에 집중하고 수업의 핵심을 집어내고 그것을 잘 정리해내는 능력을 길러주는 데도 상당히 기여한 것이 아닌가 하는 생각도 든다. 이전에 월간 『좋은교사』에서 '만나고 싶었습니다' 코너를 맡았을 때나, 대학 시절 선교 단체 회보의 인터뷰 코너를 담당했을 때 상대방과 만나 이야기하면서 녹음기 없이 받아 적은 것만 가지고 내용을 정리해서 실으면, 많은 분들이 자신이 이야기했던 것보다 정리가 더 잘된 것 같다는 칭찬을 하시곤 했는데, 이런 능력도 그 시절 길러진 것이 아닌가 하는 생각이 든다.

말씀이 열리니 예배가 닫히다

이러한 설교 필기의 습관은 대학에 가면서 도전을 받게 되었다. 대학 입학 때부터 활동했던 선교 단체는 지도하는 간사님 없이 순수하게 학생 자치에 의해 운영되었는데, 깊이 있는 성경 공부를 선교 단체 교육과정의 핵심으로 두고 있었다. 대학 생활 8학기 동안 조별 성경 공부, 8회의 여름 · 겨울 수련회 때의 성경 강해, 1박 2일 동안 성경 한 권을 택해 집중적으로 공부하는 가을 수련회 4회 등의 시간 동안 신구약의 중요한 뼈대가 되는 본문들을 다 공부하는 성경 공부 교육과정을 갖고 있었다(물론 계획대로 잘 이루어진 것은 아니지만 핵심에서 열심히 참여한 사람들에게는 매우 유익했다). 여기다가 매일 아침 1시간 동안 성경 묵상과 나눔의 훈련, 주 1회 전체 모임에서 여러 목사님들과 신학자들이 던져주신 통찰력들은 내게 말씀을 볼 수 있는 눈을 길러주었다.

이러한 말씀에 대한 눈뜸은 지금의 나를 있게 한 신앙의 토대가 되었지만 다른 한편으로 내 신앙생활의 큰 걸림돌이 되었다. 그것은 주일예배 시간에 목사님이 성경 본문을 읽고 그 본문에 대한 정확한 해석으로 오늘 우리에게 주는 교훈을 던져주어야 할 텐데 전혀 그렇지 못함이 느껴지기 시작했기 때문이었다. 목사님의 설교를 듣다 보면 그 본문을 깊이 연구하거나 묵상하지 않은 상태인 내가 그냥 읽으면서 정리해도 드러나는 기본 메시지조차 무시하고, 그 본문에 나오는 특정한 단어나 문장을 주제로 삼아 온갖 이야기를 풀어놓는 경우가 많았다. 그나마 본문과 관계없더라도 상식적으로나마 맞는 이야기면 좀 참을 만한데, 많은 경우는 상식적으로도 맞지 않았다. 아마 고등학생 시절까지 다닌 고향 교회 목사님의 설교도 대학 시절 다녔던 서울 교회의 목사님 설교와 그렇게 다르지 않았을 텐데, 그때는 정말 은혜롭게 말씀을 들었는데 말씀에 눈을 뜬 이후로는 그것이 도무지 그렇게 되지 않았다. 그래도 오랜 설교 필기의 습관 덕에 무언가 적을 만한 것이 없나 하고 귀를 기울이며 적어가던 설교 필기 노트의 양은 점차 줄어들고, 결국 설교 필기를 할 수 없는 단계에까지 이르게 되었다.

한동안 분노했지만 이후 점차 설교 내용과 관계없이 혼자서 주어진 본문을 묵상하며 은혜를 받는 단계로 나아가기 시작했다. 하지만 이러한 과정 속에서 나는 이미 설교를 듣고 그 가운데서 들리는 하나님의 말씀에 반응하는 자가 아닌 말씀을 판단하는 자의 자리에 서 있었고, 하나님이 아닌 내 생각에 집중하고 있었고, 예배자가 아닌 방관자의 자리에 서 있었다. 내 영혼이 그 말씀을 더 이상 견디기 힘든 한계상황에서 교회를 옮겼다면 차라리 나았을지도 모르겠는데, 설교 때문에 교회를 옮기는 것을 용납할 수 없어 버티다 보니, 예배와 말씀에 대한 기대를 포기하고 상처를 덜 받으면서 버티기에 집중하게 되었고, 내 영혼이 더 딱딱해져버림을 느낄 수 있었다.

판단자, 방관자의 껍질을 깨고

이후 여러 교회 여러 설교자들을 접하면서 결국 한국 교회의 위기는 강단의 위기, 설교의 위기라는 생각을 지울 수 없다. 정말 말씀에 깊이 침잠해서 말씀의 깊은 곳에서 우물물을 길어내는, 말씀에 사로잡힌 설교자가 많지 않고, 본문과 관계없는 설교 혹은 본문의 문맥과 관계없이 한 단어나 문장을 바탕으로 자신의 생각이나 도덕, 생활의 지혜, 우스갯소리를 늘어놓는 설교가 강단을 주도하고 있다는 것이다. 아울러 각종 교회 일로 바쁜 담임목사가 주일 강단을 독점한 채 부목사나 외부 설교자, 은사 있는 평신도들과 설교의 기회를 나누지 않는 풍토는, 그렇지 않아도 빈약한 강단을 더 빈약하게 만들고 있다.

한국 교회의 많은 강단 가운데서 하나님의 말씀이 경홀히 여김을 당하고 목회자의 사유물로 전락해버린 모습을 생각할 때 안타깝기 그지없지만, 내가 할 수 있는 것은 새벽마다 부르짖는 것, 그리고 내가 속한 교회 내에서 이 부분을 바로잡기 위해 노력하는 것밖에 없다.

그래서 설교와 관련하여 다시 나는 내 숙제로 돌아온다. 모든 자기 백성의 눈을 열어 당신 말씀의 깊은 곳까지 들어와 말씀의 생수를 마시기를 원하시는 하나님의 그 부르심을 소홀히 하지 않으면서도, 동시에 이것이 하나님께 예배자로 서는 데, 설교를 듣고 그 설교에 반응하는 자로 서는 데 걸림돌이 되지 않도록 나를 쳐 복종시키는 것이 내 과제다.

그래서 올해 들어 다시 설교 필기를 시작했다. 아이들도 함께하길 권했다. 다시 시작한 설교 필기가 오랜 시간 나의 상처 속에 인 박혀 있는 설교의 판단자, 예배의 방관자라는 껍질을 깨고 참된 예배자의 새살이 돋아나게 하는 촉진제가 되길 간절히 소원한다.

제5부 그녀 가슴에 못 박다

제대로 된 키스 맞냐?

고등학교와 대학 시절 동안 나는 교회나 선교 단체 자매들에게 매력 없는 형제였다. 기본적으로 작고 시골스러운 외모에다가 소극적인 성격은 매력은 고사하고 다른 사람들 눈에 띄기 힘들었다. 그리고 워낙 순종적이고 몸에 밴 모범생 스타일은 공동체 내 이성 교제를 금하는 계율에 적극 순종하고 공동체의 필요에 충성하는 것을 미덕으로 삼았기에, 공적으로는 사람들을 잘 섬겼으나 사적으로는 깊이 어울리지는 못했다. 나중에 내가 다른 친구들보다 비교적 빠른 나이에 결혼을 한다고 하자 몇몇 여자 후배들이 "오빠는 영원히 만인의 연인으로 남을 줄 알았는데……"라고 하기도 했다.

대학 시절을 거치면서도 내가 자매들에게 매력을 주지 못하는 이유는, 외모나 성격 등보다는 사람을 사적으로 깊이 사귀지 못하고, 친밀한 관계로 나아갈 줄 모르며, 다른 사람의 기쁨과 아픔에 깊이 공감할 줄 모르는 나의 한계 때문임을 알기 시작했다.

이는 아내와 연애 관계에 들어가면서 더 분명해졌다. 특히 아내는 영적으로 매우 민감한 사람이었고, 남편과의 깊은 교제와 하나됨에 대한 갈망이 큰 사람이었기에, 이러한 아내의 요구와 반응에 비친 나의 모습은 상당히 비참한 모습이었다.

결혼 전 나는 결혼에 대한 감이 전혀 없는 사람이었다. 결혼 생활에 대해서는 '사람 사는 게 다 그렇지 그냥 살면 되는 것 아닌가?' 정도의 생각만 갖고 있었을 뿐이었다. 그리고 대학 시절 선교지 파송 직전의 선교사님에게 그 위험한 땅에 선교사로 가는 것에 대해 가족들이랑 상의를 했느냐는 질문을 했을 때, "상의요? 저희 가족은 제가 결정하면 그냥 순종합니다"라는 대답을 듣고 그것을 믿는 가정의 표본으로 생각하고 있었을 정도였다.

이러한 내가 하나님이 의도하신 결혼, 친밀함과 하나됨의 신비를 깨닫고 체질화하는 과정은 오직 주의 은혜 가운데 이루어졌지만, 동시에 아내의 영적 민감성과 나의 꾸준함도 한몫을 했다.

우리의 키스가 제대로 된 키스 맞나?

친밀함과 하나됨의 신비에 대한 나의 눈멂과 무감각은 우선 아내와의 육체적인(성적인) 하나됨의 경험을 통해 깨어지기 시작했다. 단지 상대방에 대한 사랑이라는 순수한 마음만 있을 뿐 그 어떤 기교나 지식이 없는 가운데서 사랑과 본능의 이끌림을 따라 갖기 시작한 성적인 관계는 하나님이 부부에게 허락하신 친밀과 하나됨의 비밀을 몸으로 직접 느끼게 해주었다. 미혼 시절 종교적 계율을 따라 간직해온 육체적인 순결과 성적인 무지는 성적 관계의 신비를 더 크게 해주었다. 수없이 키스를 해왔지만, 지금도 "지금 우리가 하는 키스가 제대로 하는 키스가 맞냐?"라는 이야기를 하지만, 그것은 아무런 상관이 없는 일이었다. 어차피 비교할 대상이 없기 때문에 두 사람의 관계는 그 자체로 절대였고, 사랑은 모든 기교를 뛰어넘어 온전한 하나됨의 기쁨으로 이끌어주었다. 아내는 나를 사랑하는 마음으로 가장 편안한 분위기에서 나를 온전히 받아주었기에 나는 늘 기쁨과 자신감으로 아내에게 다가갈 수 있었고, 나 역시 아내의 감정과 반응을 온전히 존중하고 거기에 부응하려고 했기에 아내는 자신을 마음껏 표현하고 성의 환희를 만끽할 수 있었다. 이러한 육체적 결합의 기쁨은 서로가 서로 안에 있음과 온전한 연합의 신비를 온몸으로, 전인으로 알게 해주었다.

영적 친밀함과 하나됨의 신비에 눈뜨고

우리 부부가 육체적 결합의 신비와 환희에 눈뜨고 그 깊이를 시간의 흐름과 함께 더해갈 수 있었음은 우리의 노력과 관계없이 주께서 부어주신 은혜였지만, 영적인 친밀함과 하나됨은 많은 아픔과 반복되는 실패, 인내를 요구했다. 연애 초기부터 아내는 나와 깊은 영적인 교감을 갖기를 간절히 소원했다. 그리고 그 일환으로 함께 기도하기를 소원했다.

심지어 심하게 말다툼을 하고 난 이후에도 함께 기도하길 요청할 정도였다.

하지만 나는 이러한 아내의 영적 하나됨의 요구에 대해 온전히 응답하기가 쉽지 않았다. 나에게 기도는 내 감정의 가장 은밀한 문제까지 다 주께 가지고 나가 벌거벗은 상태에서 그분을 깊게 만나는 시간인데, 아내와 함께 기도하면서 이러한 것을 다 가지고 주께 나아가기가 어려웠기 때문이다. 특히나 연애 시절과 결혼 초기에는 아내에 대한 얽힌 문제와 불편한 감정이 많을 때였는데 그러한 것을 가지고 함께 기도하기도 어려웠고, 그렇다고 그러한 것을 건너뛰면서 하는 기도는 온전한 영적 하나됨을 요구하는 아내의 요구를 만족시키기 어려웠다.

하지만 결혼의 연수가 쌓이고 하나가 되어가면서 아내와 함께 기도하는 부분에 대한 지경이 열리기 시작했다. 아내와 함께 기도하는 가운데도 혼자서 은밀히 주께 나아갈 때와 마찬가지로 내 영이 하나님의 영광의 보좌로 깊이 나아가는 길이 열리기 시작했다. 어떤 경우에는 아내의 기도를 통해 내가 가보지 못한 새로운 길이 열리는 체험을 하게 되어, 기도를 통한 하나님과의 교제의 기쁨을 2배로 증대시켜주었다. 그래서 최근 몇 년 전부터 자기 전 매일 아내와 함께 갖는 기도의 시간은 하나님과의 교제에서 가장 중심에 자리를 잡고 있다. 그리고 이러한 영적 하나됨과 친밀함에 대한 경험이 육체적인 부부 관계를 더 친밀하게 하고 새로운 차원으로 이끌어감은 물론이다.

개인 차원의 인도를 넘어서

아내와 함께 기도함을 통한 영적 하나됨과 친밀함의 경험은 부부가 혹은 가정이 하나님의 인도를 받는 부분에 눈을 뜨게 해주었다. 결혼 전부터 결혼을 하는 과정에서, 그리고 이후 개인의 삶에서 하나님의 인도를 받고 그분의 뜻에 민감하기 위해 노력해왔다. 하지만 결혼을 하고 나면 하나님이 가정 단위로 인도를 하시고 내 개인의 삶에 대한 인도도 이러한 가정 단위의 인도와 맞물려 이루어진다는 것을 이해하거나 따르는 것이 참 쉽지가 않았다. 하나님이 자신의 뜻을 부부에게 같이 말씀하신다는 것을 믿고, 이것을 놓고 부부가 함께 기도하고 대화하는 가운데 확인하고, 때로 기다리며 때로 한 발을 내디디며 순종해가는 것이 가정을 이루어가는 것이며 동시에 주님을 따르는 길임을 알아가는 과정은 많은 인내와 노력을 요구했다. 결혼과 함께 주어지는 많은 일들, 부부 사이의 관계, 양가 집안 관계, 출산과 양육, 경제 문제, 직장과 사역 등 이 많은 부분의 일들이 부부가 함께 기도하면서 가정에 주시는 인도를 구하기 시작할 때 너무도 쉽게 해결되어갔다. 동시에 우리가 주님을 믿는다는 것이, 결혼 생활을 한다는 것이 결국 이런 것임을 알게 되었다.

부부간의 영적인 친밀과 하나됨, 함께 기도함을 통해 주님의 인도를 받는 것이 조금씩 체질화되면서 교회에 대한 이해도 새롭게 열리기 시작했다. 그리스도께서 교회를 자신의 몸이라고 하셨을 때 이는 예수 그리스도와 그를 믿는 백성 간에 부부가 육적 · 영적으로 누리는 친밀함과 하나됨이 실현되는 관계이고, 동시에 함께 지체된 교인들 간에 이러한 영적 친밀감과 하나됨이 실현되는 관계라는 것이다. 즉 부부가 함께 하나님의 인도를 받는 것이다. 그리고 교회도 온 교인들이 함께 교회의 본질과 나아가야 할 방향, 사역에 대해 기도하고 대화하며 토론하는 가운데 교회를 향한 하나님의 인도를 받고, 그 인도에 함께 순종해 가는 가운데 머리 되신 그리스도를 알아가고 더 친밀해지며, 교인들 간에도 영적 하나됨과 친밀함이 더해가는 것이다. 이것이 바로 교회가 세워진다는 의미이고, 따라서 지상의 교회는 어떻게 하면 이러한 본질을 잘 담을 수 있을 것인가를 놓고 끊임없는 자기 갱신을 해야 할 것이다.

이러므로 사람이 부모를 떠나 그 아내와 합하여 한 육체가 될지니, 이 비밀이 크도다. 내가 그리스도와 교회에 대하여 말하노라. (에베소서 5 : 31-32)

아름다운 것을 지키세요

연애는 아무나 하나?

군 제대 후 학교에 복직한 직후인 25세, 난 처음으로 연애를 하게 되었다. 물론 그 전에도 좋아했던 여자가 없었던 것은 아니지만, 다 나 혼자만 좋아하다가 끝났거나, 혼자 가슴앓이 끝에 고백했다가 보기 좋게 거절당했을 뿐이었다. 그런데 이 처음 연애의 상대와 결혼까지 했으니 사실상 마지막 연애이기도 했다.

연애의 세계에 들어서자 그 이전에 내가 한 번도 경험하지 못했던 것들로 가득 찬 새로운 세계가 열리기 시작했다. 스스로 생각해도 부족하고 초라하기 짝이 없으며 여자들에게는 거의 인기가 없는 건조한 나를 사랑한다고 고백하고 나를 전적으로 신뢰하는 한 사람이 존재한다는 사실이 주는 기쁨과 감격, 특별한 사랑의 관계에 있는 한 여자를 생각하고 만날 때의 설렘, 그 전에 나 자신도 미처 알지 못했던 깊은 것까지 나누는 대화 가운데서 오는 친밀감 등은 그 어떤 단어로도 표현하지 못할 정도로 새로운 기쁨의 세계였다.

하지만 인생의 많은 것들이 그렇듯, 연애의 기쁨과 흥분 이면에는 내가 감당하고 배우고 훈련받아야 할 아픔과 숙제가 있었다. 우선 여자라는 존재에 대해 배워야 했다. 여자에 대해, 더군다나 연애 과정에 있는 여자에 대한 이해가 거의 없었던 나로서는 연애 과정에서 아내가 보이는 반응은 보통 남자들이 여자에 대해 표현하듯이 '럭비공이 떨어지면 어디로 튈지 모르는' 그런 것으로밖에는 보이지 않았다. 하지만 단지 이렇게만 표현하고 무시할 수 없는 것이, 나의 이런 모습으로 인해 아내는 너무 힘들어하고 자기 전 존재를 걸고 고민하고 나에게 자신을 설명하려고 한다는 것이었다. 이러한 아내에 대해 나도 최선을 다해 반응하려고 했지만, 이러한 아내의 고민 표현조차도 도대체 무슨 말인지 잘 이해하기 힘들었던 나로서는 '나도 힘들다'는 반응 외에 보여줄 것이 없었고, 이것이 다시 갈등의 불씨가 되었다.

인정하기 싫었지만 나는 연애에서 어린아이이자 열등생이었다.

이러한 과정을 거치면서 아내는 자신이 느끼는 나에 대한 절망감을 틈이 날 때마다 이야기했다. 직관이 뛰어난 아내는 나의 약점을 너무도 분명하고 신랄하게 드러냈다. 서로를 배려한다고 대충 넘어가고 적당한 선에서 얼버무리는 것이 아니라, 서로의 약점에 대해서 충분히 이야기하는 것이 서로 사랑하는 사람의 태도라고 아내는 생각했다.

하지만 나는 아내의 그런 이야기를 받아들이기가 너무 힘이 들고 억울했다. 아내의 이야기는 틀린 부분은 없었다. 분명히 아내가 지적했던 그런 행동을 내가 한 것은 사실이지만 그 행동은 아내가 지적한 것과 같이 그런 나쁜 의도를 가지고 한 것이 아니고 나로서는 최대한의 선의를 가지고 한 행동이었다. 그리고 선의까지는 아니더라도 나로서는 큰 의도 없이 그냥 평소 하듯이 한 행동이었다. 그리고 어떤 부분에서는 아내가 지적한 것 같은 약점이 나에게 있다는 것은 나도 알고 있는 바였다. 하지만 지금까지 내가 만난 많은 사람들은 그 약점을 알고 이해하고 선의로 해석하고 넘어갔지, 아내가 지적하듯이 그렇게 나쁜 것으로 보거나 거기에 상처를 입거나 하지는 않았다. 그런데 아내가 나의 그 약점으로 인해 많은 사람들이 힘들어하고 상처를 받았을 것이라고 한 것은 그냥 받아들이기에는 너무 억울한 면이 많았다.

돌아보면 나는 그때까지 살아오면서 어느 누구에게 욕을 먹거나 비판을 받아본 적이 거의 없었다. 기본적인 생계를 유지하기 위해 두 분 모두 열심히 일하지 않으면 안 되었던 부모님은 자녀들의 생활과 선택에 대해 거의 관여를 하지 않고 신뢰를 해주셨다. 그 덕분인지 몰라도 가정에서 부모님께 걱정을 끼쳐드릴 일을 거의 하지 않고 자랐고, 학교에서도 철저한 순종형으로 생활을 했다. 교회나 대학 시절 신앙 동아리에서도 조금만 시간이 지나면 임원이나 조장으로 섬기는 역할을 감당해야 했기에 부모님이나 선생님, 선배 혹은 친구들로부터도 심각한 질책이나 비판을 거의 받지 않고 자라왔다. 이렇게 자랐기에 20대 중반 연애 시절부터 시작하여 결혼 생활 10여 년이 지나도록 지속된 아내의 비판과 지적에 대해 더 견디지 못하고 힘들어했는지 모르겠다.

하지만 아내는 나의 약점에 대해 신랄하게 비판하면서도 늘 이런 말을 하는 것을 잊지 않았다.

"여보! 나는 지금까지 내가 말한 것들을 당신이 정말 심각하게 생각하고, 그 것을 고치려는 노력을 하면 좋겠어요. 하지만 나는 이 말을 하면서도 두려워요. 사실 내가 당신의 단점이라고 말한 것들이 당신의 심각한 약점이긴 하지만, 한 편으로 그것으로부터 당신의 생명력이 나온다는 것을 알거든요. 지금 당신의 약점은 당신이 어린 시절을 거치면서 부딪힌 여러 어려움들 가운데서 당신을 지키기 위한 싸움과 몸부림 가운데 형성된 것이라는 것을 알아요. 바로 그 싸움 과 몸부림으로 인해 지금 당신의 약점도 형성되었지만, 동시에 그 가운데서 당 신이 아니면 뿜어낼 수 없는 순수함과 열정, 에너지와 생명력이 같이 길러졌죠. 나는 당신의 이러한 장점을 사랑하고, 그것이 이 혼탁한 시대 가운데서도 시대 와 타협하지 않고 잘 보존되고 다듬어져서, 더욱 빛나게 사용되길 간절히 원해 요. 그러니까 내가 아무리 당신의 약점을 물고 늘어지고 비판을 해도 만약 이 약 점을 고치는 과정에서 당신이 갖고 있는 그 장점이 훼손되고, 그것을 부분적으 로라도 포기하는 것이라면 고치지 않아도 되요. 내가 감당을 할게요. 당신이 내 말을 듣고 약점을 고친다고 하면서 당신만이 가진 생명력을 잃어버리는 상황, 그것이 내가 제일 우려하는 상황이에요. 하지만 여보, 내가 무슨 말을 하는지 잘 알겠죠? 나는 당신이 당신의 장점을 훼손하지 않는 범위 내에서 내가 말한 단점 을 고치기 위해 뼈를 깎는 노력을 해주면 좋겠어요. 이제 당신도 더 이상 연소하 지 않아요. 이제까지는 다듬어지지 않았지만 그래도 때 묻지 않은 당신의 그 순 수함 하나만으로도 충분히 버티고 자기 역할을 해왔지만, 이제는 좀 더 다듬어 지고 온전한 모습을 갖추어갈 수 있으면 좋겠어요."

대화, 그 이후

이러한 아내의 말을 처음 들었을 때는 병 주고 약 주는 말로만 들렸다. 즉 나 의 약점에 대한 비판만 해도 내가 어떻게 반응해야 할지 모르겠는데, 여기에다가 장점을 죽이지 않는 범위 내에서 고치려는 노력을 하라니, "도대체 날더러 어떡하란 말이냐?"란 소리밖에 나오지 않았다. 하지만 아내의 이런 이야기를 여러 번 들으면서 또 그 말을 곱씹으면서 나를 향한 아내의 깊은 사랑에 감동하고, 인생에 대한 아내의 깊은 통찰력에 굴복하지 않을 수 없었다. 그리고 오랜 시간이 걸리긴 했지만, 아내가 지적했던 부분들에 대해서 조금씩, 아주 조금씩 변하려고 노력 중이다. 뿐만 아니라 부족하지만 하나님이 내 인생의 환경과 경험을 통해 내게 형성시켜준 소중한 것을 잘 간직하고 다듬으며, 그것을 가지고 하나님께 반응하려고 노력하고 있다.

그리고 내가 만나는 교사들이나 학생들의 장점과 약점을 바라보고, 그들의 삶을 도울 때도 사람의 장점 이면에는 단점이 있으며, 단점의 이면에도 그 사람만의 생명력이 깔려 있다는 사실을 기억하려고 노력하고 있다. 그리고 그를 향한 나의 사랑과 수고를 할 때 단지 단점을 지적하고 고치려는 것에만 머물지 않고, 그 단점의 이면에 있는 그 사람 고유의 생명력과 에너지를 보존하고 키워주는 관점에서 하려고 노력하고 있다. 이것이 결코 쉽지는 않지만 말이다.

그녀 가슴에 못 박다

아빠는 애정이 없어요

며칠 전 교회 중고등부에서 가르친 적이 있는 청년 한 명과 이야기를 나누었는데, 그가 이런 이야기를 하는 것이다.

"집사님, 집사님 집 셋째 열매 있죠? 제가 열매를 참 좋아하잖아요? 지난번전 교인 수련회 갔을 때 열매랑 한참 이야기를 나누었어요. 그때 열매가 매우 심각하게 '언니는 엄마가 좋아? 아니면 아빠가 좋아?'라고 묻더군요. 그래서 제가 '엄마, 아빠 다 좋지'라고 했더니, 자기는 7살 전까지는 아빠가 더 좋았고, 7살이후에는 엄마가 더 좋았는데, 지금은 무척 고민이 된데요. 그러면서 '엄마는다 좋은데 화를 내면 너무 무섭고, 아빠는 착하시지만 표정이 없고, 애정이 부족한 것 같아요'라고 하지 않겠어요? 그래서 제가 '아냐 열매야, 너희 아빠가 얼마나 사랑이 많은 분인데 그러니'라고 말했죠……"

그 뒤로도 많은 이야기를 했는데, 하나도 기억에 남지 않고 '아빠는 표정이없고, 애정이 부족한 것 같아요'라는 말만 계속 내 귀에 맴돌고, 가슴에 꽂힌다. 그 청년은 "어떻게 9살짜리가 '애정'이란 말을 알고 사용할 수 있을까요?"라고물었지만, 나는 열매에 대해서 잘 안다. 우리 집 아이들 가운데 누구보다 엄마를많이 닮아 직관력이 뛰어난 아이라는 것을. 열매가 '애정'이란 단어의 뜻을 정확하게 알고 있지는 않을 것이고, 또 나에 대해서도 모든 것을 분석한 것은 아니지만, 그냥 느끼고 알아버린 것이다. 그것도 너무도 정확히.

그녀 가슴에 못을 박다

'표정이 없고 애정이 부족한 사람.' 돌아보면 결혼 14년 동안 아내로부터 귀에 못이 박히도록 들은 말이다. 바꾸어 말하면 결혼 14년 동안 아내의 가슴에 가장 아프게 못을 박은 나의 연약함인지도 모르겠다. 처음에 아내로부터 이 말을들었을 때는 이 말 자체를 이해할 수가 없었고, 내가 그렇다는 사실을 도무지 받아들일 수가 없었다. 아내와 수많은 갈등을 겪으면서, 또 상처를 주고받으면서 비로소 나라는 사람이 얼마나 이기적이고 나 중심적인 사람인지 그리고 얼마나 주변 사람들에 대한 관심이 없고 사람들과 부딪히는 것을 두려워하는 사람인지를 알게 되었다. 그리고 나의 이러한 특성들이 얼마나 주변 사람들을 아프게 하고 힘들게 하는가도 인정할 수 있게 되었다.

그러기에 이제 아내가 나의 이런 부분에 대해 이야기할 때는 여전히 아프긴 하지만 반박하지 않고 대부분 인정을 한다. 물론 그렇다고 해서 내 행동이 바뀌는 것은 별로 없다. 하지만 최소한 심각하게 받아들이고 '그러면 내가 어떻게 해야 하는가?' 하고 생각을 한다. 그런데 이렇게 아내와의 관계 속에서 나의 연약함을 다루고 대하는 일에 익숙해지려는 순간, 이제 딸로부터 동일한 이야기를 듣게 되니 참 마음이 아프다. 아내로부터 이런 이야기를 들을 때와는 또 다른 아픔이 내 가슴을 찌른다.

이상하다

그런데 참 이상한 것은 나는 지금의 아내와 연애를 시작하기 전까지는 한 번도 나에 대해 '애정이 부족한 사람'이라고 생각해본 적이 없다는 것이다. 늘 내 옆에서는 좋은 친구들이 많이 있었고, 나는 그들과 매우 진한 우정을 나누며 살아왔다. 학교나 교회에서도 선생님들이나 어른들, 선배들이 참 많이 예뻐해주었고, 후배들도 나를 참 좋아하고 잘 따랐다. 교직에 나온 이후에도 아이들과 때로 친구처럼 사이좋게 지냈고, 때로 존경을 받으며 지내왔다. 그래서 다른 면은 모르겠지만 인간관계 면에서는 부족함이나 외로움을 느끼지 못하고 살아왔다. 그런데 아내라는 거울(지금은 딸이라는 거울까지 포함)에 비친 이 '애정 없음'의 정체는 무엇일까?

모든 상황을 종합해볼 때 결론은 분명하다. 아내와 연애하기 전에 만난 수많은 사람들과 친구들, 그리고 지금도 가정의 영역을 제외한 다른 영역 가운데서 만나는 사람들 역시 나의 '애정 없음'으로 인해 많이 힘들어하고 좌절을 했고, 지금도 하고 있을 것이다. 다만 나를 사랑하는 마음으로 이를 잘 표현하지 않고 감내하면서 나의 친구로 동료로 제자로서 나를 품어주었고, 지금도 품어주고 있을 뿐이라는 것이다.

내가 당신과의 관계의 끈을 놓아버린다면

여기까지 생각이 이르니 지금까지 내 곁에 있었던 많은 사람들, 그리고 지금 내 곁에 있는 사람들의 모습, 그리고 그들과의 관계가 다시 떠오른다. 돌아보면 내 주변에 있었던 대부분의 사람들은 내가 다가갔던 사람이 아니고 나에게 다가왔던 사람들이었다. 물론 나는 그들에 대해 최대한의 선의와 진심으로 대하고 정을 나누었지만 그것의 대부분은 그들의 사랑과 정에 대한 반응이었고 내가 적극적으로 먼저 다가가고 관계를 만들어갔던 경우는 그리 많지 않았다. 그리고 그들과의 관계에서 문제가 생겼을 때도 대부분 상대방이 먼저 문제를 푸는 경우가 많았고 나는 어쩔 줄 몰라 가만히 있는 경우가 많았다. 물론 나의 이런 모습으로 인해 관계가 소원해지는 경우도 있었던 것 같다.

연애 시절 아내는 나에게 이런 이야기를 했다. "나는 지금도 감정적으로는 당신을 좋아하지만, 지금 우리 관계에서 내가 당신과의 관계의 끈을 놓아버리면 우리 관계는 아무 일도 없었던 관계처럼 될 것 같아 아쉽고 화가 나!" 물론 다른 사람들과의 관계는 연인이나 부부의 관계가 아니기 때문에 아내가 느꼈던 그 정도의 감정적인 아픔은 아니었겠지만, 어느 정도 비슷한 서운한 감정을 나에게 느꼈지 않았을까 충분히 짐작이 간다. 다시 시간을 돌이켜 옛날 그때 그 만남과 관계로 돌아갈 수 있다면 그들에게 진심으로 용서를 구하고 감사의 마음을 전하고 싶다.

은혜를 베푸는 자로 살아야지

그러고 보면 나는 하나님 앞에서만 죄인이 아니라, 주변 사람들과의 관계 속에서도 죄인이었고 지금도 죄인임을 고백하지 않을 수 없다. 동일하게 예수 그리스도의 십자가와 부활을 통해 값없이 부어주시는 죄사함과 영생이라는 은혜로만 내가 살아왔고 또 살아가는 것처럼, 다른 사람들과의 관계 속에서도 이들의 사랑과 용서, 오래 참음이라는 은혜 가운데서 살아왔고, 또 살아가고 있음을 고백하게 된다. 오늘날 부족하지만 그나마 내가 이렇게 살아갈 수 있음이 내가 만났던, 아니 하나님이 내게 허락하셨던 수많은 사람들의 은혜 덕분이었음을 생각할 때 겸손히 무릎을 꿇게 된다.

아들이 하는 일에 대해 한 번도 'NO'를 하지 않으셨던 부모님과 늘 신뢰로 지켜봐주었던 누나와 동생들, 함께 신앙생활을 했던 고향 교회(창원 세광교회) 친구들과 선후배, 지금은 연락도 잘 닿지 않는 초중고 시절의 친구들과 은사님들, 혼란스러웠던 80년대 중반의 캠퍼스에서 함께 고민했던 SFC와 등촌교회, 북서울교회 믿음의 친구들과 선후배들, 군 시절의 전우들, 교직생활 가운데 만났던 제자들과 선후배 선생님들, 기윤실 교사모임과 좋은교사운동을 통해 만난 믿음의 동역자 선생님들, 그리고 현재 출석 중인 두레교회 성도들, 무엇보다 결혼 14년 동안 그야말로 동고동락을 함께하며 이제 그 없는 나를 생각할 수 없는 가장 친밀한 영혼의 친구 아내, 그리고 믿음의 유업을 함께 받을 네 자녀, 이들의 은혜를 생각하며 '나는 은혜의 사람'임을 다시 한 번 고백하게 된다.

무엇보다 이제는 할 수 있다면 은혜를 베푸는 사람으로 살아야겠다는 다짐을 한다.

여자는 아이를 낳고 남자는 아내를 낳는다

먼저 인간이 되어라

"좋은 교사가 되려면 학부 시절 무엇을 준비해야 하나요?"

예비 교사들로부터 종종 받는 질문이다. 이럴 때마다 나는 "경건 훈련과 함께 가르침과 생활지도에 대한 전문성을 쌓아야 한다"라는 모범적인 답변 대신 "먼저 인간이 되어라"라는 엉뚱한 답을 하곤 한다.

그러면서 당황해하는 후배들에게 "네 속에서 아직 해결되지 않는 문제들 있지? 열등감의 문제, 인생관의 문제, 관계의 문제 등을 가지고 하나님께 나아가고 그분께 매달리며 그 속에서 너를 만지시는 하나님의 손길을 경험해라"라고 이야기한다.

교육이라는 것은 결국 삶의 문제고, 아이들에게 어떻게 사는 것이 행복한 것인지를 가르치는 것이고, 이는 결국 하나님 앞에서 진정한 행복의 의미를 알고 그 행복을 누릴 줄 아는 사람만이 제대로 감당할 수 있는 일이기 때문이다. 교육의 본질은 사람을 변화시키는 것이고, 이것은 자기에게 주어진 인생의 분복에 만족하고, 주어진 고통의 의미를 그리스도 안에서 감당하는 가운데 주어지는 하나님의 사랑의 능력을 소유한 사람을 통해서만 가능한 것이기 때문이다.

비슷한 질문을 결혼과 관련하여 들을 때가 있다. 하지만 우리 인생의 가장 복잡하고 진한 경험을 몇 마디 말로 표현하는 것이 불가능함을 알기에 그냥 입을 다물고 만다. 다만 최근 들어 결혼과 관련하여 아내와 나누는 이야기가 있다면 결혼 생활이란 아내를 낳는 과정이라는 것이다. 여자가 해산을 통해 구원을 이루듯 말이다.

아이를 낳는데 무슨 기술이 필요해?

아이를 낳는데 무슨 기술이 필요한 것이 아니다. 물론 아이를 잘 낳기 위해 평소 운동도 열심히 하고 호흡법도 연습할 필요가 있지만 기본적으로 아이는 본능으로 낳는 것이다. 그리고 이 본능에 추가하여 정말 필요한 것이 있다면 자기에게 주어진 생명을 사랑하고, 이 생명의 신비에 흠뻑 빠지며, 이 생명을 위해 자신의 모든 수고와 희생을 기쁨으로 기꺼이 바칠 수 있는 마음이다. 그런데 사실 따지고 보면 우리가 노력으로 준비해야 할 것이 아니라 하나님이 엄마에게 주는 자연스러운 본능에 순응하면 되는 것이다.

그리고 정말 엄마가 해야 할 일이 있다면 자기도 어찌할 수 없이 주어진 임신의 기간과 산고를 견디고 양육의 수고를 감당하는 것이다. 결혼 생활도 이와 비슷한 것 같다. 가정 사역자들이 나름대로 열심히 연구해서 내놓는 많은 사랑의 기술들은 정말 필요하고 유익한 것들이지만 이것들은 그야말로 임신부의 운동이나 호흡법에 불과하다. 결혼 생활에서 정말 중요한 것은 신앙의 본능을 따라 사는 것이다.

하나님을 사랑하는 그 사랑으로 네 이웃을 네 몸과 같이 사랑하라는 그 신앙의 본능을 따라 아내를 가장 가까운 이웃으로 받아들이고, 예수 그리스도가 새롭게 하신 관계와 성(性)적 본능을 따라 아내의 육체를 온전히 즐거워하며, 성령의 열매를 아내와의 관계 속에 흐르게 하는 것이다. 이 과정에서 내가 도무지 이해할 수 없고, 어찌할 수 없는 여러 고통이 있지만 이 역시 내 구원을 이루어 가는 중요한 과정임을 받아들이고 묵묵히 인내하는 것이다.

가장 밑바닥까지 흔들며

돌아보면 결혼 생활 12년(연애 시절까지 13년이라고 보아야 옳을 것 같다). 설레는 가슴으로 밭에 감춰진 보화를 찾은 듯 기뻐했고, 그러면서 아내의 감정의 흐름을 도무지 좇아갈 수 없어 말할 수 없이 힘들어했던 시절, 사랑은 어떻게 하는 것인지도 또 관계는 어떻게 끊어야 하는지조차 몰라 결혼을 했다. 신혼 시절 아내가 한편으로 나를 너무 사랑하고 나를 가장 깊이 받아들이면서 동시에 나의 조그만 약점도 참지 못하고 나로 인해 너무 많이 힘들어한다는 사실을 이해하기가 어찌나 힘이 들던지. 나도 어찌할 수 없어 힘겨워하고 누구에게도 드러내기 싫어 숨겨둔 나의 가장 추하고 연약한 부분들을 비수처럼 찌를 때 너무도 기분이 나빴지만 그렇다고 부인할 수도 없어 고통스럽던 시간들.

때로 나의 가장 밑바닥을 흔들며 인내의 한계에 도전해 오고 때로 현란한 말솜씨로 나를 지배하려고 하기도 하고 때로 죄된 본성을 드러내기도 하고. 동시에 나를 100% 신뢰하며 자신의 모든 것을 다 드러내고 쏟으면서 함께 나누고 받아들여주길 원했는데, 나의 한계로 인해 그렇게 하지 못함으로써 생긴 문제들. 그리고 신앙의 가장으로 온전히 서주기를 원하는데 전혀 그렇지 못한 나로 인해 힘들어하던 아내의 모습, 그 모습을 보며 나도 힘들어하고. 아내는 아내대로 열심히 자기에 대해 설명을 하지만 그럴수록 내 머릿속의 아내의 실체는 더 오리무중. 아이는 아이대로 늘어나고, 교사모임 사역은 사역대로 늘어나고, 육체와 정신이 쇠잔해지고, 이 가운데서 갈등했던 시간들.

많은 시간과 아픔, 눈물, 좌절, 기쁨, 일체감, 감동 속에서 이제는 '아내를 낳는다'는 말의 의미를 조금씩 깨달아가고 있다. 물론 아내는 벌써 나를 낳았을 것이다. 다음은 얼마 전 홈페이지에 올렸던 글이다.

나는 아내 인생의 녹음테이프

어제는 꽤 늦게 집에 들어갔습니다. 피곤해서 그냥 자고 싶었지만 잠시 과일을 먹지 않겠냐는 아내의 호의에 이끌려 거실에 마주 앉았지요. 그런데 아차! 또 아내의 페이스에 말려들고 말았네요.

아내는 자기 이야기를 하기 시작했습니다. 어제의 주제는 본인이 그동안 살아오면서 경험했던 영적인 체험들, 그 중에는 이전에 몇 번 들었던 것도 있고, 또 처음 듣는 것도 있었습니다. 시간은 드디어 새벽 1시를 넘기고, 나는 어디서 끊어야 할지 기회를 엿보고……

아내는 자기 이야기를 하기를 참 좋아합니다. 연애 때부터 지금까지 13년이 넘는 시간들. 아내가 나로 인해 혹은 삶의 무게로 인해 지쳐서 힘들 때는 하소연 혹은 감정에 북받쳐 자기를 쏟아내고, 평소 기분이 좋을 때는 아스라이 옛날로 돌아가 한 가지씩 자기 삶을 쏟아내고.

사람마다 다 개성이 있고 다 다르지만, 내 생각에 아내는 다른 사람들보다 좀 더 독특합니다. 영적인 직관이 매우 뛰어나고 독특한 무언가를 많이 가지고 있습니다. 그래서 이런 독특한 면들이 다른 사람들이 잘 이해하기 힘든 부분인지라 누구에게도 말하지 않고 가슴에 묻어둔 이야기들이 참 많습니다.

그런데 그 이야기들을 나에게 많이 쏟아내었는데도 나는 한동안 그 이야기들을 제대로 이해하지 못했습니다. 아니 그 순간에는 이해한다고 했는데 나중에 생각해보면 전혀 제대로 이해하지 못한 부분들이 많습니다. 이런 의미에서 아내가 나로 인해서도 많이 외로웠을 것이고 또 지금도 이런 부분이 있을 듯합니다. 1시 반을 넘길 무렵, 아내가 어떤 아픈 감정에 도달해서 이야기가 끊어졌을 때 겨우 이야기를 마무리할 시점을 찾았습니다. 그리고 함께 기도함으로 마무리를 했습니다.

"하나님, 하나님께서 저와 아내를 사랑하시되, 다르게 만드시고 다르게 살아오게 하시다가 만나게 하고 함께 살게 하시니 감사합니다. 아내와 제가 많이 다르지만 이제는 아내가 제 속에 온전히 받아들여지고, 제가 아내 속에 온전히 받아들여짐을 느낍니다. 그리고 이렇게 서로가 온선히 받아들여진 상태로 우리가 예수님 안에 온전히 받아들여졌음을 인해 감사를 드립니다. 이것이 주께서 허락하신 결혼의 신비가 아닌가 생각됩니다."

한 말씀만 하옵소서

남편만 보아도 눈물이 나오고

"여보, 어제 치료 받으러 갔을 때 내 옆에 있었던 아줌마 이야기 했지? 그 아줌마한테서 전화가 와서 오늘 한참 통화를 했네. 나랑 동갑인데, 한 일 년 정도 남편이 회사 일로 너무 바빠 집에 잘 들어오지 못하는 경우가 많았고, 그리고 한 달여 전에 시댁에 갔다 오면서 남편과의 좋지 않은 일 이후 우울증을 심하게 앓고 있대. 그래서 남편만 보아도 눈물이 나오고, 아이들을 보아도 눈물이 나오고, 낮에도 밤에도 잠을 잘 수 없고, 병원에서 주는 약을 먹으면 너무 멍해져서 먹기도 힘들대. 그런데 그 아줌마가 남편에게 자신의 힘든 이야기를 하면 남편은 '내가 뭐 잘못을 했는데……'라는 반응만 보인대. 아줌마는 남편한테 '여보 힘들더라도 내가 도와줄 테니 우리 함께 이겨나가자'는 이 한마디를 듣고 싶은데…… 남편한테 그 한마디만 들으면 자기도 힘을 내고 다시 활력을 찾을 수 있을 것 같은데, 그 한마디를 하지 않는다는 거 있지."

이제 그 여자의 이야기가 아닌 아내 자신의 이야기로 돌아온다.

"그런데 그 여자 이야기 들으니까 너무 너무 공감이 되고 다 이해가 되는 것 있지. 물론 나는 신앙이 있으니까 신앙에 의지해서 어느 정도 바닥에서는 벗어날 수 있는 힘이 있었고, 그 여자는 이 힘이 없는 차이가 있지만, 최소한 그 여자가 지금 느끼고 있는 것은 내가 느꼈던 것과 너무 똑같아. 하지만 내가 너무 그 여자 이야기에만 공감을 해주는 것이 문제 해결에 도움이 될 것 같지 않아서, 기본적으로 그 감정에 충분히 공감해주면서 하지만 사실 남편도 불쌍하다는 식으로 문제를 풀어갔는데……"

그러면서 슬쩍 나에게 공을 넘긴다.

"여보 어때? 내일 또 전화가 올 텐데, 당신이 남자 입장에서 조언을 좀 줘!"

이 말을 하면서 아내는 아내대로 미소를 짓고, 나도 그냥 웃음으로 반응을 한다. 아내가 나한테 하고 싶은 말이 무엇인지 내가 잘 알고 있기 때문이고, 아내 역시 나한테 어떤 답을 요구한다기보다는 그 질문 자체로서 나한테 충분히 어떤 메시지를 전하고 있기 때문이다.

가정과 사역 가운데서

대학 졸업하고 군대에 가면서 가장 감사했던 것은 그동안 나를 바쁘게 하던 모든 직책과 일로부터 완전히 해방이 되었다는 것이다. 군에서 규칙적인 생활과 자연이 주는 기쁨을 체험하면서, 제대 후에는 절대로 바쁘게 살지 않기로 결심을 했다. 덕분에 제대 후 1년 3개월 정도는 정말 치열하게 연애에만 전념할 수 있었고, 결혼하면서 옮긴 교회는 가정을 중시하는 교회라 학교생활과 가정생활에만 집중할 수 있었다. 결혼 생활 1년이 될 즈음에 기독교사모임을 시작했지만, 2주에 한 번 모이는 그 모임은 크게 부담스럽지 않았고, 모임 내용 준비도 학교생활의 연장선에 있었기에 생활에 크게 지장을 주지 않았다. 아내 역시 나의 외부 활동에 대해 호의적이었다. 대부분의 여자가 그렇듯 아내도 남편이 가정적이기를 원하지만 가정에만 매여 있기를 원하는 것은 아니었다. 나에 대해서도 "나는 당신이 가사를 분담해주는 것에 대해 감사하게 생각하지만, 그보다 더 근본적으로 당신이 하나님 앞에서 똑바로 사는 것을 더 원해요. 가정에서도 영적인 관점을 제대로 잡고 남편 노릇, 아버지 노릇을 제대로 하기를 원하고, 이 시대와 하나님 나라 가운데서 제대로 기여하는 사람이 되기를 원해요"라고 했던 기억이 난다.

그런데 1993년 1월 첫아이가 태어난 것을 시점으로 아이들이 2년 터울로 한 명씩 태어났고 교사모임의 일도 많아지기 시작했다. 그러면서 가정에서는 아내가 체력의 한계와 아이들 양육의 힘듦을 호소하기 시작했고, 교사운동도 비전이 구체화되면서 탄력을 받기 시작했다. 특별히 기독교사대회를 처음으로 준비하던 1998년을 기점으로 한 2, 3년은 이 둘 사이의 간격이 도무지 매울 수 없을 정도로 벌어졌다. 소수의 인원이 처음 기독교사대회를 준비하는 과정에서 일주일에 몇 번씩 밤을 새울 정도로 일하다가 집에 가면 집은 마치 폭탄 맞은 듯 어질러져 있었고, 그 빈틈에서 아내와 세 아이가 지쳐 쓰러져 있는 모습을 대할 때면 '도대체 나는 무엇을 하고 있는 것인가?' 하는 생각을 하곤 했다. 마침 그때 아내가 넷째 아이를 임신했고, 곧 집안은 마비될 지경에 이르렀다.

98기독교사대회가 끝나면 외부 활동이 없을 줄 알고 있던 아내는 98대회 이후에도 대회 마무리와 후속 기독교사운동을 논의하고 준비하느라 바쁜 나를 향해 호소를 했다. "내가 당신의 사역을 높이 평가하고 이 일에 나와 가정이 장애가 되지 말아야겠다고 생각하고 있지만, 당신이 가정의 가장인 이상 가정의 생활주기에 맞추어 사역을 조정해야 되는 것 아니겠어요? 아이들이 어느 정도 자랄 시기인 향후 4~5년 정도라도 사역을 접고 가정에 집중해줘요." 이런 호소가 그 2, 3년 동안 서너 차례 있었던 것으로 기억한다. 아내의 말에 틀린 것이 전혀 없고, 때로 정말 사역을 접고 가정에 집중해야겠다는 생각을 하기도 했지만, 주께서 열어주시는 교사운동의 지평을 보면서, 또 동일한 어려움과 아픔 가운데서 함께 동역하고 있는 선생님들을 볼 때 도무지 그렇게 할 수는 없었다. 결국 아내가 문제를 제기하는 그 한순간에만 몇 가지 집안일에 집중하는 식의 때우기 반응을 할 수밖에 없었다. 물론 그것은 가정에 크게 도움이 안 될 뿐 아니라 아내의 마음도 제대로 만져주지 못했다.

여보, 미안해

그럭저럭 시간이 흘러 지금은 아이들도 어느 정도 자라 조금씩 제 몫을 하고 있기는 하다. 하지만 그때 쇠약해진 아내의 육체적인 건강은 지금도 완전히 회복되지 않아 조금만 무리하면 몸이 감당을 하지 못한다. 아이들이 자라면서 보이는 여러 약점들, 성격적·정서적·재능적 결함을 보면서, 그것이 어린 시절 정말 부모의 관심과 애정이 필요했던 그 시기에 제대로 관심과 애정을 주지 못해서 생긴 연약함인 것을 볼 때 마음이 아프다. 기독교사운동에 온몸과 마음을 바쳤던 지난 10여 년의 시간들, 하지만 그것은 또 다른 한편으로 가장 가까운 가족에게 죄를 짓는 시기가 아니었나 하는 생각이 든다. 가정과 사역 사이에서 아내와 갈등할 때, 아내는 나에게 이기적이라는 말을 자주 했다. 나라는 사람은 자기가 좋아하는 일은 절대로 놓지 않는다는 것이다. 억울한 면이 있긴 하지만 맞는 말이기도 했다.

최근 아내가 몸과 마음이 좋지 않았을 때, 어린 자식들을 키우며 남편의 제대로 된 도움과 지지를 받지 못했던 시간들을 돌아보면서 이런 말을 했다. "그때 당신이 '여보 미안하오. 내가 상황이 되지 않아서 당신 이야기를 들어줄 수는 없지만 우리 함께 기도하면서 이 상황을 이겨나갑시다'라는 한마디 말이라도 해주었다면 내가 그렇게까지 힘들게 보내지 않았을 거야. 그런데 당신은 그 한마디 말을 하지 않더군요."

정말 내가 그때 그 말을 하지 않았을까? 그때나 지금이나 나는 그 한마디 말로 표현할 수 없는 엄청난 미안함과 감사한 마음을 아내에게 갖고 있는데⋯⋯ 아마 그 비슷한 말은 많이 했지만 그때 아내의 마음을 제대로 만져주는 말은 못 했던 것이거나, 정말 그 말을 하지 않았다면 그 어떤 말로도 다 표현될 수 없는 미안한 마음 때문이었을 것이다.

힘든 세상, 혼자 힘으로는 감당하기 힘든 무거운 짐을 지고 고지로 올라가야만 하는 우리네 인생. 우리가 다른 사람의 짐을 대신 져줄 수는 없지만, 단순하고 기본적인 말이지만 진심을 담아 서로를 향해 자주 용서와 이해를 구하며 살아야 할 것이다. 사랑으로 안아주며 살아야 할 것이다.

성(性)과 사랑, 결혼에 대한 3가지 질문

성적 본능은 죄인가?

그때가 고등학교 3학년 졸업 즈음이었던 것으로 기억된다. 친하게 지냈던 교회 친구 한 명이 나에게 진지하게 물었다. "병오야, 성적인 본능도 하나님이 주신 거지? 그런데 왜 이 본성을 따라 행동하는 것이 죄가 되지?" 알고 보니 이 친구는 시골 출신이라 혼자 자취를 하고 있었는데 자기를 만나러 온 고향 여자 후배 한 명과 성관계를 맺고 괴로워하고 있었다.

그 후 고민 끝에 정리하게 된 결론은 성적인 본능도 분명히 하나님이 주신 것이고 그 자체로 선한 것이지만, 이 역시 타락으로 인해 심히 오염되었기 때문에 본능대로 움직여서는 안 되고 이 본능을 하나님이 성에 대하여 주신 법칙 가운데 굴복시켜야 한다는 것이었다. 그리고 이 법칙은 바로 결혼의 틀 속에서 이루어져야 한다는 것이었다. 그래서 아무리 아름답게 묘사된 성적인 모습이라도 그것이 결혼의 테두리 밖에서 이루어지는 것이면 그것은 죄일 수밖에 없는 것이고, 결혼 안에서 이루어지는 모든 성적인 행위만이 아름다운 것이라고 정리할 수 있었다.

하지만 나 개인을 돌아보면 연애와 결혼의 과정에서 이 성적 법칙을 따라가는 것은 그렇게 순탄하게 이루어지지 않았다. 성에 대해 청교도적인 교리로 굳어진 나의 자세는 상대방을 향한 친밀감을 표현하는 데 장애가 되었고, 아내의 도움으로 이러한 딱딱함에서 어느 정도 자유롭게 되었을 때는 이 자유의 한계를 어느 선에서 어떻게 지켜야 할지에 대해 늘 머뭇거리곤 했다. 연애 시절의 성은 부족함과 지나침 사이에서 방황했던 시절이 아닌가 생각이 된다.

결혼 후 체험한 성의 세계는 정말 신비로웠다. 하나님이 주신 온전한 일체감과 말할 수 없는 기쁨, 서로에게 속해 있다는 충만한 신뢰감 등은 하나님이 창조 시 주신 성의 비밀이었음을 느낄 수 있었다. 하지만 이러한 비밀 역시 죄악된 육체의 한계 속에 제한을 받는 것이라는 것 또한 많은 아픔과 서로에 대해 주고받는 상처 가운데 체험해가야 했다. 성은 그 자체로 독립적으로 존재하는 영역이 아니고 서로의 인격에 대한 존중과 온전한 섬김, 자기 부정이라는 부부 관계의 큰 원리 가운데 존재할 때 의미가 있는 것이었다. 부부 사이의 온전한 성적 관계도 타락이라는 한계 속에 있는 것이기에 자기중심적으로 요구만 할 때는 서로에게 고통일 수밖에 없고 상대방에 대한 오래 참음과 관용 속에 거할 때 온전해가는 것임을 알 수 있었고, 지금도 배워가고 있다.

사랑하면 됐지, 결혼은 뭐가 필요해

대학 4학년 때인 것으로 기억된다. 친하게 지내던 후배가 물었다. "형! 남녀가 서로 진정으로 사랑하면 같이 살면 되는 것이지, 과연 결혼이라는 것이 무슨 의미가 있지? 사실 결혼 전이나 후를 비교할 때 결혼했다고 그 두 사람의 사랑이 달라지는 것은 아니잖아?" 그때 그 후배는 연상의 여자를 사귀고 있었기에 아주 실제적인 문제였던 것 같다.

이후 결혼에 대해 정리된 생각은 다음과 같다. 우선 "사랑은 개인적인 일이고, 결혼은 사회적인 일이다"라는 본회퍼의 말처럼 두 사람의 사랑을 사회적으로 선포하고 인정을 받는 것이다. 이는 두 사람의 관계가 단지 감정의 차원을 넘어 가장 기본적인 사회 단위로서의 가정을 이루고 사회적으로 책임 있게 서 가겠다는 표현이다. 결혼의 또 다른 의미는 하나님 앞에서 두 사람이 언약 관계에 들어가는 것을 의미한다는 것이다. 하나님 앞에서의 언약은 한편으로 절대로 파기할 수 없는 것이며 자신의 목숨을 걸고 약속하는 것을 의미하며, 다른 한편으로는 하나님 앞에 자신들의 관계를 맡긴다는 것을 의미한다. 자신들의 감정은 언제든지 변할 수 있고 관계의 확실성에 대해서 자신들도 보장할 수 없지만 하나님이 이 관계의 주인이 되어달라는 고백이며, 자신들 역시 이 고백을 위해 최선을 다하겠다는 의미인 것이다.

실제로 결혼 시절을 돌아보면, 아니 결혼 시절까지 가지 않더라도 연애 시절만 생각해도 분명히 너무 사랑해서 관계를 시작했고, 여전히 사랑하는 감정은 그대로 있지만, 서로 맞추어가는 작업은 너무 힘들었다. 총각 시절 형제 8명이 공동생활을 하고 있었는데, 그중 최고참이던 나와 친구 3명이 다 연애를 하고 있었다. 그런데 다들 연애를 얼마나 힘들게 했던지 후배들에게 연애의 꿈을 절대로 주지 못했다. 한 번은 나와 세 친구가 모여서 서로의 솔직한 마음들을 나누었는데 그때 공통된 고백이 "야! 차라리 물릴 수 있으면 물렸으면 좋겠다!"였다. 연애 시절도 끊임없이 나의 감정에 대해 하나님께 솔직히 묻고 그분이 보여주시는 인도의 흐름을 따라가지 않았다면 결코 결혼으로 나아가지 못했을 것이다.

결혼 후에도 사랑은 부부 생활의 기초가 되는 것이 사실이다. 오히려 결혼후 연애 때 전혀 몰랐던 새로운 사랑을 발견하고, 실제적이고 깊이 있는 사랑의 차원으로 많이 나아간다. 그럼에도 불구하고 두 사람의 결혼 생활을 지키는 근본은 하나님 앞에서 세웠던 결혼 언약이고 사회적 책임이라는 것을 고백할 수밖에 없다. 그런데 이러한 결혼 언약의 기초를 세우지 않고 단지 사랑에만 기초해서 두 사람의 하나된 삶을 꾸려나가겠다는 것은 얼마나 어리석은 생각인지?

살아보고 결혼하자?

내가 세 번째 학교에 근무할 때 신우회 멤버였던 기독교사가 물었다. "선생님, 연애 때 모습만 가지고 그 사람에 대해서 얼마나 알 수 있겠어요? 그러니까 살아보고 결혼하는 것도 상당히 합리적이고 이혼을 줄일 수 있는 방안인 것 같아요."

그렇다. 결혼하기 전에 살아보면 분명 연애 시절에 볼 수 없었던 그 사람의 인격적인 장단점은 물론이고 화났을 때 자기감정을 처리하는 방식과 폭력 사용여부, 경제력이나 물질생활, 이성 친구와 사생활 문제, 시간 관리나 자기 개발 정도, 심지어 성생활 관련 태도까지 어느 정도 파악할 수 있을 것이다. 그리고 이런 확인을 거쳐 결혼한 경우에 이혼할 확률도 줄어들 것이다.

하지만 문제는 이런 과정을 거쳐 결혼하는 경우가 많을 것 같지 않다는 것이다. 결혼 전에 미리 살아보면서 상대방의 아주 세밀한 부분까지 확인하려 한다면 대부분 얼마 못 가서 헤어지는 길을 선택할 것이다. 그리고 이런 과정을 거쳐 결혼을 했다 하더라도 살아보지 않고 결혼했던 부부가 부딪히는 문제에 똑같이 부딪힐 것이다. 인간이란 무궁무진해서 아무리 살아도 전에 발견하지 못했던 새로운 부분이 드러나게 되고, 또 관계의 문제라는 것은 너무 많은 변수를 가진 것이기 때문이다. 물론 성적 문란이나 임신의 문제 등 살아보고 결혼하는 것의 부정적인 측면은 이미 다 안다고 전제하고, 긍정적인 부분만 보더라도 그렇다는 것이다.

결혼 생활 12년 경험에서 말할 수 있는 것은 결혼의 안정성을 보장할 수 있는 것은 결혼 전에 미리 살아보는 것이 아니라, 결혼에서 하나님의 인도를 제대로 받는 것이라는 것이다. 연애 시절 상대방에 대해 최대한 냉정하게 확인할 것은 확인하되, 자기의 감정과 이성적인 판단 등 모든 상황을 놓고 하나님과 깊은 교제 가운데서 그 사람이 자기에게 주신 사람이라는 확신을 얻는 것이 중요하다는 것이다.

인생의 모든 일이 다 그렇지만, 결혼도 믿음으로 하는 것이다. 다른 말로 목숨을 걸고 하는 것이다. "하나님, 저는 제 배우자에 대해 최대한 점검하고 또 하나님의 인도도 받는다고 받았지만, 저는 저 사람에 대해 아는 것이 아무것도 없습니다. 그리고 우리가 서로 사랑한다고 하지만 이 사랑이 영원할 것이라는 확신이 없습니다. 오직 하나님이 우리 관계의 주인이 되셔서 우리를 지켜주십시오"라고 기도할 뿐이다.

그리고 이후의 결혼 생활도 오직 믿음으로 할 뿐이다.

가장 큰 사랑, 입양

과욕?

지난 6월 2일 분당 샘물교회에서 있었던 '목회와 입양' 세미나에 참석을 했다. 물론 입양에 대한 관심이 있고, 아직 구체적인 것은 하나님의 인도를 더 받아야겠지만, 가급적 올해 안에 입양을 할 계획을 가지고 있기 때문이다. 우리 집 사정을 아는 사람들은 당장 '과욕'이라고 말한다. 자기 아이가 4명이나 되는데, 그것도 아직 아이가 어린데 어떻게 키우려고 그러냐고 말을 한다. 어떤 사람은 아예 노골적으로 교사 월급에 혼자 벌어 가지고 현재 네 아이도 감당하기 어려울 텐데, 하고 말한다.

사람의 동기라는 것이 어차피 완전히 순수할 수가 없는 것이라서 가장 선한 일에도 악한 동기가 포함되어 있을 수밖에 없다. 그리고 나도 이 부분에서 완전한 자신은 없다. 그래서 끊임없이 '나는 왜 입양을 하려고 하는가'를 묻는다. 그리고 입양이라는 이 숭고한 일을 통해 이 세상 가운데 튀기 원하거나 나를 드러내기를 원하는 마음이 있다면 주께서 제거해달라고, 아니면 입양을 막아달라고 기도해왔다. 그런데 이런 위험성이 여전히 있긴 하지만 입양에 대한 확신은 더 강해져왔다.

가장 큰 사랑

내가 입양에 대해 처음 관심을 가지기 시작한 것은 대학 시절이었다. 여러 통로를 통해 입양에 대한 이야기를 들으면서 입양이야말로 이 시대 그리스도인이 할 수 있는 가장 큰 이웃 사랑이라는 확신을 가졌다. 이후 하나님 나라와 교회에 대해 고민을 하면서 내가 정상적인 가정생활을 하면서 우리 가정이 버려진 아이를 입양하고 또 홀로 사는 노인들을 모시고 살 수 있다면 이야말로 하나님 나라가 이 땅 가운데 임한 모습일 것이라는 생각을 했다.

이런 이야기를 아내와 연애 시절에, 그리고 결혼 초기에 한 적은 있었지만 이를 놓고 심각하게 나누거나 기도하지는 않았다. 이에 대해 아내 역시 기본적인 생각은 가지고 있었지만 현실적으로 이 문제가 우리 가정의 중요한 관심사로 등장하기에는 우리 가운데 해결해야 할 중요한 문제들이 더 많이 있었기 때문이다. 연애와 결혼의 과정에서 낯선 남녀가 만나 서로 이해하고 하나가 되어가는데 많은 시간과 에너지가 필요했고, 또 우리 부부를 통해 하나님이 주시는 생명의 축복을 충분히 받기를 원했기 때문이다.

선생님 입양하지 마세요

이러한 가운데서도 입양은 내 마음속에 숙제로 남아 있었다. 하나님이 어떻게 인도하실지 몰라도 반드시 내 삶을 통해 이루실 숙제라는 생각을 가지고 있었다. 그래서 도덕 수업 시간에 가정 단원이 되면, 교과서 교육과정에도 없는 '입양'과 '낙태'라는 주제를 가지고 3~4시간 수업을 하곤 했다. 특별히 '입양'과 관련해서는 "나는 내가 낳은 아이들이 어느 정도 자란 후에는 입양을 할 예정이다. 만약 선생님이 입양을 한다면 너희도 하겠다는 약속을 해라"라는 이야기를 했다. 그리고 '낙태'와 관련해서는 "만약 너희가 결혼 전에 실수로 아이를 가진다면 아이를 죽이지 말고 반드시 낳아라. 낳아서 정 대책이 없으면 나한테 데리고 와라. 내가 키워줄 테니"라고 이야기를 하곤 했다.

과연 내가 이 말에 책임을 질 수 있을지 알 수 없지만, 그것 역시 내가 입양을 생각하고 있었기에 할 수 있었던 말이다. 내가 입양을 하겠다는 선언이 아이들에게는 충격이었는지 학기 말에 수업 평가를 하면 "선생님 제발 입양은 하지 마세요. 선생님 아이들이 불쌍해요"라고 쓴 아이도 있고, 또 졸업 후에도 나를 찾아오는 아이들 가운데 많은 아이들이 내가 입양을 했는지 확인을 하곤 한다.

생명

4명의 아이를 낳아 키우면서 입양에 대한 생각을 내려놓은 적도 많다. 한 아이 한 아이를 키우는 것이 너무 힘들었기 때문이다. 특별히 네 아이가 각기 목소리 높여 자기주장을 하며 싸울 때는 아무 생각도 할 수 없는 지경이 되곤 했다.

그런데 역설적이게도 아이를 낳고 키울수록 '생명'이 얼마나 소중한 것인가를 깨닫기 시작했다. 아울러 한 '생명'에게 부모의 존재가 얼마나 소중하고 절실히 필요한지를 깨달으면서 이 땅에 부모 없이 자라야 하는 많은 생명들이 더욱 불쌍하게 다가왔다. 그리고 이 문제야말로 국가나 제도가 도무지 해결해줄 수 없는 문제고, 생명을 소중히 여기는 한 가정이 한 생명을 책임져주지 않으면 안 되는 일이 아닌가?

넷째 시온이가 다섯 살이 되고 유치원에 가게 되면서 이제 겨우 약간의 여유를 가지게 된 아내, 하고 싶었지만 아이들 때문에 미뤄놓았던 여러 가지 일들을 떠올리며 무엇을 먼저 할까를 고민하던 아내는 다시 이 일들을 미루기로 했다. 지금 미루면 나중에는 이 일을 하기 불가능할 수도 있지만 이 세상 그 어떤 일보다 '생명'이 소중하고 이 '생명'을 보살피는 일에 자기를 드리는 이 일은 그 어떤 일보다 가치 있는 일이라는 것을 알기 때문이다.

준비

입양을 생각하면서 두 가지 생각을 같이 하고 있다. 한 가지는 새로운 생명을 맞이하기 위해 우리 마음을 새롭게 하고, 필요한 준비를 하고, 아이에게 시간과 가정사의 중심을 맞추는 일을 해야 한다는 것이다. 하지만 동시에 이 일을 무슨 특별한 일로 여기지 않고 삶의 일상으로 가볍게 생각하려고 한다. 서구의 성숙한 기독교인들을 보면 자기 아이가 4명, 6명이더라도 2명 더 입양하는 것을 아무렇지 않게 여기고 쉽게 하는 것을 볼 수 있다. 이것은 그만큼 성숙된 믿음과 가치관이 뒷받침되어야 가능한 것이겠지만 말이다.

올해 들면서 아이들과 충만이(우리가 입양할 아이의 별칭) 이야기를 많이 한다. 엄마가 동생을 임신했을 때 늘 그러했던 것처럼 동생을 맞이할 마음의 준비를 시키는 것이다. 그러면서 하나님이 한 가정에 새로운 가족을 주는 방법은 두 가진데, 하나는 엄마 뱃속을 통해 주는 것이고, 다른 하나는 다른 사람을 통해 준다는 것을 이야기한다. 그동안 세 명의 동생들로 인해 많이 힘들어했던 첫째 단비는 또 한 명의 동생이 생긴다는 사실에 그렇게 기쁘게 반응하지 않지만,

호기심이 많은 둘째 새힘, 아직 어린 셋째 열매와 넷째 시온은 새로운 동생에 대한 기대가 가득하다. 특히 넷째 시온이는 자기가 제일 좋아하는 엄마 찌찌를 동생에게 양보하겠다는 파격적인 제안을 하기도 한다.

더 필요한 하나님의 인도

세상에 일절 두려움 없이 온전한 확신으로만 주어지는 일은 없다. 그 어떤 반대나 어려움 없이 찬성과 기쁨으로만 주어지는 일 역시 없다. 다만 중요한 것은 두려움과 어려움, 반대 가운데서도 이를 이길 수 있는 하나님의 분명한 인도를 구할 따름이고, 이 인도에 근거해서 선택하고 이겨나갈 뿐이다. 입양을 생각하고 나름대로 확신은 가지고 있지만 아직 갈 길이 멀다. 무엇보다 첫째 단비가 온전히 동생을 기쁘게 맞이할 마음의 준비가 되어야 하고, 양가 부모님을 설득해야 할 과제도 안고 있다. 그리고 무엇보다 현재 주어진 4명의 아이도 제대로 양육하지 못해 쩔쩔매는 우리의 연약함을 주께서 책임지시고 함께하시겠다는 확신을 더 강하게 받아야 한다. 그리고 더 구체적으로 어떤 아이를 어느 시기에 받을 것인지에 대해서도 하나님의 인도를 받아야 한다.

지난 '목회와 입양' 세미나를 통해 주셨던 몇 가지 말씀을 함께 나눔으로 글을 정리하고자 한다.

"하나님이 예수 그리스도 안에서 그 기쁘신 뜻대로 우리를 하나님의 아들로 입양하셨다."(엡1:15)

"시편 기자는 우리 하나님을 고아의 아버지(시편 68:5)라고 말하고 있습니다. 우리가 이 하나님의 마음을 가지고 실천하지 않겠습니까?"

"왜 우리는 아름다운 이야기들을 보고 감동하면서, 그 감동스런 삶을 살려고 하지는 않는 것입니까?"

아들 낳기 위해 그러셨군요?

"아니 무슨 특별한 계획이 있어서 아이를 넷이나 낳았어요?"

"계획은요. 워낙 인생에 대해 특별한 생각이나 대책 없이 살다 보니 그냥 이렇게 된 것이죠."

우리 집 자녀가 네 명이라는 소식을 듣고 난 후 많은 사람들이 보이는 반응과 여기에 대한 우리의 응답이다.

결혼하고 아이를 낳는 고통에 대해, 그리고 아이를 키우는 어려움에 대해 전혀 모를 때 "우리는 아이를 많이 낳겠다" 혹은 "4명 정도 낳겠다"는 이야기를 하고 다녔다. 막상 첫아이를 낳고 난 이후에는 '이런 이야기를 자신 있게 하는 것이 아니구나'라는 생각과 함께 별로 이야기를 하지 않았다. 다만 그렇다고 해서 특별히 아이를 그만 낳아야겠다는 생각이나 하나님의 사인이 없었기 때문에 그냥 자연의 순리에 맡기고 살았을 뿐이다. 다만 우리에게 계획이 있었다면 아내의 건강이 잉태와 출산을 감당할 상황이 되지 않는 경우에는 자녀를 그만 낳자는 것이 우리의 유일한 기준이었고, 이 기준에 따라 다섯째 아이 임신을 포기했을 따름이다.

딸 셋, 아들 하나

자녀의 수(數)뿐 아니라 성(性)의 문제에 대해서도 크게 관심을 가진 적은 없다. 하나님이 주신 생명이라는 것이 중요하지, 그 생명이 딸인가 아들인가 하는 것은 우리의 관심이 아니었다. 물론 둘째 이후부터 '딸을 키우고 있으니까 아들도 키워볼 수 있으면 좋겠다'는 막연한 생각을 한 적은 있지만, 이 생각 역시 강하게 가진 적도 없고 이것을 가지고 기도해본 적도 없다. 다만 위의 아이들이 딸이었기 때문에 양가 집안의 핍박(?)을 받지 않고 4명까지 낳을 수 있어서 감사할 따름이었다.

하지만 딸 셋을 낳고 또 아들 한 명을 낳아 기르면서, 딸과 아들에 대한 우리 사회의 인습이 얼마나 뿌리 깊은가 하는 것과 또 이러한 인습이 교회 안에서도 거의 극복이 되지 않고 있다는 것을 뼈저리게 체험했다.

둘째 딸을 낳자 많은 사람들이 나를 위로하기 시작했다. 위로도 "이거 축하를 해야 할지 잘 모르겠네요"부터 시작해서, "괜찮아요, 딸이면 어때요"에 이르기까지 다양하게 표현이 되었다. 하지만 이런 것들은 이미 예상하고 있었기 때문에 괜찮았다. 그런데 이런 반응들에 대해 내가 아무렇지 않게 반응을 하자 그때부터는 나를 심문하기 시작했다. "괜찮으니까 솔직하게 말해. 사실 조금 섭섭했지?"라고 조여 오기 시작했고, 정말 아무렇지 않다고 양심의 반응을 하면 자기감정에 진실하지 않는 사람으로 취급하기 시작했다.

이런 현상은 셋째 딸을 낳으면서부터 더 심해졌다. 이제는 '아들이 아닌 딸'이라는 것에 대해 섭섭함을 표현하지 않는 것'에 대한 질타를 넘어서, '아들을 낳기 위해 셋째를 가졌음에도 또 딸을 낳은 것'에 대한 동정의 태도를 보이는 분들도 있었다. 더군다나 일부 생각 없는 어른들이 우리 아이들을 붙들고 딸들의 건강한 자아상을 무너뜨리는 이야기들을 할 때는 정말이지 이 사회를 떠나고 싶을 정도로 싫었다.

생각지 않던 넷째 아이를 가졌을 때 많은 사람들이 보인 반응은 "그렇게 아들을 낳고 싶냐?"는 것이었다. 여기에는 변명이 필요 없었다. 더군다나 넷째가 아들인 바람에 더욱 변명이 먹히지 않는 분위기가 되어버렸다. 하지만 실상 우리 부부는 넷째가 딸일 것이라고 생각하고 있었다. 그것은 여러 번의 초음파 검사에도 의사가 어떠한 코멘트나 힌트를 주지 않았기 때문에 경험상 짐작하고 있었을 뿐 이것이 큰 문제는 아니었다.

넷째 아들의 출생 이후에도 여러 사람들의 반응은 우리 가족에게 많은 상처가 되었다. "정병오 집사가 만루 홈런을 쳤다"는 목사님의 비기독교적인 코멘트나 여러 축하들 역시 아들 선호에 대한 뿌리 깊은 인습에 바탕을 둔 축하였기에 그렇게 기쁘지 않았다. 더군다나 일부 사람들이 세 딸을 향해 "너희 엄마 아빠가 아들 낳으려고 너희들을 이렇게 셋이나 낳았구나"라는 무식하고 눈치 없는 이야기를 할 때는 가슴이 찢어지도록 아팠다.

얼굴이 예쁘지 않으면 마음이 열리지 않는다고?

이렇게 아이 넷을 낳고 기르면서 뼈저리게 느낀 것은 우리 사회가 아직도 남아선호사상이라는 인습에 사로잡혀 있으며, 이것이 기독교 공동체 안에서도 제대로 극복이 되지 않았다는 것이다. 하지만 이렇게 극복되지 못한 인습이 남아선호사상뿐이랴! 물질주의, 학벌주의, 외모주의, 지역주의, 가족주의 등은 극복되기는커녕 더 강화되고 있고, 기독교 공동체 안에는 왜곡된 신앙의 형태로 뿌리를 내리고 있다.

몇 년 전 늦게까지 결혼을 하지 않고 총각으로 남아 있던 친구 녀석에게 여자를 소개시켜주려고 하자 그 친구가 "나는 일단 여자 얼굴이 예쁘지 않으면 마음이 열리지가 않아"라고 했던 기억이 난다. 그때 내가 느꼈던 실망감이란! 많은 사람들이 이런 표현을 솔직한 것으로 받아들이고 긍정하지만 중요한 것은 솔직함이란 태도 속에 숨어 있는 변화되지 못한 가치관이 큰 문제로 다가왔다. '그렇다면 이 친구에게 신앙이란 무엇인가?'라는 문제가 떠나지 않았다.

우리의 신앙이 우리의 결혼관, 행복관, 인생관, 성공관을 바꾸지 못한다면 이것은 온전한 신앙이라고 할 수 없지 않은가? '하나님을 믿는다는 것은 곧 가치관이 변하는 것이다'는 가장 기본적인 명제를 받아들인다고 할 때, '하나님을 믿지만 돈은 어느 정도 있어야 하고, 꼭 아들이 있어 대를 이어주어야 하고, 배우자의 외모가 뛰어나야 하고, 자식들은 좋은 대학에 가야 한다'라고 생각한다면 이것은 분명히 근본적으로 무언가 잘못된 것이 아닌가?

간섭이 아닌 관심을

또 하나, 기독교 공동체를 포함한 우리 사회가 다른 사람이 나와 다르다는 사실을 용납하지 못한다는 것이다. 그래서 다른 사람들에게 관심을 가진다고 하지만 사실상 간섭을 하는 경우가 많다는 것이다. 비록 본인이 사회적 인습에 매여 있고 또 이를 솔직히 인정할 용기가 있는 것은 좋지만, 이런 인습에서 자유해서 살아가는 사람이 있을 수 있다는 것을 인정할 수 있어야 하는데 인정하기는커녕 이를 못 견뎌하는 사람들이 많다는 것이다.

따지고 보면 우리 사회는 정말 획일적인 사회다. 자녀의 수만 해도 어느새 한 가정당 두 명을 낳는 것이 표준이 되어버렸다. 그래서 가급적 두 명을 낳아야 하고 혹 조금 다르다 하더라도 1명 더 많은 세 명까지는 봐주겠는데 네 명은 잘 용납해주지 않는다. 그리고 남아선호사상은 인간의 당연한 본성이기 때문에 딸만 두 명 혹은 세 명(네 명)을 낳고 그만두는 것까지는 용납할 수 있지만 반드시 이에 대해 아쉬워하고 아들에 대한 갈망을 가지고 살아야 한다는 것이다. 이런 생각을 해야 솔직한 인간이라는 것이고 딸만 가져도 아무렇지 않게 잘살아가는 것은 가식이라는 것이다. 도대체 다른 사람의 생각이나 감정까지 획일화하려는 것이 우리 사회의 모습인 것이다.

자유와 성숙을 향해 시대를 거스르는

예수를 믿는다는 것은 주께서 주신 자유함을 따라 우리 시대 모든 인습의 물결을 거슬러 올라감을 의미한다. 이 땅의 제도와 관습이 주는 모든 얽매이기 쉬운 것들을 벗어버리고, 하나님이 주신 창조의 원형과 섬김의 도를 향해, 오직 사랑의 빚 외에는 아무 빚도 지지 않는 삶을 사는 것이다.

그래도 나는 믿음으로 산다

연애 시절을 돌아볼 때 그때는 여자가 무엇이고 사랑이 무엇인지, 아니 인생이 무엇이고 신앙이 무엇인지를 잘 몰랐던 것 같다. 더 정확히 말하면 스스로는 잘 안다고 생각했다. 여자와 사랑에 대해서는 몰라도 최소한 인생과 신앙에 대해서는 본질의 핵심을 꿰뚫고 있다고 생각했다. 그런데도 이상한 것은 나를 사랑한다는 그 사람이 나로 인해 힘들어하고, 내가 인생이나 신앙의 정말 중요한 것을 모른다고 지적할 때 참 받아들이기 어려웠다. 나는 만날 때마다 하나님에 대한 나의 사랑과 열심, 비전과 헌신, 그리고 하나님의 나라와 교회를 이야기했고, 그 사람도 이런 부분에 대해서 충분히 공감했다. 그러나 이런 부분으로 다 환원될 수 없는 신앙과 삶의 매우 중요한 부분들을 내게서 찾을 수 없다는 말을 자주 했다. 처음에는 이 사람이 무슨 이야기를 하는지조차 알 수 없었고, 당연히 이 부분은 연애 시절은 물론이고 결혼 후에도 우리 부부의 주요한 갈등 원인이었다.

아내와의 이런 갈등과 대화를 통해, 나는 내 속에 하나님을 향해 스스로를 불태우고자 하는 열심이 분명히 존재하지만, 이러한 믿음과 열심이 내 체질로, 인격으로, 다른 사람을 향한 태도로, 결국 하나님을 향한 태도로 온전히 체화되지 못했음을 고백할 수밖에 없었다. 지금도 아내는 내 속에 있는 하나님을 향한 귀한 것들에 대해 그 누구보다 잘 알고 인정하고 좋아하지만, 동시에 나의 무심함과 타인에 대한 무관심, 공감하고 아파해줄 줄 모르는 태도, 자기중심적이고 이기적인 사고방식이나 생활 틀, 문제를 풀지 않고 회피하려는 나약한 자세 등 여러 부분에 대해 이야기를 많이 한다. 그리고 굳이 이야기를 하지 않더라도 아내와의 관계 속에서 스스로 이런 모습을 발견하기도 한다. 아내와 이런 이야기를 나눌 때마다 나는 화를 내거나 짜증을 부리고 항변하는 등 옹졸하게 대응하지만 내면으로는 심한 부끄러움을 느끼고, 인정하고, 고치려는 노력을 한다.

이런 차원에서 아내는 나의 돕는 배필일 뿐 아니라 영적인 스승이기도 하다. 그리고 이것이 하나님이 결혼을 허락하신 신비 중의 하나가 아닌가 하는 생각을 한다.

체화되지 못한 신앙

자녀를 낳아 기르는 과정은 아내와의 관계에서 발견하지 못한 또 하나의 내 신앙의 구멍을 발견하는 일에 다름 아니었다. 특별히 아이들이 자라면서 자기 성격을 드러내고 한 인격으로서 모습을 갖추어가면서 아이에게서 발견되는 여러 가지 부족한 면들을 볼 때면 마음이 많이 아팠다. 그 아이에게서 드러나는 부족한 면들 가운데 많은 부분은 나의 직접적인 잘못의 결과이거나 혹 직접적인 잘못은 아니더라도 나의 약점의 반영임을 부인할 수 없었기 때문이다. 아이들에게서 보이는 다른 사람에 대한 무관심이나 함부로 내뱉는 말, 삶의 작은 부분에 대해 민감하게 느끼고 함께 아파하지 못함, 새로운 것에 대해 두려워하고 용기 없음, 자기 고집과 울분을 이기지 못함 등을 발견할 때 이것을 아이들의 잘못으로 돌릴 수 없는 것은 이것이 내게 있는 모습이거나 내가 아이들에게 미친 영향이기 때문이었다.

특히 충격적인 것은 아이들이 자연스럽게 하나님에 대한 신앙을 갖는 방향으로 나아가지 않는다는 것이었다. 비록 어리지만 영적인 존재인 이상 아이들도 그들 수준에서 하나님께 반응하고 그 믿음을 표시할 수 있고 또 할 수밖에 없을 것임에도 불구하고, 이러한 반응을 보기가 힘들다는 것이다. 물론 교회는 잘 나가고, 이에 대해 거부하지 않으며, 성경에 대한 지식이 쌓여가고 있긴 하지만 스스로 하나님을 찾고, 소박한 차원에서나마 그분 앞에 자신의 문제를 가지고 나아가는 모습을 잘 보이지 않는다는 것이다.

아내와의 관계에서와 마찬가지로 '나'라는 사람은 하나님을 향한 믿음과 사랑이 내 삶의 가장 사적이고 구체적인 생활이나 인격적인 부분에까지 체화되지 못한 사람이었다. 결국 아이들은 내가 하는 고백이나 종교 활동이나 사회적인 생활에서가 아니라 가정에서 가장 구체적으로 드러나는 사소하지만 내 인격의 중심을 드러내는 행동들의 영향을 받거나 배우고 있었던 것이다. 이런 부분에 대해 냉정하게 생각하자면, '나'라는 사람은 신앙의 중심은 올바른데 부분적인 인격적 약점을 가진 사람이 아니라, 삶의 정말 중요한 핵심적이고 본질적인 부분에서 믿음으로 살고 있지 않은 사람인지도 모르는 것이다.

나는 왜 '가정예배'를 고집하는가?

아이들의 인생을 생각할 때, 아이들이 스스로 자기 문제를 가지고 하나님 앞에 나아가며, 하나님 안에서 자기 삶을 발견하는 것보다 더 중요한 것은 없음을 알고 있다. 내가 살아왔던 인생을 생각하더라도, 인생에 그 어떤 내세울 만한 뾰족한 것이 없었지만 어려서부터 믿어온 하나님에 대한 믿음, 이 하나가 지금까지 내 인생을 지탱해주는 유일한 기둥이기 때문이다.

이런 차원에서 부족하지만 내가 붙들고 있는 주제 중의 하나는 '가정예배'다. 물론 '가정예배'가 능사가 될 수 없음은 잘 알고 있다. 아이들은 정말 원치 않는데 부모의 율법적인 강권에 의한 가정예배가 아이들로 하여금 반항심과 불신만 키웠다는 사례도 종종 들어왔고, 가정예배 자체가 무슨 신비한 능력을 가진 것이 아님을 잘 알기 때문이다.

하지만 내가 '가정예배'를 붙든 것은 하나님의 언약에 대한 신뢰 때문이다. 성경은 하나님이 가정을 단위로 그의 구원과 언약을 성취해가신 것을 증거하고 있다. 의로운 노아를 통해 노아의 여덟 가족이 구원을 얻었고, 아브라함에게는 '후손'에 대한 약속을 하시고, 난 지 8일 만에 할례를 행하게 하시고, 아버지를 가정의 제사장으로 세우시고, 심지어 신약에서는 "주 예수를 믿으라. 그리하면 너와 네 집이 구원을 얻을 것이다"라고 약속하고 있다.

나는 이 언약 신앙에 근거해서 우리 아이들에게 유아세례를 행했고, 하나님이 부모의 의나 아이 자신의 의에 근거해서가 아니라 하나님의 언약에 근거해서 이들을 하나님의 백성으로 친히 이끌어 가실 것임을 분명히 믿고 있다. 그리고 일상에서 이러한 믿음의 가장 분명한 고백적인 행위가 '가정예배'라고 생각하고 있다.

그래서 첫아이가 아주 어릴 때부터 아이들의 수준에 맞게 어찌하든지 가정 예배를 드리려고 무진장 노력을 해왔다. 물론 이러한 노력이 쉽지가 않아서 한 동안 예배를 쉬기도 하고 여러 다양한 방법을 사용해왔다. 가정예배를 꾸준히 드린다는 것이 결코 쉬운 일이 아님을, 몇 번이라도 가정예배를 시도해본 사람들은 잘 알 것이다. 아이들의 예배 태도가 너무 좋지 않아 아이들에게 화만 내고 만 경우도 여러 번 있고, 이러다가 오히려 아이들에게 하나님에 대한 부정적인 인식만 심어주는 것은 아닌지 염려한 적도 여러 번 있었다.

우리에게 주신 말씀

2003년을 보내고, 2004년을 맞으며 특별하게 세운 계획은 없다. 아내와 내가 아무런 상의 없이도 서로가 동시에 고백한 것은 '2004년도에는 가정예배를 정말 제대로 꾸준히 드리자'는 것이었다. 1월 읽을 본문을 찾아보니 출애굽기 12장이었다. 놀랍게도 '유월절 규례와 출애굽 사건'이었다. 아이들과 함께 본문을 읽으면서 밀려드는 감격을 어찌할 수 없었다. 아! 하나님이 우리 가정을 버리시지 않고, 오늘날 우리 가정에 유월절 규례를 행하기를 원하시는구나! 유월절 어린양의 피가 우리 집 문설주에 발라지고, 나와 아내와 우리 아이들 온 가족이 이 어린양의 피의 공로 아래 구원을 얻는구나! 하나님이 우리 가정에 다시금 언약을 새롭게 하시는구나! 출애굽의 새 역사를 시작하게 하시는구나!

2004년 한 해도 하나님의 이 은혜 언약에 근거하여 부족한 나를 다잡아 하나님께 나아가고, 내게 주어진 언약의 후손들을 더욱 주를 의뢰하는 마음으로 더 책임감 있게 믿음으로 키울 것을 다짐하며, 윌리엄 핸드릭슨의 『은혜 계약』에 나오는 '어머니의 신뢰'라는 시를 함께 나누고자 한다.

어머니의 신뢰(출12:3, 11, 13을 근거로 하여)

피 뿌린 인방 아래에 아이들과 함께 섰사오니
악의 사자가 이곳을 넘어가나이다.

파괴자의 낮을 피할 곳이 없으나
피 뿌린 인방 밑이 우리의 피난처 되리라.

하나님의 어린양, 고난당하셔서
우리의 죄와 슬픔을 담당하시니,
믿음으로 그 피가 우리 문에 뿌려지리라.
침입하는 원수가 주의 성호를 두려워하니
오늘밤 피 뿌린 인방이 나와 자녀들을 지키시리이다.

귀하신 구주여 당신의 참되신 약속을 바라오니
어린양께서 "온 가족"과 아이들의 구주도 되소서.
세상에 있는 어린아이들도
당신의 거룩한 손길을 느꼈사오니
피 뿌린 인방 아래서 당신의 복을 내리소서.

이들을 주신 이여, 이들을 지키시고 그 발길을 이끄소서.
광야와 재난이 그들을 기다리나이다.
어미의 사랑이 쓸모없으니
당신의 돌보심만 의뢰하나이다.
피 뿌린 안방 밑에 영원히 거하게 하소서.

당신만 의뢰함으로 실망치 않나이다.
지혜로운 주님, 이들을 키우느라
움츠러진 마음을 윤택케 하소서.
아버님, 이들이 없이는
당신의 얼굴을 뵈옵지 못하겠나이다.
당신의 은혜 계약인 피 뿌린 인방에 간청하나이다.

우리 위해 고난당한 귀하신 구세주여,
범죄한 나라에 심판의 폭풍이 몰려올 때,
안전한 피난처에서 기쁨으로 당신의 눈을 뵈오리니,
피 뿌린 인방 아래서 아이들과 주님과 나 함께 거하리라.

메뉴판이 아닌, 음식의 맛을 보게 하라

"여보! 우리는 늘 단비가 하나님을 인격적으로 만나게 되길 소원해왔지만, 어쩌면 부모 된 우리가 하나님과 단비 사이에 서서 단비가 하나님을 만나는 데 걸림돌이 되고 있는지도 몰라요. 어떻게 생각하면 차라리 부모 된 우리가 없으면 단비가 한결 쉽게 하나님을 만날 수 있을지도 모르는데 말이에요. 하지만 어쩌겠어요? 이제는 하나님이 더 큰 은혜를 단비에게 허락하셔서 하나님이 직접 단비의 인생에 개입해서 만나주시고, 이제 단비가 이 하나님을 통해서 다시 부모를 볼 수 있게 해달라고 기도해야 할 것 같아요."

지난 여름방학, 중학교에 다니는 큰아이를 중고등부 수련회에 보내놓고 아이를 위한 기도 제목을 나누는 중 아내가 한 이야기다.

내가 걸림돌이 되다니

아이를 키우며, 아이가 하나님을 인격적으로 만나기만 하면 그가 하나님과의 관계 속에서 자신의 인생 문제를 해결해갈 수 있으리라는 것을 알기에, 아이가 하나님을 인격적으로 만나게 되는 것을 가장 중요한 기도 제목이자 교육 목표로 삼아왔다. 하지만 어느덧 지난날을 돌아보니 나의 존재와 교육 행위들이 아이가 하나님께 나아가게 하는 촉진제가 아니라 하나님과 아이 사이를 가로막고 있는 그 무엇이 되고 있음을 발견하게 된다. 참 아픈 일이다.

저 뒤에 무언가 있다고 주위에서 이야기를 계속하고 자신도 무언가 있는 것 같아 가고 싶지만, 막상 다가가보면 그 무언가의 앞에서 그 무언가에 대해서 열심히 이야기하고 있는 부모에 가려 도무지 그 무언가가 보이지 않는 상황 속에서 많이 힘들어했을 아이를 생각하면 더욱 마음이 아프다.

생각해보면 우리는 부모로서 아이가 종교적인 틀로 자신의 신앙을 보여주길 너무 조급하게 기대했다. 그래서 매일 가정예배에 참여하기를 요구했고, 아이가 스스로 어쩔 수 없는 문제를 가지고 힘들어할 때 이 문제를 가지고 하나님께 기도로 나아가라고 자꾸 이야기했으며, 말씀을 통해 스스로 하나님에 대한 지식을 넓혀가길 요구했다. 물론 어려서부터 기본적인 경건 훈련이 몸에 배고 습관화되게 하는 것은 매우 중요한 일이고 할 수 있다면 이 일을 계속해갈 생각이다.

메뉴판이 아닌 음식의 맛을 보게 하라

하지만 문제는 이러한 종교적인 습관이나 훈련들이 아이로 하여금 신앙의 실체와 부딪히게 하는 것과 동떨어져 이루어지거나, 아이가 하나님을 느끼는 것이 현저히 부족한 상황에서 이루어진 것이었다. 이것은 마치 중국집 메뉴판을 가지고 자장면과 우동, 탕수육에 대해서 열심히 설명해주면서 정작 자장면을 먹게 해주지는 않는 것과 비슷한 상황이었다. 시간이 걸리고 힘들더라도 아이와 함께 삶 가운데서 직접 밀가루를 반죽하고 자장면 소스를 만들면서 그 과정을 즐기고 맛을 느끼는 작업은 잘 하지 않고, 급한 마음만 가지고 자장면 메뉴판을 주고 인터넷에서 자장면에 관한 자료들을 잔뜩 제공하면서 아이에게 열심히 읽어보라고만 한 것은 아닌가 하는 생각이 들었다.

우리가 알다시피 하나님은 가르쳐 알게 해야 할 대상이 아니라 자신이 경험하고 느껴야 할 대상이다. 그런데 이 부분에 대한 고려 없이 부모가 안심하기 위해 아이에게 종교적 표현의 성과물만을 지나치게 조급하게 요구하는 것은 어떤 면에서 하나님에 대한 불신인지도 모른다. 신앙은 조기교육이나 선행학습을 하듯이 이루어질 수 있는 것이 아니기 때문이다.

흡족하지가 않다

그렇다면 왜 나의 행동이나 종교교육이 아이에게 하나님을 보여주고 느끼게 해주지 못할까? 여러 가지 이유가 있겠지만 기도 가운데 드는 생각은 '그것은 내가 아이에 대해 흡족해하지 않기 때문이다'는 것이었다. 즉 내가 아이의 여러 모습에 대해 흡족해하지 않기 때문에 아이도 이것을 느끼고 있고, 이것이 나와 아이 사이의 벽이 되는 동시에 아이가 부모의 삶이나 교육을 통해 하나님을 느끼지 못하고 오히려 걸려 넘어지게 된다는 것이다.

"아이는 세 살 이전에 일평생 할 효도를 다 하고 그 이후에는 그때 했던 효도를 까먹으며 산다"는 말이 있듯, 아이가 자라가고 이제 어느 정도 자기 역할을 해주어야 한다는 기대를 받는 나이가 되면서부터 아이와 부모 사이에 '흡족함'에 대한 전쟁이 시작된다. 아이는 자신이 부모에게 '흡족한' 존재로 받아들여지길 간절히 원하고, 때로는 이를 위해 나름대로 부단한 노력을 한다. 하지만 부모가 보기에 아이의 행동은 늘 부모의 기대를 '흡족하게' 채우지 못한다. 그리고 아이는 부모가 자신을 '흡족하게' 여기지 않는다는 것을 안다. 이것이 대부분의 가정에서 일어나는 부모와 자식 간의 근본적인 갈등의 원인이 아닐까 싶다.

따지고 보면 이 '흡족함'의 문제가 어찌 부모와 자식 간의 관계에서만 문제가 되겠는가? 13년 결혼 생활을 돌아보아도 아내가 나를 흡족해하지 않는다는 느낌은 내가 아내에게 나아가는 데에서 큰 불편과 장애가 되었다. 그리고 이 부분에 대한 의심의 제거와 확신은 아내와 온전한 하나됨에 촉진제가 되었다.

이뿐이겠는가? 학교에서 아이들과의 관계, 또 수많은 인간관계를 돌아보더라도 내가 다른 사람으로부터 흡족하게 받아들여지지 않는 것 혹은 내가 다른 사람을 흡족해하지 않는 것으로 인한 갈등과 감정적 낭비, 그리고 상처들을 주고받았으며 살고 있다.

그 사랑이 가능케 한다

하나님은 우리로 인해 기쁨을 이기지 못하고 즐거이 부르며 기뻐하신다(스바냐 3:17)고 말씀하신다. 날마다 범죄하고 실수하며 넘어지는 우리의 삶을 생각할 때, 그리고 이러한 우리의 삶에 대해 말씀하시며 때로 징계하시는 하나님을 생각할 때, 하나님이 우리를 기뻐하시고 흡족하게 받으시는 것은 일상의 교훈이나 징계를 넘어서는 존재론적인 사랑이요 기쁨임에 틀림없다. 우리의 연약함을 뛰어넘어 우리의 존재 자체를 흡족하게 받으시는 하나님의 그 사랑이야말로 우리가 우리의 연약함에도 불구하고 흔들리지 않는 신뢰를 가지고 믿음의 경주를 할 수 있는 근거가 된다.

동일하게 하나님은 우리 삶의 목적도, 하나님을 영화롭게 하는 것일 뿐 아니라 하나님을 영원토록 즐거워하는 것(웨스트민스터 신앙고백서 소교리문답 제1문)이라고 말씀하고 계신다. 그렇다. 우리가 하나님을 믿는다고 많은 종교적인 의식과 훈련에 참여하기도 하고, 주의 나라를 위한 많은 수고를 기꺼이 감당하지만, 하나님을 영원토록 즐거워하는 것이야말로 우리 신앙의 본질이요, 최고의 경지임이 분명하다.

이것은 이웃관계에서도 동일하게 적용되어 성경은 이웃을 내 몸과 같이 사랑하라고 말한다.

그러므로 이제 아이들을 대할 때 다른 모든 생각과 내 기준에 차지 않는 모든 것을 다 내려놓고 무엇보다 그 아이를 하나님의 선물로, 하나님의 기업으로 흡족하게 기뻐하려고 한다. 그리고 이렇게 내가 아이를 흡족하게 기뻐하는 것이 아이에게 느껴질 때, 아이는 이것을 통해 자신을 흡족하게 기뻐하시는 하나님을 느낄 것이라고 믿는다. 나아가 자신을 흡족히 기뻐하시는 하나님에 대한 경험을 통해, 하나님을 영원토록 즐거워하는 성도의 삶의 본질과 이웃을 내 몸과 같이 사랑하는 인간관계의 본질을 살아내리라 믿는다.

아이들로 하나님의 모습을 보게 하라

나도 두렵다

얼마 전 매우 존경하고 잘 알고 지내는 목사님 부부를 만나 이야기를 나눈 적이 있다. 그 목사님은 아버님도 목사님이지만, 지금 형제들 가운데 목사님 혼자만 예수를 믿고 있고 나머지 형제들은 다 신앙을 떠났다는 것이다. 그리고 사모님의 부모님도 교회에서 존경받는 장로님과 권사님이지만, 현재 사모님 혼자만 신앙을 갖고 있고 5명의 동생들은 다 신앙을 떠났다는 것이다.

그 이야기를 들으면서 나는 우리 집 아이들을 떠올렸다. 물론 우리 집 아이들 가운데 아직까지 예수님을 믿기 싫다고 노골적으로 말하는 아이는 없다. 주일은 당연히 교회 가서 예배드리는 것으로 알고 있고, 큰아이의 경우 작년 학교에서 주일을 포함해서 수련회를 간다고 했을 때 기쁨으로 수련회를 포기했고, 둘째와 셋째 아이의 경우도 학교에서 주일날 체육대회를 계획했을 때 역시 기쁘게 체육대회 참석을 포기하고 교회에 갔다. 매일 아침 드리는 가정예배의 경우 마지못해 참석하는 경향이 있기도 하고 때로 많이 피곤한 경우에 빠지기도 하지만 그래도 어느 정도 습관화되고 있기도 하다.

하지만 나는 안다. 주일날 빠지지 않고 교회에 가서 예배를 드리거나 매일 아침 빠지지 않고 가정예배 혹은 성경 묵상 시간을 갖는 것은 신앙에 이르는 하나의 통로가 될 수는 있어도, 이것이 믿음의 실체는 아니라는 것을. 믿음이란 예배나 말씀 묵상, 기도를 통해 표현되고 힘을 공급받기는 하지만, 그 실체는 일상의 삶 가운데 하나님을 의지하고 그분과 대화하고 그분의 인도를 받아 그분이 이끄는 목표를 향해 경주하는 데 있음을 잘 알고 있다. 그러기에 아이들이 아빠가 제시하는 기독교의 종교적인 틀을 잘 따르고 있음에도 불구하고 그 속에 믿음의 실체와 생명이 잘 확인되지 않기에 때로 마음이 아프고 초조하기도 하다. 오히려 내가 아이들에게 강조하고 제시하는 기독교의 종교적 양식이 아이들에게 하나의 '잔소리'처럼 형식화된 딱딱한 껍질을 형성해서 믿음의 실체로 나아가는 것을 막는 요소로 작용하지 않을까 하는 두려움이 들기도 한다.

나는 믿음을 그렇게 경험하지 않았다

돌아보면 나는 믿음을 그렇게 경험하지 않았다. 부모님이 다 교회에 다니긴 했지만 그분들이 나에게 단 한 번도 '교회에 나가라'거나 '성경을 읽어라'거나 '기도를 하라'는 이야기를 한 적이 없다. 하지만 아주 어릴 때부터 하나님은 부모님의 하나님이 아닌 '나'의 하나님이었다. 아직 어리고 미숙하긴 했지만 하나님은 내 삶의 중심이었고 목표였다. 그러기에 자연스럽게 말씀, 기도, 전도, 예배, 봉사 등이 따라왔다.

이 부분에 대해서는 아내도 비슷한 이야기를 한다. 특히 믿지 않는 부모님 아래에서 자라면서 외할머니의 영향으로 신앙을 갖게 된 그는 삶 가운데서 하나님과 그의 통치를 생생하게 경험하지 않으면 신앙을 유지할 수 없는 상황이었다. 그러기에 그에게 하나님과 신앙은 보이지 않지만 너무도 분명한 하나의 실체였다.

그러므로 우리 부부의 신앙 체계나 사고 체계 속에서 '신앙'이라는 것은 그 누가 강요하거나 강제할 성질이 아니라 당연히 인정하고 받아들이며 반응해야 할 세계였다. 비록 아이들이 어리긴 하지만 하나님의 나라와 영생의 영역은 어리다고 해서 모르거나 반응할 수 없는 것이 아니라, 아이들 수준에 맞게 그렇지만 더 순수하고 생생하게 반응할 수 있고 해야 하는 당연의 세계였다.

하지만 아이를 낳아 기르다 보니, 우리 아이들은 전혀 그렇지가 않았다. 당연히 관심을 가지고 반응해야 하는 하나님과 영적 세계에 대해서는 전혀 초점을 맞추지 못하고 오직 먹고 노는 일, 눈에 보이는 세계에만 관심과 반응을 보이는 모습을 보면서 도무지 이해가 되지 않았다. 마치 부모 된 우리 부부의 머릿속에는 '공부'라는 것이 부모가 '하라'니 '마라'니 잔소리할 영역이 아니라 스스로 알아서 잘 해주어야 할 영역이듯이, '신앙'은 더더욱 '하라' '마라'는 잔소리가 필요 없이 그들의 영혼 내부에서 자연스러운 반응으로 나와야 할 것들이었다. 하지만 아이들 내면에서 스스로 공부에 대한 동기가 생기지 않듯이 영적인 것에 대한 감각은 정말 잘 생기지 않았다.

하나님은 쉽게 역사하지 않는다

이러한 상황 가운데서 우리 부부가 선택할 수 있는 방법은 '기도'였다. 하나님이 우리 아이들에게 은혜를 허락하셔서 하나님을 만나는 특별한 회심의 기회를 달라는 것이었다. 아이들이 하나님을 만나기만 하면, 부모가 '너의 문제를 가지고 하나님께 나아가라'는 아이들이 잘 이해하지도 못하는 이야기를 할 필요가 없이 스스로 자신의 문제를 가지고 하나님을 만날 것이고, 아이들에게 왜 공부를 해야 하는지 구구절절이 설명할 필요 없이 아이들 스스로 하나님 앞에서 자신의 삶을 설계하고 스스로 공부를 할 것이기 때문이다. 실제로 하나님은 많은 자기의 백성을 이렇게 만나주셨고, 이것은 지금도 유효할 것이다.

하지만 이렇게 아이들이 한순간 거듭나기를 바라고 이를 놓고 간절히 기도하는 것은 한편으로 믿음의 부모가 해야 할 가장 중요한 일이고 붙들어야 할 믿음의 끈이지만, 다른 한편으로는 너무 쉽게 믿음의 문제를 해결하려는 편의주의적인 태도이기도 하다는 생각이 들었다.

이 문제에 대해 아내와 이야기하면서 내린 결론은 하나님은 단회적인 회심의 경험을 통해 우리 아이들에게 역사하기보다는 부모 된 우리의 삶을 통해 하나님의 모습을 보여주기를 원하신다는 것이었다. 즉 우리의 아이들이 부모와 함께 호흡하고 먹고 마시며 부대끼는 모든 과정을 통해 선하심과 인자하심, 공의로움과 오래 참으심이라는 하나님의 성품을 느낄 수 있어야 한다는 것이다. 할 수 있다면 우리 가정 가운데 가난하고 약한 이웃이 초대되고, 또 아이들이 부모의 손을 붙들고 소외되고 고통 받는 이웃을 돕는 일을 함을 통해, 고아와 과부에게 특별한 관심을 갖고 계신 하나님을 함께 체험할 수 있어야 한다는 것이다.

하나님은 부모의 삶이나 부모가 하나님 앞에서 더 온전하게 자라가는 것과 관계없이 우리 아이들에게 특별한 은총을 내리고 역사할 수 있는 분이고 또 실제로 그렇게 하시겠지만, 이보다는 가급적 부모의 삶이 끊임없이 하나님 앞에서 자라가고 성화되어가게 하시고 이 과정을 함께하게 함을 통해 아이들이 하나님을 만나고 자신의 삶을 믿음 위에 건축해가도록 하시길 더 기뻐하신다. 이것은 부모로서 참 부담스러운 사실이긴 하지만 동시에 자식을 통해 부모에게 주시는 특별한 은혜이기도 하다.

부자 아빠, 가난한 아빠

"아빠, 우리 집 가난해? 아니면 부자야?"

뜬금없이 큰딸 아이가 묻는다. 하지만 나는 안다. 아무런 앞뒤 문맥 없이 마치 선문답처럼 던지는 질문이지만 딸아이로서는 오랜 동안의 고민 끝에 자기의 간절한 소원을 담아 어렵게 던진 질문이라는 것을.

너무 많이 거절했다

아이를 키우면서, 아이가 어린아이로서 요구할 수 있는 너무도 당연한 요구들을 많이 거절하며 살아왔다. 어떤 것은 엄마 아빠의 신념과 다르다는 이유로, 어떤 것은 많은 아이들을 키우다 보니 경황이 없어서, 어떤 것은 아이의 욕구에 대해 너무 무지해서, 심지어 어떤 것은 충분히 들어줄 수 있음에도 불구하고 괜한 고집 때문에 거절을 했던 것 같다.

특히 아빠가 차를 사지 않는 것 때문에 아이들이 많이 힘들어했다. 몇 번이나 큰딸은 어렵게 결심을 하고 '우리도 차를 사자'고 애원을 했다. 차를 사지 않는 이유를 설명했지만 그 설명은 큰딸의 아픈 마음에 아무런 답이 되지 못했다. 우리도 남들처럼 차를 갖고 싶은 것은 큰딸의 본능이자 자존심이었고 아빠가 자신을 받아주는지에 대한 시금석이었다. 몇 번의 거절 이후 이에 대해 큰딸이 매우 노여워하는 반응을 보였던 기억이 내게 큰 아픔으로 남아 있다. 지금은 서로 많이 포기하고 살고 있지만 그래도 그 앙금은 딸아이에게 큰 아픔과 불신의 찌꺼기로 남아 있어서 어떤 상황이 되면 떠오르기도 한다. 그래서 이제는 가족 단위로 어떤 곳으로 이동할 때 택시로 가지 않으면 잘 가려 하지 않는다. 대중교통의 구차함에 대해서 극도의 부정적인 반응을 보인다. 지금 생각해도 그냥 딸아이의 요구를 들어줄 수도 있었을 텐데, 과연 내가 잘한 것인지 확신이 없다.

그 이후 딸아이는 아빠가 충분히 들어줄 수 있는 가벼운 부탁에 대해서도 뜸을 많이 들이는 경향을 보였다. 그 뜸의 대표적인 경우가 "우리 집 부자야? 가난해?"라는 질문이었다. 분명히 아빠가 교사로서 직장 생활을 잘하고 있고, 또 비교적 여유 있고 안정된 주거 환경을 유지하고 있으면서도, 평범한 가정에서, 심지어 주거 환경으로 볼 때 우리보다 더 가난하게 보이는 집조차도 소유하고 있는 차를 갖고 있지 않는 상황이 딸에게는 잘 이해가 되지 않는 것이었다. 이뿐 아니라 해외여행은 물론이고 국내여행도 명절 기간 친인척 방문 외에는 좀체 잘 하지 않는다든가 외식을 거의 하지 않는 가정의 분위기도 다른 아이들과 비교해볼 때 이해가 잘 되지 않는 모양이었다.

선풍기 한 대로 이렇게 행복한데

"응, 큰 부자는 아니지만 일상적으로 필요한 것이나 너희에게 필요한 것을 들어줄 수 있는 정도의 돈은 갖고 있어."

늘 그렇듯이 나도 준비된 정답으로 답을 했고, 그제야 딸은 자기 마음에 있는 이야기를 한다.

"아빠, 그렇다면 우리 에어컨이나 선풍기를 샀으면 좋겠어."

이 무더운 여름에 다른 집처럼 에어컨을 한 대 샀으면 좋겠다는 것이 자신의 간절한 바람이지만 아빠의 거절이 충분히 예상되는지라 '선풍기'라는 최소한의 대안까지 제시하는 친절을 발휘한 것이다.

그러고 보니 우리 집에 선풍기가 없다. 재작년까지 덜덜거리던 선풍기가 한 대 있었는데, 그 선풍기가 망가져서 버린 이후 작년에는 크게 덥지 않다는 이유로 선풍기 없이 여름을 보냈던 것이다. 내가 너무 무심했다는 생각이 들어 즉시 선풍기를 한 대 샀고, 한 대의 선풍기로 아이들이 싸워서는 안 되겠다 싶어 며칠 후 한 대를 더 샀다. 아이들은 선풍기를 끌어안고도 너무 행복해한다.

막노동꾼 아버지의 그을린 몸

여름방학을 맞아 집에 있으면서 가만히 있어도 흐르는 땀을 주체할 수 없는 더위를 느끼며, 이 무더위에도 불구하고 따가운 햇볕을 온몸으로 느끼면서 육체노동을 하고 있을 많은 사람들이 생각이 난다. 그리고 그 많은 사람들 사이로

13년 전에 돌아가신 아버지의 모습이 보인다.

빈농 가정의 장손으로 태어난 아버지, 어릴 때 예수를 믿었던 사람을 아내로 맞았다는 이유로 조상들의 제사를 모실 수 없는 상황이 되자(어머니에게 예수 신이 있어서 제사를 드려도 조상들이 오지 않는 상황이 발생한다) 솥 하나에 숟가락만 들고 아내와 어린 자식을 데리고 고향을 떠나야만 했다. 이후 우여곡절을 거쳐 생계를 위해 정착한 도시에서 그가 할 수 있는 것은 막노동 외에는 다른 대안이 없었다. 그래서 아버지는 환갑을 넘기지 못하고 돌아가실 때까지 일평생 막노동을 하면서 가족의 생계를 유지하셨다.

막노동을 하는 사람의 근무 시간은 아침 해 뜰 때부터 저녁 해 질 때까지였다. 그래서 하루해가 제일 긴 여름이 노동 시간도 제일 많을 수밖에 없었다. 작열하는 여름 햇볕을 받으며 하루 종일 땅을 파거나 시멘트와 벽돌을 져 나르는 노동을 끝내고 집으로 돌아와서 등목을 하시던 땀에 절고 새까맣게 탄 아버지의 모습이 지금도 눈에 선하다.

머리가 아닌 피 속에 녹아 있기에

대학 시절 캠퍼스를 풍미하던 '민중' 이데올로기가 이미 퇴조하고, '민중 속으로'를 외치던 사람 중 일부는 이미 우리 사회의 '가진 자'가 되어버린 지금, 복음주의권이 한때 심각하게 고민하던 '빈부 격차와 사회 구조적인 악의 문제'에 대한 문제의식도 과거의 기억으로 묻혀버린 지금, 심지어 기독교윤리실천운동의 '검소, 절제, 나눔'이라는 가장 소박하고 단순한 구호마저 구태의연한 개인 윤리로만 취급받는 지금. 그리고 나 역시 대학 시절 선교 단체 회보에 글로 장담한 '집을 사지 않겠다'는 결심을 뒤집고 남들보다 일찍 집을 산 지금, 일반적인 한국 사람들의 평균적인 생활수준에 비해 결코 뒤떨어지지 않는 지금. 나는 내 상황에서 최소한 삶의 한두 가지 부분에서는 불편함을 유지하며 살아야 할 것 같은 부담감으로부터 아직 자유롭지 못하다. 비록 우리 사회의 다수가 혹은 평균이 어느 수준을 유지한다고 하더라도, 아직 그 수준에 이르지 못한 사람이 있고, 다수가 그 수준을 누리는 것 때문에 괴로워하고 힘들어하는 사람이 있다면,

나라도 그 수준을 포기하고 싶다. 비록 삶의 모든 부분에서 그렇게 살지는 못한다 하더라도 최소한 삶의 몇 부분이라도 상징적으로 붙들고 있고 싶다. 나에게 이러한 생각은 이데올로기나 세계관 공부의 영향보다 더 깊은 막노동꾼 아버지의 삶에서 온 것이고, 머리가 아닌 피 속에 녹아 있는 부분이기 때문에 이 시대의 변화에도 불구하고 내 삶을 강하게 지배하고 있다.

하지만 나는 믿는다

하지만 이러한 생각을 아직 딸아이에게 다 말할 수는 없다. 이는 아이가 아직 이러한 생각을 이해하기에는 너무 어리고 또 나와 삶의 경험이 다르기 때문이다. 하지만 이보다 더 큰 이유는 내가 가정 속에서 이를 함께 공유하고 풀어가는 과정에서, 아이에게 '거부'라는 형태로 너무 많은 아픔과 상처를 준 탓에 아이가 도무지 받아들일 준비가 안 되어 있기 때문이기도 하다.

하지만 나는 믿는다. 내가 나의 생각을 삶 가운데서 지켜가려는 노력을 계속하되, 아이의 상황과 요구를 최대한 고려하고 품는 지혜를 구하고 노력을 계속할 때, 주께서 아이의 눈을 뜨게 하시고, 나와의 관계를 더 성숙하게 회복시키리라는 것을.

제6부 온유하게 죽을 때까지

과연 사람이 희망인가?

"형! 형은 이렇게 자신의 모든 기득권을 버려가며 우리 시대 불의의 문제와 싸우고, 가난하고 소외된 자들을 위해 자신의 인생을 던지려고 하고 있는데, 이러한 형의 행동이 옳다는 것을 어떻게 증명하지? 형으로 하여금 이러한 삶을 살게 하는 근거는 무엇이지?"

"그것은 '역사'야!"

지금도 잊히지 않는, 대학 시절 비교적 친하게 지냈던 운동권 핵심 선배와 나눈 대화의 한 대목이다. 물론 그 선배가 믿고 자기 행동의 근거로 삼고 있는 이 '역사'라는 것이 막연하게 '긴 역사적 견지에서 볼 때 정의가 결국 승리한다'는 낭만적인 생각이었는지, 아니면 마르크스의 역사 발전 5단계설에 근거해서 자본주의 이후에 사회주의가 도래하는 것이 확실하고 이 사회주의의 도래를 앞당기는 것이 역사적 사명이라는 사회과학적 생각이었는지 명확하지 않다. 어쩌면 이 두 가지 생각이 다 포함되어 있는 말인지도 모른다. 어쨌든 그 상황에서 그 말의 의미를 더 자세하게 물을 필요가 없이 그도 나도 이 '역사'라는 단어 앞에서 이심전심의 마음을 가졌다.

역사의 배신, 사람의 변절

하지만 역사는 그 선배의 믿음대로 움직여주지 않았다. 오히려 역사가 '역사'에 대한 믿음을 가지고 자신을 드렸던 사람들의 믿음을 배신했다는 것이 정확한 표현일 것이다. 우선 수많은 사람들이 역사에 대한 믿음의 근거로 막연하게 붙들고 있었던 소련을 비롯한 동구 사회주의 국가들이 그 누구도 예측하지 못했던 너무도 빠른 시간에 일시에 무너져버렸다. 그러나 그것은 시작에 불과했다. 민주화가 진행되긴 했지만 그 진행 방식은 민중이 주인이 되는 방식이 아닌, 정치가들의 권력욕과 야합으로 얼룩진 방식으로 진행되었고, 민주화의 결과로 개인의 일상적인 자유와 인권의 진전이 있긴 했지만 더 많은 부분은 언론 권력과 각종 힘 있는 이해집단들에 힘을 실어주는 결과로 나타났다. 그들이 신뢰했던 노동자들은 노동조합을 통해 시대 변혁의 힘을 얻었지만 곧바로 작은 기득권으로 변해버렸고, 또 다른 민중인 비정규직 문제 해결에 나서지 못하고 있는 상황이다. 민주화 세력이 정권을 얻고 개혁의 명분을 수행하고 있지만, 이제 개혁이 아닌 빵을 요구하며 과거로 회귀하려는 백성들의 요구 앞에서 당황하고 있다.

이렇게 그들이 믿었던 사회주의, 노동자, 민주, 개혁이 절대선이 될 수 없고, 역사가 반드시 우직하게 정의의 길을 가는 자의 편에 서지 않고, 간사하게 자신의 이익을 위해 역사의 물꼬를 비틀어놓은 자들의 물길을 따라 역류하는 경우도 많다는 사실 앞에서 많은 사람들이 좌절했다. 그래서 민주화운동 출신 정치가들 중에도 변신에 변신을 거듭한 사람들이 많았고(이 중 어떤 사람들은 아무리 좋게 봐주려고 해도 '변절'이라는 이름을 붙일 수밖에 없는 사람들도 있다), 일상적 시민의 삶으로 돌아간 이들 가운데도 부동산 파동과 주식 폭등, 사교육 팽창의 흐름을 주도하거나 이 흐름의 핵심에서 이익을 누리는 사람들도 많이 생겼다. 물론 개개인의 삶이 다르기에 획일적으로 말할 수는 없지만 이것이 현재 우리 사회를 주도하는 40~50대, 70~80년대 학번들의 한 단면이 아닌가 싶다. 그리고 그들이 대학 시절에 꿈꾸었던 것을 제대로 실현시키지 못하고 또 하나의 기득권 세대가 되어가는 원인에는 그들이 믿었던 '역사'에 대한 좌절이 한 몫을 차지하고 있는 것이 아닌가 하는 생각이다.

과연 사람이 희망인가?

민주화 세대의 좌절과 실패를 바라보면서, 그들이 역사에 대한 믿음을 근거로 시대의 불의와 싸우고 민중을 위해 자신을 드렸던 그 삶이 지극이 선하고 아름다움에도 불구하고, 그들이 역사로부터 배신을 당하고 심지어 그들 자신마저도 역사의 걸림돌이 되고 있는 원인이 무엇일까를 곰곰이 생각해본다. 과연 역사의 본질 자체가 '배신'이고 역사가 결코 선의 편이 아닌데 그들이 잘못 이해하고 짝사랑했던 탓일까? 아니면 그들의 믿음에 또 다른 오류가 있었을까?

최근에 드는 생각은 민주화 세대가 품었던 '역사'에 대한 믿음의 이면에는 '사람'에 대한 믿음이 있지 않았을까 하는 것이다. 어쩌면 그들이 진정으로 믿었던 것은 '역사'가 아니고, '사람' 혹은 '사람의 선한 의지'였을지도 모른다. 그리고 실제로 그들을 배신했던 것도 '역사'가 아닌 그들이 믿었던 '사람'이었을 것이다. 그들을 배신한 것은 그들이 믿고 신뢰했던 공산 국가의 지도자들, 민주화에 앞장섰던 정치인, 노동자, 농민, 시민이었고, 나아가 그들과 함께 운동을 했던 동지들이었을 것이다. 심지어 자기 자신도 자신을 배반하는 단계로 나아간 경우도 많았을 것이다.

　　결국 사람의 약함과 악함에 대한 처절한 인식의 부재와 역사에서 사람이 차지하는 역할과 한계에 대한 고민의 철저하지 못함, 그리고 역사의 주인 되신 하나님의 존재를 부정하는 오만이 역사의 좌절을 맛보게 한 것이 아닌가 생각된다.

역사, 사람을 다루시는 그분의 손길

　　사실 나는 대학 시절에는 역사를 별로 신뢰하지 않았다. 하나님이 역사의 주인이시고 그분이 가장 선하고 공의롭게 역사를 진행한다는 사실을 관념의 세계에서는 인정했지만 현실에서는 인정할 수가 없었다. 하지만 역사를 신뢰하던 그 사람들이 역사의 걸림돌에 걸려 넘어지고, 심지어 그들 가운데 일부가 역사의 걸림돌이 되는 현상을 지켜보면서, 그리고 사람들이 전혀 예상치 못했던 곳에서 예상하지 못한 방식으로 정의가 실현되되, 완벽한 의가 아닌 상처와 모순을 가진 형태로 의가 실현되고, 또 다른 과제를 남기는 방식으로 역사가 진행되는 것을 보면서, 역사를 운행해 가시는 그분의 깊이와 오묘함을 약간은 느낄 수 있을 것 같기도 하다.

　　역사는 매우 복잡한 기계와 프로그램으로 구성된 어떤 세계가 아니다. 오히려 선과 악의 자유로운 선택이 가능한 인격체인 인간들이 만나서 만들어가는 세상이다. 그러므로 하나님의 역사 운행은 기계적인 선과 악에 대한 심판이 아닌, 열 길 물속보다 깊고 복잡하며 변화무쌍한 인간들이 만들어내는 수많은 선악과 탐욕, 사랑과 미움, 자기애와 권력욕, 구조악과 집단이기주의 등의 문제를 다루어가는 것이다. 그분은 이 가운데서 악을 제어하고, 이 세상을 보존하시며, 낮은 자를 높이고 높은 자를 낮추는 일을 하고 계신 것이다. 무엇보다 타락한 인간 세상과 역사의 한가운데 아들을 사람의 형상으로 보내시고, 그의 죽음과 부활을 통해 자기 백성을 부르시며, 그 부르신 백성들의 소명과 역사에 대한 응답을 통해 역사를 만들어갈 뿐 아니라 부단히 하나님의 사람을 만들어가고 계신 것이다.

내가 헤아릴 수 있는 역사는 시간적으로는 불과 20여 년, 그리고 공간적으로는 나의 경험과 지식이 닿는 지극히 제한된 영역에 불과하다. 그것은 하나님의 영원하심과 그의 편만하심을 생각할 때 한 점에 지나지 않고 티끌에 불과하다. 이러한 인간의 유한을 그의 영원으로 품으시고, 한 사람 한 사람에게 그 나름의 뜻을 두고 가장 합당하게 다루시며, 우리의 이해를 넘어서는 궁극적인 선과 의를 행하시는 하나님의 역사 통치를 생각할 때, 내 머리로 다 이해할 수 없는 수많은 삶의 현장들 가운데서 하나님의 뜻을 묻는 겸손함으로 서게 된다. 그리고 내게 주어진 '지금과 여기'라는 역사의 현장 가운데서 어떻게 살아야 할지 두렵고 떨리는 마음으로 서게 된다.

온유하게 죽을 때까지

1984년의 캠퍼스는 '군부독재 타도', '민주화'의 구호와 시위대로 가득했다. 대학본부 앞 광장에는 일주일에 최소한 1회 이상 다양한 명칭의 집회가 있었고, 그 집회는 늘 교문 앞으로 진출해 전투경찰과의 싸움으로 이어졌기에 시위가 없는 날에도 눈물을 흘리지 않고는 등하교가 불가능할 정도로 최루탄 연기에 찌들어 있었다.

캠퍼스의 벽을 도배한 광주민주화운동의 처참한 사진이나 군사정부의 온갖 만행을 기록한 대자보, 그리고 수시로 잡혀갔던 학우들의 소식은 지극히 소심하고 공부 열심히 해서 집안을 일으켜야 한다는 생각밖에 없던 학생들의 가슴에도 불을 지피기 충분했다. 수업 거부나 시험 거부를 하지 않은 학기가 없을 정도였고, 가끔씩 목격되는 학우들의 분신, 박종철 고문치사와 같은 만행의 소식을 들을 때는 피가 거꾸로 솟는 경험을 하곤 했다.

이러한 캠퍼스의 상황 가운데서, 보수적인 신앙을 가진 기독 대학생으로 살아간다는 것은 너무도 어렵고 힘든 일이었다. "하나님이 역사의 주인이시고 교회뿐 아니라 이 세상도 다스리시는 분이시다"라는 너무도 분명한 명제와 군부독재가 민주화 세력을 압제하는 그 시대를 도저히 조화시킬 수가 없었다. 시대를 바라보자니 어떤 식이든 저항을 해야겠지만, 당시 저항의 중심에 있던 민주화 세력의 저항 방법이나 그들의 이데올로기 역시 보수적인 신앙으로서는 받아들이기가 힘들었다. 보수적인 신앙의 색깔에 맞는 비교적 온건한 저항의 방법론을 말하기에는 당시 상황이 너무도 극단적이었다.

이런 가운데 1987년 6월 항쟁과 대통령 직선제는 고민하던 복음주의 기독청년 대학생들에게 한 줄기 빛이었다. 선거라는 합법적이고 온건한 방법을 통해 군부독재를 끝낼 수 있는 방법이 주어졌던 것이다. 그래서 공명선거 운동을 하느라고 4학년 2학기 거의 한 달을 바쳐 부정선거 감시원 노릇을 하며 돌아다

넜다. 그런데 김영삼, 김대중의 분열로 인해 노태우가 당선이 되어버렸다. 혹시나 하는 기대를 가지고 밤을 새며 결과를 지켜보았던 그날의 새벽, 아직도 그 허탈했던 심정을 잊을 수가 없다. 문자 그대로 하늘이 무너지는 느낌이었고, 정말이지 살고 싶지가 않았다.

역사는 한판의 승부가 아니다

하지만 역사는 거기서 끝난 것이 아니었다. 비록 김영삼, 김대중이라는 야당 정치인은 자기들의 권력욕을 채우기 위해 수많은 대학생들과 민중들의 피와 희생, 수많은 백성들의 염원을 무참히 짓밟았지만 하나님은 악에 대한 심판을 오래 참는 분이 아니셨다. 하나님이 역사의 주인이라고는 도무지 믿을 수 없는 상황 가운데서도, 그 믿음을 버리지 않고 하나님께 울부짖고, 온전하지는 않지만 현실 가운데서 자기 믿음에 맞게 최선을 다해 역사에 응답하려 한, 많은 자기 백성들의 땀에 응답하는 분이라는 것을 한참 이후에야 고백하게 되었다.

비록 민중의 힘으로 전두환 군부독재 정권을 완전히 굴복시키지 못했고, 겨우 얻어낸 대통령 직선제의 기회도 양김의 분열로 날려버렸지만, 하나님은 그 다음 해 총선에서 야당의 승리라는 기회를 한 번 더 허락하셨다. 총선 이후의 여소야대와 더불어 전두환에 대한 노태우의 권력 다툼의 결과로 생긴 전두환의 백담사행은 비록 전두환 군사정권의 범죄에 대한 완전한 심판은 되지 못했지만, 일단 전두환의 재기 가능성을 꺾어놓았다는 면에서 엄청나게 획기적인 일이었다. 사실 1986년과 1987년 초만 하더라도 이 땅에서 전두환 군부독재가 그렇게 빨리 무너질 수 있으리라고 생각한 사람은 아무도 없었다.

이후 우리 사회는 수많은 일들을 겪었다. 정치적인 것만 하더라도 김영삼의 3당 야합과 대통령 당선, 군부 사조직이자 전두환과 노태우의 뿌리였던 하나회 숙청, 전두환과 노태우의 감옥행, IMF 환난, 김대중과 김종필의 연합과 김대중 대통령 당선, 남북정상회담, 노무현 대통령 당선과 탄핵에 이르기까지……

이러한 정치적인 격변을 겪으면서, 어느 정치적 사건 하나 후련하게 정의를 세우지 못하고 갈지자걸음으로 전진과 후퇴를 반복하면서 느리게 타협적으로 진행이 되었지만, 그래도 큰 견지에서는 많은 진보가 이루어졌다.

그리고 이보다 중요한 것은 이러한 과정을 통해 우리 사회의 본질적인 모순과 죄악이 무엇인지가 조금씩 드러나기 시작했다는 것이다. 1980년대에는 군부독재라는 죄악이 너무 컸기 때문에 이것만 해결되면 모든 문제가 해결될 줄 알았다. 하지만 이 거대한 죄악과 모순의 바깥 포장을 풀어보니 그 속에는 정경유착, 지역주의, 학벌주의, 집단이기주의, 각종 기득권 집단, 언론 권력, 분단세력, 외세의 문제, 크고 작은 온갖 권력형 비리, 천민 자본과 추악한 상업 논리, 온갖 종류의 편견과 차별, 예수님 당시 바리새파나 사두개파 및 대제사장들의 무리와 거의 흡사한 모습을 보이고 있는 교회 권력들…… 아! 그리고 이 모든 모순 속에 크고 작게 얽혀 있는 우리 개개인의 이기심과 죄의 문제들까지.

온유하게 죽을 때까지

우리는 시대와 역사를 바라볼 때 한 부분 혹은 외적으로 드러난 부분밖에 볼 수 없기 때문에 역사의 흐름이 더디어 보이고, 마치 하나님이 개입하시지 않는 것처럼 생각하기도 하지만, 하나님은 구조적인 모순부터 개별 인간의 죄악까지, 그리고 난마처럼 얽혀 있는 모순의 구조와 상호작용을 다 보고 아시기 때문에, 이 모든 것을 고려하셔서 일하고 계신다. 하지만 분명한 것은 그분은 결코 어떠한 인간의 죄에 대해서도 묵인하지 않으시고 악을 심판하시고 선을 드러내는 일을 하고 계시다는 것이다 그러하기에 우리는 하나님이 역사를 주관하시는 분이라는 이 큰 믿음을 더욱 견고히 붙들고, 인간을 의지하지 않고 하나님의 일하심을 더 크게 더 넓게 더 멀리 바라보는 훈련을 해야 하리라.

동일하게 하나님은 당신의 자녀들이 이 땅 구체적인 역사의 현장 가운데서 아버지의 마음으로, 아버지의 손발이 되어 일하시기를 간절히 원하고 있다. 이 땅의 모순에 대해 어떤 특정한 한 면만 부각시키거나 이데올로기로 재단하지 않고 있는 모습 그대로 보며, 순간적인 감정이나 자신의 명예를 드러내기 위한 방식으로 일하지 않고 철저하게 낮아지고 죽어짐으로 섬기며, 인간의 영혼과 죄의 문제부터 사회의 모순과 구조를 동시에 고쳐나가는 방식으로 최선을 다하되 쉽게 낙망하거나 변절하지 않고, 오래 참으시지 않고 반드시 심판하시는 하나님을 의지하는 마음으로 섬길 수 있는 충성된 이들을 찾고 계신다.

이러한 아버지의 부르심에 응답하는 마음으로 내 속의 죄와 싸우며, 기회가 닿는 대로 복음을 전하며, 검소와 절제와 나눔의 삶을 실천하고, 친환경적인 삶을 추구하고, 가정을 소중히 여기고 성윤리를 지키며, 교회의 새로워짐을 위해 노력하고, 음란 폭력 문화와 싸우며, 내가 맡은 아이들과 우리의 학교 가운데 바른 교육이 시행되도록 노력하며, 사회적 약자를 보호하고, 온갖 편견과 차별에 맞서고, 정치와 경제를 비롯한 모든 종류의 권력을 감시하고 싸우며, 학벌을 비롯한 모든 구조적인 불평등의 개선을 위해 노력하며, 남북의 평화와 하나됨을 위해 노력하고, 전 지구적인 기아와 전쟁의 방지를 위해 애쓰는, 할 수 있는 한 어느 하나라도 끈을 놓지 않고 최선을 다하는 삶을 살아야 하리라.

대학 시절 고민만 하고 돌을 들지 않는 나를 향해 회색분자라고 책망하던 친구를 향해 "나는 온유하지만 죽을 때까지 싸우겠다"라고 했던 대답이 거짓이 되지 않도록 살아야 하리라. 믿음으로 죽지 못했지만, 믿음으로 살아야 하리라.

아! 김선일

지난 2004년 6월 23일 새벽 아랍권 선교를 꿈꾸며 자기가 처한 상황 가운데서 최선의 삶을 살았던 한 젊은 그리스도인이 아랍의 테러 단체에 의해 무참히 살해당했다. 그의 생명에는 대한민국이라는 한 국가가 어렵게 결정한 '이라크 파병 철회'라는 조건이 걸려 있었다. 그런데 조금만 더 들어가면, 이 '이라크 파병 철회'라는 조건 위에는 한미동맹이라는 대한민국 60여 년 역사의 핵심을 꿰뚫는 질곡이 놓여 있고, 미국의 이라크 침공이라는 세계 초강대국의 패권주의와 세계 지배 야망이 놓여 있고, 나아가 세계 최대 석유 보유 지역이자 국제 패권들의 분쟁 중심지라고 할 수 있는 중동 지역 200여 년의 모순된 역사와 여기에 개입한 제국주의의 역사가 놓여 있었다.

하지만 그는 이 모든 짐을 지기에는 너무도 나약하고 평범한 자였다. 그가 살해당하기 전 테러범들에 의해 공개된 비디오에 방영된, "살려 달라"는 그의 절규가 아직 내 귀에 생생하다. 그는 한미동맹이란 미명 아래 우리 정부를 압박하고 있는 미국의 힘의 논리나 중동의 석유와 지배권을 확보하기 위해 이라크를 침공한 미국의 패권 논리에 대해서 제대로 꿰뚫어 아는 자도 아니었고, 미국의 안하무인격 힘을 통한 세계 지배 논리나 아랍권의 테러리즘에 대해 비폭력 평화운동을 전개하고 여기에 자신을 던질 만큼 의식과 용기를 가진 자도 아니었다. 그렇다고 원수에 의해 돌을 맞으면서 "주님 저들의 죄를 용서해주소서"라고 기도했던 스데반과 같은 담대한 믿음을 가진 자도 아니었다. 그는 다만 자기의 소박한 세계 인식과 역사의식 위에 신앙인으로서 선교의 소명을 실천하고 탐색하기 위해 자기 상황에서 최선을 다했지만, 죽음과 위협 앞에서 공포와 두려움에 떨 수밖에 없었던 한 사람의 그리스도인에 불과했다. 그는 우리와 똑같은 성정을 지닌 사람이었다.

엘리 엘리 라마사박다니

그런데 왜 하나님은 이 연약하고 평범한 김선일이라는 한 청년에게 우리나라는 물론이고 세계정세의 모순의 핵심이 되는 이 거대한 문제를 지워놓고, 그를 죽음으로 몰고 가신 것일까? 아니 김선일이 자기의 목숨과 어깨 위에 이렇게 거대한 짐이 놓여 있다는 것을 알기나 했을까? 죽음 앞에서 그는 과연 어떤 기도를 했을까? 그가 과연 이라크의 평화나 미군 철수를 위해 기도했을까? 아마도 그는 '하나님 제발 살려 주세요'라고 기도했을 것이다. 그리고 조국으로부터 버림을 받는 것과 동시에 하나님으로부터도 버림을 받았다는 느낌을 가지고 죽어갔을 것이다. 마치 십자가에서 "엘리 엘리 라마사박다니"라고 외치면서 돌아가셨던 예수님처럼 말이다.

사실 김선일 형제가 서 있었던, 그 무거운 세계사적인 짐을 지고 고귀한 목숨을 담보로 서 있었던 그 자리는, 그가 있어야 할 자리가 아니었다. 그곳은 미국의 부시 대통령이나 영국의 블레어 총리, 아니면 최소한 대한민국의 노무현 대통령이 서 있어야 할 자리였다. 아니 이도 저도 아니라면 세계적인 평화운동가나 세계정세에 해박한 대학자, 세계 여론을 주도하는 언론인이 서 있어야 할 자리였다.

그런데 하나님은 이 모두가 아닌 그저 자기 삶의 자리에서 복음과 이라크를 사랑하고자 했던 한 젊은이를 그 자리에 세운 것이다.

종철이를 살려내라

이 순간 나는 박종철을 떠올렸다. 1987년 1월 14일 치안본부 대공분실에서 운동권 친구의 행방에 대해 조사를 받던 중 물고문을 당하다 죽은 그는 운동권 핵심 인물이 아니었다. 군부독재에 짓밟힌 조국과 캠퍼스의 상황을 아파하는 의식은 가지고 있었지만 그렇다고 해서 지방 말단 공무원으로 고생하시는 부모님의 기대를 저버릴 수도 없어 운동권에 뛰어들기를 접고 공부에 전념하기로 했던, 그래서 고뇌하던, 당시로서는 지극히 평범한 대학생에 불과했다.

그런데 그의 죽음이 온 국민의 가슴에 불을 질렀고, "종철이를 살려내라"는 구호가 그해 6월까지 온 국민의 마음을 모으면서, 철옹성처럼 견고해 보이던 전두환 군부정권도 손을 들고 말았던 것이다. 사실 그 당시 전두환 정권이 순순히 정권을 내놓으리라고 예상했던 사람은 거의 없었다. 그런데 한국 역사상 몇 손가락에 꼽히는 이 위대하고 중요한 일을 운동권이나 재야 운동가, 야당 정치권, 언론이나 지식인, 법률가들이 해결한 것이 아니라 박종철이라는 한 평범한 대학생이 해낸 것이다(물론 그들의 노고와 기여를 무시하는 것은 아니지만, 박종철 물고문 치사 사건이 이 모든 것을 응집시키고 폭발시키는 매우 중요한 역할을 했다는 뜻이다). 아니 그가 해냈다기보다 하나님이 그를 역사의 중심에 세우고, 그를 통해, 그의 죽음을 통해 일하신 것이다.

나는 믿는다

그러므로 나는 믿는다. 비록 김선일은 자신이 서 있던 납치와 죽음의 자리가 전 세계적인 이해관계와 복수와 증오의 역사, 인종과 종교와 민족 분쟁, 세계 패권의 추구라는 복잡하고도 무거운 의미가 뒤얽힌 자리임을 제대로 인식하지 못하고, 다만 그를 붙잡고 죽인 테러범들에 대한 분노와 그를 버린 조국과 하나님에 대한 절망만을 느꼈겠지만, 하나님은 그를 시대와 역사의 모순을 끊는 도구로 사용하고 계시며, 또 사용해가시리라 믿는다.

그의 죽음이 단지 한 사람의 죽음에서 끝나지 않고 우리 국민은 물론이고 온이라크와 중동의 사람들, 미국과 세계인들의 양심을 깨우며 그들의 가슴속에 평화에 대한 소망을 일깨우리라 믿는다. 그의 죽음이 이제는 더 이상 한 나라가자기 나라의 이익을 위해 다른 나라를 지배하려 해서는 안 된다는 것을, 증오는증오를 낳고 복수는 복수를 낳을 수밖에 없다는 것을, 비록 정당한 의사표시라고 해도 그것을 폭력적인 방법으로 해결하고자 해서는 안 된다는 것을 일깨울 것이라고 믿는다.

그리하여 그의 죽음이 노무현이나 부시, 알카에다 그 어떤 정치 세력이 해결하지 못했던 문제들을, 세계적인 국제 관계 석학들이나 평화운동가들도 해결하지 못했던 중동 지역 100여 년의 분쟁의 역사를, 그 분노와 증오와 복수의 악순환을 단칼에 끊어버리고 참된 평화와 화해의 길을 여는 단초를 만들어가리라 확신한다.

부르신 그 자리에서

이제 우리는 김선일 형제의 죽음 앞에서 바로 이러한 역사의식을 가지고 자기가 서 있어야 할 자리를 찾아가야 할 것이다. 그곳이 촛불을 드는 자리이든, 이 문제를 가지고 하나님께 나아가는 골방의 자리이든, 혹 또 다른 사랑과 화해와 평화를 만들어가는 자리이든 말이다. 참새 두 마리가 한 앗사리온에 팔리는 것까지 다 주장하시는 하나님의 크신 역사를 신뢰하고 따르는 믿음으로, 나는 나의 자리에서 김선일 형제의 죽음 문제만 아니라 우리 시대가 주는 도전에 응답하는 삶을 살아야 할 것이다.

그리고 이것이, 단지 김선일 형제의 죽음에 대해서뿐 아니라, 한 사람의 그리스도인으로서 이 시대를 살아가는 자세여야 할 것이다.

영적 현실과 역사적 현실이 만나는 지점에서

지난 2007년 7월 19일 아프가니스탄에서 봉사 활동을 하던 분당 샘물교회 23명의 단기 선교팀이 탈레반에게 인질로 잡혔다는 소식은 나에게는 쇠망치로 맞는 듯한 충격이었다. 이후 배형규 목사님과 심성민 형제의 살해 소식과 인질 억류의 장기화 소식, 그리고 이들에 대한 수많은 반기독교적인 악플들을 접하며 마치 내 힘으로 내려놓을 수 없는 무거운 짐을 늘 지고 생활하는 듯한 억눌림으로부터 도무지 자유로워지지가 않는다.

순결한 피를 받으시는 하나님

물론 기도 가운데 생각이 정리되는 부분이 있다. 그 위험한 지역에서 안전 수칙을 충분히 지키지 않은 것은 분명히 그들의 실수일 것이다. 그리고 그 실수로 인해 우리나라와 우리 국민들에게 엄청난 부담을 미친 데 대해서는 분명히 인정하고 용서를 구해야 할 것이다. 하지만 영적인 그리고 선교적인 관점에서 볼 때 위험한 지역이라고 해서 선교를 포기할 수는 없는 것이다. 오히려 위험한 지역일수록 순교를 각오하고 들어가야 하는 것이 선교고, 그러한 수많은 사람들의 피와 희생의 결과로 그 지역의 수많은 영혼들이 주께 돌아오고 복음이 전파되는 역사가 있었다는 것을 선교의 역사가 보여준다. 그리고 이들은 일부에서 비판하는 선교 현실을 무시한 공격적이고 일방적인 선교를 한 것이 아니었다. 오히려 이들은 그 땅의 백성들이 가장 필요로 하는 의료와 교육, 두 분야에서 겸손하게 사랑을 실천하고 있었다. 그리고 분당 샘물교회는 교권주의와 물량주의, 미국 숭배에 빠진 많은 대형 교회들과는 차원을 달리하는 성경적인 교회, 올바른 선교와 봉사를 가장 앞서 실천하는 교회가 아니던가!

그런데 왜 하나님은 이 교회 단기 선교팀 일원들을 순교하게 하시고, 그 피 말리는 인질의 고통을 허락하고 계신 것일까? 이 부분에서도 영적, 선교적 관점에서는 분명히 정리가 된다. 하나님은 아프가니스탄과 탈레반 그리고 이슬람

권의 영혼들을 구원하시고 선교의 새 역사를 여시기 위해 한국 교회의 가장 순결한 피와 눈물, 고통을 요구하고 받으신다는 것이다. 지금 우리가 보기에 하나님은 침묵하시고 아무 일도 하지 않으시는 것 같지만, 하나님은 지금 아프간의 영혼들과 그 땅을 구원하기 위해서 너무도 부지런히 움직이시고 큰 역사를 일으키고 계시며, 많은 사람들에게 말씀하고 계시다는 것이다. 그러므로 우리는 이 일을 계기로 우리의 선교 가운데 부족하고 미숙했던 부분들을 철저하게 고치고 회개하고 정비하는 작업을 해야 하지만, 동시에 이 일을 계기로 하나님께서 아프간과 이슬람권에서 하시는 선교의 역사를 보고 순종함으로 나아가야 할 것이다.

무엇보다 이 일에 대한 수많은 네티즌들의 악플들 속에 담긴, 그 영혼들의 울부짖음과 하나님의 음성을 듣고 여기에 응답하는 작업을 해야 할 것이다. 비록 그 악플들이 그 영혼의 뒤틀림과 완악함을 보여주는 것이고, 자기가 하는 말이 무엇인지 잘 모르고 하는 경우가 많긴 하지만, 그럼에도 불구하고 그 반응들은 이 땅 가운데서 한국 기독교와 교회가 복음의 능력을 드러내는 데 실패했음을 보여주는 증거라 할 수 있다. 그러므로 그들의 완악함과 어리석음을 탓하기 전에 그들의 악플들을 통해 하나님께서 이 땅 교회의 회복을 위해 외치시는 음성을 듣고 회개하고 새로워지는 노력을 해야 할 것이다.

또 하나의 해결되지 않은 문제

여기까지 영적, 선교적 차원에서 상당 부분 정리했음에도 불구하고 내 영혼의 짓눌림은 여전하다. 왜일까? 그것은 영적, 선교적 차원에서 설명할 수 없는 역사적, 정치적 현실이 또 한편에 존재하고, 그 현실은 전혀 해결되지 않았기 때문이다.

그것은 분당 샘물교회 단기 선교팀이 선교를 했다는 이유로 인질로 잡히거나 죽음을 당한 것이 아니라는 현실 때문이다. 이들은 그 나라에 미국의 요청을 받아 파병한 대한민국의 국민이라는 이유로 인질로 붙잡혀 있는 것이고, 그들의 초기 인질 석방의 조건도 '철군'이었다. 그리고 조금만 역사적인 근원을 살펴보면, 아프가니스탄이라는 나라 자체가 서구 열강들과 소련 등의 지배로부터 나라의 독립을 지키기 위해 무장투쟁의 역사를 거쳐왔고, 탈레반도 하늘에서 떨어진 악의 세력이 아니라 소련이 아프간을 침공한 이후 소련을 몰아내기 위해 미국의 지원 아래 길러진 세력으로, 아프간의 정권을 잡고 있다가 지난 9·11 테러 이후 테러 지원 정권으로 미국으로부터 낙인 찍혀 쫓겨난 뒤 무장투쟁을 벌이고 있는 단체라는 것이다. 여기에 탈레반이 이번 인질들의 석방 조건으로 내세우고 있는 탈레반 인질들과의 맞교환 문제를 미국이 완강하게 거부하고 있음으로 인해, 인질 석방 문제가 해결책을 찾지 못하고 더 암울한 전망만 주고 있는 것이다.

역사적, 정치적 맥락에서 이루어지는 선교

우리는 흔히 선교를 생각할 때 정치적, 역사적 맥락은 전혀 고려하지 않고 오직 선교에 대한 사명을 가진 교회와 선교사들의 헌신에 의해 이루어진다고 막연하게 생각한다. 하지만 현실적으로 볼 때 선교는 파송하는 국가가 처한 정치경제적인 상황에 의해 많은 영향을 받으며, 복음을 받아들이는 나라도 진공 상태가 아닌 그 국가와 사회가 처한 정치적, 역사적 맥락 가운데서 받게 된다. 그리고 순교도 많은 경우 순수하게 종교적인 이유가 아닌 정치적인 이유 혹은 그것과 결합되어 이루어지는 경우가 많다(우리나라 개신교 최초의 순교자로 알려진 토마스 선교사도 미국 상선 제너럴셔먼호를 타고 왔고, 그 상선은 우리 땅 백성을 약탈하거나 우리 정부의 통제를 따르지 않는 행동을 하다가 침몰 당했다. 물론 토마스 선교사는 오직 이 땅에 복음을 전하기 위한 목적으로 그 배를 탔고 죽음 직전까지 복음을 전했지만, 제너럴셔먼호의 한국 침략 상황에서 순교를 당한 것이다).

실제로 근대 이후 대부분의 선교는 서구 열강들의 제국주의 침략(그 내용 면에서는 군사적인 경우도 있고 상업적인 경우도 있다)의 맥락에서 이루어졌다. 물론 선교사 개인이나 파송 교회는 제국주의적인 의도를 전혀 갖지 않고 순수하게 복음에 대한 열정과 그 땅과 백성들에 대한 애정으로 선교에 헌신하지만,

실제 선교 활동은 순수하게 복음을 전하는 결과 외에도 파송국의 문화를 전하는 활동, 그리고 파송국의 정치적 이해를 실현하는 결과를 일부 포함하게 마련이다.

한국에 기독교가 전파된 초기 역사를 볼 때 가장 감사한 대목은, 미국이 태평양을 지배하려는 야망으로 제국주의적 침략을 하는 상황에서 한국을 일본에게 양보하는 대신 필리핀을 선택했다는 것이다. 그 덕분에 그 당시 한국에 들어온 수많은 미국 선교사들은 제국주의 침략의 앞잡이 혹은 동반자가 아닌, 순수하게 한국을 사랑하고 도우려는 사람들로서 이 땅에 들어왔고, 한국 기독교는 민족을 사랑하는 종교로 자리매김을 할 수 있었다는 사실이다. 이것은 한국에 파송된 선교사들이 다른 나라에 파송된 선교사들에 비해 선교지의 역사적 맥락에 대한 이해와 의식이 더 있어서가 아니라, 당시 한국이 처한 역사적 상황 때문에 그렇게 된 것이다.

기도와 더불어 해야 할 일은 무엇인가?

이러한 선교가 가진 역사적, 정치적 맥락을 고려할 때, 이제 세계 제2의 선교사 파송국이자 앞으로 세계 선교를 중심에서 책임져야 하는 한국 교회는, 세계 10여 개 국가에 파병을 하고 있는 현실, 한국에 와 있는 수많은 외국인 노동자들이 처한 현실, 한국 기업들의 외국 활동 상황, 한국의 국제사회 구호에 대한 기여 등 세계 속 대한민국의 활동 상황에 대해 결코 무관심해서는 안 되고 적극적인 입장을 가지고 개입해야 한다. 아울러 우리가 선교해야 할 국가와 땅에 대한 역사적인 맥락과 세계체제에 대한 깊이 있는 이해와 관심을 가져야 할 것이며, 할 수 있는 한 최대한 개입하려는 노력 또한 포기해서는 안 된다.

오늘도 아프간에 억류된 21명의 인질들의 조속한 귀환을 위해 기도하다가 영적, 선교적인 흐름과 역사적, 정치적 흐름이 부딪히는 그 지점에서 기도와 더불어 내가 할 일은 무엇인지를 생각할 때, 생각의 흐름을 다 담아낼 수 없는 현실 가운데서 운신의 좁은 폭이 답답하기만 하다.

촛불, 그 이후

1987년 6월, 대학가는 물론이고 온 사회가 술렁이고 있었다. 1987년 1월 박종철 고문치사 사건이 발생하면서 정권은 이 사건을 조작하고 은폐하는 과정에서 국민들의 분노를 크게 샀다. 거기다가 대통령 직선제를 하라는 국민들의 요구를 무시하고 체육관에서 간접선거를 통해 정권을 이어가겠다는 4.13 호헌조치를 발표하면서 국민들의 분노에 기름을 부었다. 이에 반발하는 대학생들과 국민들의 시위가 이어졌다. 이러한 국민들의 분노는 연세대생 이한열 군이 시위 도중 최루탄에 맞아 숨지는 사건과 6월 10일 민정당이 노태우 후보를 차기 대통령 후보로 지명하는 것을 계기로 극에 달했다. 이러한 독재정권의 편법적인 권력 연장 시도와 반대 세력에 대한 무자비한 진압 과정에서의 살상에 대한 전 국민적 저항이 6월 한 달 내내 지속되면서 결국 대통령 직선제 수용이라는 6.29 선언을 가져왔다.

이 1987년 6월의 전 국민적 저항에는 보수적인 기독교의 목소리도 포함되었다. 물론 이 목소리라는 것은 전체 국민들의 외침 가운데 지극히 미미한 부분에 불과했지만 그동안 보수적인 기독교가 보여왔던 행태에서 본다면 상당한 의미를 갖는 움직임이었다.

이 움직임은 1986년 즈음부터 캠퍼스 내 기독 동아리와 과별 기도 모임 혹은 연합 사역을 했던 학생들 사이에서 복음주의적인 신학 기반 위에서 사회적 불의에 대한 건강한(혹은 온건한) 저항이나 참여에 대한 다양한 방식의 논의가 이루어졌던 기반 위에서 나온 것이었다. 1987년 6월 국민적 저항 움직임이 발생하자 보수적인 기독 학생들 가운데도 개인적으로 이 흐름에 참여하는 사람이 많이 늘어났고, 캠퍼스 선교 단체 연합 차원에서 시국 기도회를 개최하고 경찰과 대치하는 등 집단적인 움직임도 나타났다.

돌아보면 1987년의 6월 항쟁은 1960년의 4.19혁명에 버금가는 우리 역사의 큰 분기점이었다. 4.19혁명은 국민의 힘으로 독재정권을 몰아내긴 했으나 곧바로 5.16 박정희 군부 쿠데타와 유신독재로 이어졌지만, 6월 항쟁 이후로는 그 지긋지긋한 군부독재가 다시는 이 땅에 나타날 수 없도록 하는 전기가 되었다는 면에서는 4.19혁명보다 더 의미 있는 일이었는지 모른다.

그리고 6월 항쟁의 열기는 군부독재와 체육관 선거를 끝내고 국민에 의해 지도자를 뽑는 민주주의의 기초 원리를 회복했다는 차원에서만 머물지 않고 사회의 여러 다른 분야에도 영향을 미쳤다. 우선 6월 항쟁의 정신은 캠퍼스에서는 통일운동으로 이어졌고, 노동계에서는 노동조합 결성 운동으로 나타났고, 교육계에서는 참교육 실천 운동이 본격화되는 계기가 되었다. 복음주의권에서는 자신들의 신앙이나 신학과 일관성을 유지하는 온건한 방식의 사회참여 운동들이 활발하게 일어났다.

이러한 6월 항쟁의 의미와 성과는 한국 현대사의 그 어떤 사건보다 획기적인 사회의 진보를 가져오긴 했지만 그 나름의 한계도 가졌다. 우선 6월 항쟁의 가장 직접적인 열매인 대통령 직선제의 쟁취는 양김 분열과 노태우의 대통령 당선으로 인해 그 의미가 많이 희석되어버렸다. 그리고 대학 캠퍼스를 중심으로 일어난 통일운동은 주체사상에 너무 경도되어버렸고 곧 이은 소련과 동구의 현실 사회주의의 몰락과 맞물리면서 제대로 피어나지도 못하고 시들어버렸다. 노동계의 노동조합 결성 운동은 노동자를 우리 사회의 의미 있는 주체로 세우는 데까지 나아갔으나 사회적 변혁 세력을 형성하거나 사회적 운동으로 나아가지 못하고 노동조합원의 이해관계를 대변하는 조직으로 한정되어버렸다. 복음주의권의 사회참여 운동은 대선 때 공정선거 감시단으로 이후 기윤실과 경실련 등의 시민운동 및 『복음과 상황』 등의 문서 운동으로 물꼬가 이어졌으나 교회 개혁이나 광범위한 기독교적 사회운동으로 이어지지 못하는 한계를 드러내고 말았다.

이런 점에서인지 최장집 교수는 6월 항쟁은 형식적 민주화를 이룩하긴 했지만, 그곳에서만 머물고 내용적인 민주주의를 채우는 작업으로 나아가지 못했다는 평가를 내리고 있다. 여기에서 더 나아가 우석훈 교수는 6월 항쟁의 주역이던 386세대가 자녀를 갖기 시작하면서 원정출산이 등장하기 시작했고, 이들이 집을 갖기 시작할 즈음에 부동산 폭등이 일어났으며, 이들의 자녀가 청소년이 되었을 때 사교육 대란이 발생했다고 예리하게 후벼댄다. 비록 6월 항쟁이나 386세대의 주역은 아니었지만 동시대를 살아왔고 그 시대에 대한 자부심을 가지고 있는 사람으로서 가슴 아픈 지적이 아닐 수 없다. 여기에 대해 여러 말로 변명할 수는 있지만, 이러한 지적이 갖는 진실의 한 측면은 부인할 수 없기에 이 비판 앞에 멈추어 서게 된다.

왜 그랬을까? 왜 그 뜨거웠던 6월 항쟁의 정신은 절차적 민주주의를 만들고 난 뒤 우리 사회의 좀 더 근본적인 내용의 변혁으로 나아가지 못하고 멈추고 말았을까? 그리고 군부독재를 물리치고 난 뒤 그들의 그늘 밑에 숨어 있던 여러 다양한 형태의 기득권이나 권력들의 노골적 등장과 성장, 횡포의 실체를 제대로 보지 못하고, 이들의 지배로 인해 사회가 병들어가고 수많은 사회적 약자들이 신음하도록 방치했을까? 나아가 6월 항쟁의 주역들 역시 이러한 기득권과 권력의 한 부분이 되거나 이들이 주는 이권의 그늘에 안주해버렸을까?

왜 그랬을까?

물론 어떤 사회적 변혁 운동도 그것을 발생하게 한 핵심 모순이 있는 것이고 일차적으로 그 핵심 모순을 해결한 것만으로도 충분한 평가를 받아야 하는 것이지, 하나의 변혁 운동과 그 중심 세력에 대해 그 사회의 전반적이고 근원적인 모순 해결의 책임까지 묻는 것은 정당하지 못하다. 하지만 역사상 다양한 사회적 변혁 운동이 일어났고 그 과정에서 주도 세력과 참여자들의 생각과 노력 여하에 따라 사회적 변혁의 폭과 깊이에서 차이가 많이 난 것을 볼 수 있다. 이렇게 볼 때 6월 항쟁이 더 근원적인 사회의 변혁으로 이어지지 못한 이유를 묻는 것이 무의미하거나 무책임한 일은 아닐 것이다.

여기에 대해서는 여러 설명이 가능하겠지만 개인적으로는 6월 항쟁의 과정에서 발생한 그 엄청난 변혁의 에너지를, '그렇다면 궁극적으로 우리 사회가 어떤 모습을 갖추어야 하는가?' '그리고 그러한 사회를 만들어가기 위해 극복해야 할 것은 무엇이고 어떤 수고와 대가를 치러야 하는 것인가?' '결국 그 가운데 우리는 어떤 삶을 살아야 하는가?' 하는 데 맞추고 이를 위한 답을 찾는 일에 모으지 못했기 때문이 아닌가 하는 생각을 해본다. 그러다 보니 군부독재는 절대 안 된다는 목표에서는 모든 국민이 한 마음이 되었고 그것을 성취했지만, 그 이후 이 과정에서 발생한 에너지를 어디에 쏟아야 할지를 몰라 방황하고 소모해 버린 것이 아닌가 하는 생각이 든다. 물론 이 과정에 생긴 성과도 적지는 않지만 그 에너지에 비해서는 너무 미미한 것이 아닌가 하는 생각을 버릴 수 없다.

2008년 촛불 집회 앞에서

그로부터 21년이 지난 우리는 2008년 5월과 6월의 촛불 항쟁의 흐름 속에 있다. 아직 촛불 항쟁이 끝나지 않았기에 이 흐름이 우리 사회를 어떻게 바꾸어 갈지 단언할 수는 없다. 하지만 분명한 것은 이제 촛불 항쟁 이후에 대해서도 이야기를 해야 하고 이 흐름을 어떤 방향으로 가져갈 것인지에 대한 논의가 있어야 한다는 것이다. 그래야만 21년 전 6월 항쟁 이후의 부족을 반복하지 않고, 역사가 모처럼 만들어준 이 거대한 변혁의 에너지를 역사 발전의 원동력으로 사용할 수 있다.

2008년 5월과 6월의 촛불 항쟁은, 비록 광우병 안전이 확인되지 않은 월령과 부위의 미국산 쇠고기 수입과 검역주권 포기에 대한 국민의 저항으로 시작되었지만, 그 이면에는 우리 사회가 더 이상 거대 자본과 가진 자의 이익만을 대변하고, 가지지 못한 자는 끝없는 무한 경쟁 속으로 빠져 들어가는 방향으로 가서는 안 된다는 일종의 브레이크 장치가 발동한 것이라고 볼 수 있다. 그리고 이 브레이크는 어느 정도 성과를 거두고 있다.

하지만 우리는 냉정히 보아야 한다. 이명박 정부가 지나치게 무식한 방법으로 거대 자본과 가진 자들의 이익을 추구하는 바람에 문제가 크게 발생했을 뿐, 이명박 정부 이전이나 이후에도 우리 사회는 어찌하든 3만 불, 4만 불 식으로 엄청난 자원 사용을 통한 성장과 이로 인한 편리와 과소비를 추구하고 이를 위해 경쟁에 경쟁을 더하는 방식에 대부분 동의를 해왔다. 그리고 이러한 사회적 동의가 이명박 대통령을 선택했고, 우리는 우리가 내린 그 선택이 가져오는 극단적인 결과에 모두가 경악을 하고 있을 따름이다. 어떤 의미에서 이명박 정부가 보여주는 모습은 우리 사회가 그동안 추구해왔던 그 무한한 욕심과 승자 독식 경쟁 구조의 화신인지도 모른다.

그러면 우리는 어떻게 살 것인가?

다행히 우리는 촛불 집회를 통해 이명박 정부에게 브레이크를 걸면서 우리를 돌아볼 기회를 얻었다. 그리고 감사하게도 우리 사회가 나아갈 방향에 대해서 진지하게 논의하고 합의를 모아갈 수 있는 에너지와 장을 얻게 되었다. 그러므로 우리는 이제 우리 사회가 지금껏 살아왔듯이 무한 성장과 무한 경쟁의 길을 계속 갈 것인지, 아니면 성장이 멈추거나 혹 퇴보하더라도 가난하고 약한 자를 돌아보는 체제, 자원을 덜 소모하면서 자연과 좀 더 조화하는 방식으로 갈 것인지에 대해 합의해가야 한다. 우리가 열심히 애쓰고 수고하여 결국 도달하고자 하는 사회의 모습이 어떤 것인지, 그를 위해서 우리 사회가 무엇을 어떻게 바꾸고 제도화해갈 것인지에 대한 논의를 해야 한다. 그래서 이명박 정부의 개념 없는 질주를 막기 위해 쏟았던 이 아름다운 수고를, 이제 사회 모든 구성원들이 더불어 잘살고 눈에 보이지 않지만 소중한 가치들을 현실화해가는 일을 위해 기꺼이 사용하며, 불편을 감수해가는 방향으로 나아가도록 물꼬를 터야 한다.

바라기는 이러한 물꼬를 터는 데에서 복음주의 기독교인들이 앞장설 수 있으면 좋겠다. 물론 기독교는 이번 촛불 항쟁의 진행 과정에서 아무런 역할을 한 것이 없다. 더군다나 수구 기독교가 보였던 몰역사적인 행태의 업보까지 떠안아야 하는 처지에서, 복음주의 기독교가 촛불 항쟁의 정신을 승화시켜 더 근본적인 사회변혁의 물꼬를 트는 일을 할 수 있으리라 여기기는 거의 불가능한 현실이기는 하다.

하지만 1987년 6월 항쟁의 결과가, 군부독재 시절 이러지도 못하고 저러지도 못해 회색 지대에 있던 복음주의 기독교인들에게 신앙과 일치된 온건하고 합리적인 사회참여의 물꼬를 터주었고, 한국 시민운동사에 기여하는 길을 열어주었던 것을 기억해야 한다. 그러기에 지금의 촛불 항쟁 가운데서도 복음주의 기독교는 더욱 깨어서 이 상황 가운데서 말씀하시는 하나님의 세밀한 음성을 들으려는 노력을 해야 한다. 하나님은 우리가 전혀 예상치 못했던 방법으로 전혀 자격과 준비가 되어 있지 않은 기독교인을 통해 우리 시대 새로운 일을 구상하고 계신지도 모른다. 우리는 바로 이 부분을 보고 우리를 드려야 할 것이다.

북한, 그 부담감과 혼란함 앞에서

지난 2월 6일부터 8일까지 금강산 통일체험연수를 다녀왔다. 분단된 대한민국을 사는 사람이라면 누구든 '북한'에 대해 어느 정도의 부담감을 가지고 있겠지만, 나의 경우 대학을 국민윤리교육과에 진학하면서 '북한'과는 떼려야 뗄 수 없는 특별한 부담감을 갖게 되었다. 그것은 북한에 대해 아이들에게 가르쳐야 한다는 것 때문이었다.

하지만 대학 전공 시간에 배우는 북한은 이데올로기적인 색채가 너무 덧칠이 된 상태라 도무지 신뢰가 되지 않았다. 반면 당시 운동권의 '북한 바로 알기'는 '그동안 우리가 북한에 대해 잘못 배웠고 속아왔다'는 것에 대한 반작용이 너무 지나쳐 '북한 숭배 혹은 미화'로 가고 있었기에 이 또한 신뢰할 수 없었다.

그러다 보니 교직에 나온 이후 북한에 대해 어떻게 중심을 잡고 아이들을 가르쳐야 할지 감이 오지 않았다. 물론 교과서의 북한에 대한 서술과 교육부에서 내려온 지침이 거짓은 아니겠지만, 이것이 총체적인 북한을 보여주기에는 너무도 부분적이고 단편적인 지식이라는 느낌을 지울 수 없었다. 북한에 대해 모든 것을 다 알 수는 없겠지만 내게 제시되고 또 내가 알고 있는 북한에 대한 지식이 북한 사회의 객관적 실체에 대한 핵심을 관통하는 것이라는 확신이 있어야 내가 아이들에게 무엇을 가르쳐야 하는가에 대한 답이 나올 텐데, 그러지 못하다 보니 북한 관련 수업에는 늘 내 혼이 실리지 못했다. 그러기에 아이들에게 미안했고 북한에 대해 제대로 알아야겠다는 갈급함이 더해갔다.

북한, 그 질곡의 역사

그래서 선택한 것이 경남대학교 북한대학원(현재는 북한대학원대학교로 개명)이었다. 마침 좋은교사운동 상근 휴직을 위해 대학원에 진학해야 할 상황에 처했기에 조금의 주저함 없이 북한 공부를 선택했다. 대학원에서 2년 동안 북한 공부 집중하고, 또 함께 공부하던 북한 관련 전문가들이나 탈북자들과 많은 대화를 나누다 보니, 그동안 내가 안고 있던 '최소한 북한이라는 사회의 실체적인 진실에 대한 느낌'이 오기 시작했다. 그리고 그 느낌은 분단된 조국을 살아가는 한 사람의 그리스도인으로서 너무도 아픈 것이었다.

　　일제 잔재를 청산하고 농민과 노동자들이 중심이 되는 정의로운 사회주의 국가를 세워보겠다는 사람들의 열망이 냉혹한 냉전의 현실과 지도자들의 권력욕과 맞물리면서 분단의 고착화로 이어지고, 남북의 이데올로기 대립과 미소의 한반도 지배 구도 가운데 몇몇 북쪽 권력자들의 욕심 혹은 오판과 맞물리면서 한국전쟁이라는 씻을 수 없는 역사의 오점을 남기게 된다. 전후 힘겨운 복구 과정에서 경제적 성취 및 중소 분쟁 와중의 김일성 독재의 고착화가 이루어지고, 이후 남북 독재 권력이 서로를 이용하여 영구 집권을 꾀하고, 그것이 김일성 우상화와 권력 세습으로 이어진다. 이처럼 전 사회를 김일성(김정일) 종교라는 틀로 만들어가는 과정을 통해 북한 사회는 돌이킬 수 없는 역사적 질곡을 겪고, 여기에 사회주의권 몰락이라는 후폭풍을 맞으며 수많은 주민들을 죽음으로 몰아넣은 가난 속에 허덕이게 된다. 백성을 살리고 역사를 돌이킬 수 있는 기회가 없지는 않았지만, 그동안 스스로에게 덧씌워놓은 우상의 가면이 너무도 강했고 이를 벗고 돌이키는 결단을 할 지도층의 자기희생과 결단력의 부족으로 번번이 타이밍을 놓쳐버리고 있는 현실, 거기다가 미국의 세계 지배 야욕의 주 타깃이 되어버린 상황. 이것이 부족하나마 내가 대략 정리한 북한 현대사이자 북한의 현실이다.

남한에게 북한은 누구인가?

　　대학원 공부를 끝내면서 두 가지 말씀이 다가왔다. 하나는 북한이 여러 역사적인 잘못으로 인해 극심한 고통을 겪고 있지만, 이로 인해 남한 사회가 자고해서는 안 되고 오히려 경고로 받아들여야 한다는 것이다(눅13:1-5). 남한 사회 역시 북한에 못지않게 수많은 역사적 실수와 잘못, 질곡의 역사 가운데서 남한 백성에게는 물론이고 때로는 북한 주민에게까지 고통을 가하며 지내왔다. 다만 크고 작은 역사의 전환기에서 수많은 사람들의 희생을 겪으며 하나님의 은혜로 상처투성이이긴 하지만 민주화와 경제성장의 방향으로 나아갔다는 것이다. 하나님이 남한의 여러 허물에도 불구하고 민주화와 경제성장을 허락하심은 독재와 굶주림에 고통 받는 북한을 구원하기 위한 하나님의 뜻이라는 것이다(창 45:5-8). 그래서 이제는 남한 사회가 북한이라는 이 피할 수 없는 현실을 어떻게 자신의 문제로 안고 고민하고 아파하면서 남과 북이 함께 더 나은 길로 갈 수 있는 대안을 만들어내느냐 하는 것이 현재 남한 사회가 역사 가운데서 가장 중요하게 감당해야 할 숙제이며, 하나님은 이것을 통해 남한 사회를 다루시고 판단하실 거라는 것이다.

통(通)하였느냐?

금강산을 다녀오면서 가장 뭉클했던 순간은 비무장지대를 통과하는 순간이었다. 형제간에 총부리를 들이밀며 피를 흘렸던, 그래서 그 결과로 몇 겹의 철책으로 둘러놓았던 그 휴전선이 끊어지고 남과 북을 관통하는 길이 열린 것이다. 그리고 지금 내가 그 길을 통과하고 있다는 사실이 너무도 나를 감격에 빠뜨렸다. 남과 북을 굳게 가로막았던 이 철책선이 부분적이나마 뚫리고 이 길을 따라 사람이 오간다는 것은 아직 '統一'은 되지 않았지만 '通一'은 이미 된 것이다. 그야말로 통(通)한 것이다. 아무리 큰 저수지라도 작은 구멍 하나가 그것을 무너뜨리듯 남과 북을 가로지른 철책선을 뚫고 도로를 개통했다는 것은 이미 분단의 둑에 작은 구멍을 낸 것이다. 그리고 여기를 오가는 사람이나 물자가 늘어날수록 그 구멍은 더 커질 수밖에 없고 이미 '統一'은 그 시기만 남은 문제로 보였다.

금강산은 생각했던 것 이상의 절경이었다. 하지만 자연은 자연일 뿐. 나의 눈에는 그 아름다운 자연보다는 간간이 보이는 마을들과 주민들의 사는 모습이 더 크게 다가왔다. 특히 셋째 날 오전 해금강과 심일포 가는 길에는 주민들의 마을과 삶이 비교적 소상하게 보였다. 아는 만큼 본다고 했는가? 차창 밖으로 언뜻언뜻 스쳐 지나갔지만, 북한이 자랑하는 11년 무상교육을 나타내듯 마을마다 중심에 위치한 소학교의 모습, 그리고 김일성 우상화의 상징인 김일성역사박물

관과 붉은색의 구호들, 회색의 획일적인 모습을 한 문화주택들, 이동하는 주민들 등, 외적인 모습만 보아도 그들이 어떤 생활을 하고 있을지가 선하게 그려져서 때로 혼자서 웃고, 때로 가슴속으로 울기도 했다.

우리도 춥고 배고팠던 그 시절, 그래도 많은 추억과 정을 남기며 그 나름의 행복을 누리며 살아왔듯이 북한 주민들도 힘든 상황이지만 그 나름의 행복을 누리며 살아가고 있을 것이다. 그럼에도 불구하고 그들을 억누르는 물질적, 그리고 억압적 삶의 무게들을 조금씩 덜어내줄 수 있다면 얼마나 좋을까 하는 생각이 내 마음을 계속 눌렀다.

무엇보다 북한을 어떻게 보아야 하고, 이들에 대해서 어떤 자세와 방법으로 대해야 할지의 문제를 놓고 보수와 진보가 극단적으로 대립해 있는 슬픈 남한의 현실 가운데서, 나는 내 속에 있는 이 눌림에 대해 어떻게 반응해야 할지, 내가 짊어져야 할 십자가와 희생은 무엇일지, 또 이와 관련해 주께서 나를 어떻게 이끄실지 두렵고 무겁기만 하다. 하나님이 자신에게 보여준 만큼 진실하게 반응하는 것이 그리스도인의 삶일진대 내 삶 가운데서, 무엇보다 나의 교실과 기독교사운동 가운데서 어떻게 풀어낼 수 있을지, 지금도 이 숙제를 부여잡고 끙끙거리고 있다.